교양 경제

홍영준 저

Liberal Economic

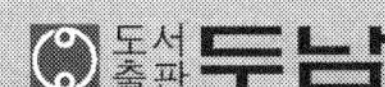

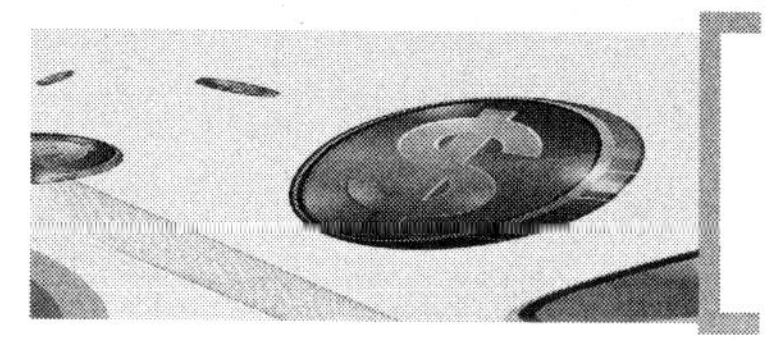

Preface

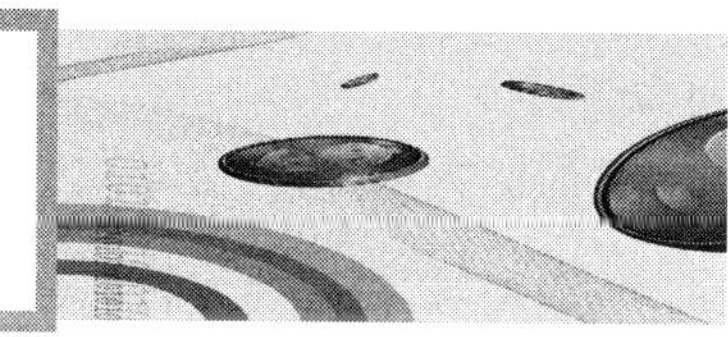

머리말

수년 전부터 생활과 경제라는 과목을 강의 해왔습니다. 초창기 강의할 때는 어떤 내용을 강의할까? 고민 고민 하다가 시중에 나와 있는 몇 권의 경제입문서를 기본으로 수업을 진행했습니다. 그런데 뭔가가 체계적인 학습을 하는 방법이 뭘까?를 생각하다가 친해지는 경제를 모토로 생활 속의 경제를 가장 쉽게 설명해보자는 생각을 해보았습니다. 이러한 발상의 시작에서 이 책이 집필되게 되었습니다. 세상을 알려면 경제를 알아야 한다고 합니다. 왜일까요? 제 생각엔 우리가 세상을 산다는 게 흔히 말하는 의식주라는 입고 먹고 자고 뭐 그런 것들이기 때문일까요. 의식주를 하려면 돈도 벌어야 되고 또 돈을 저축하여 미래를 준비해야 하기 때문이죠. 그래서 막상 경제를 알려고 경제학 책을 구입한다던지 경제학원론부터 체계적으로 공부를 한다고 시작하다 보면 수많은 암호 같은 수식과 그래프가 "너 세상알기가 그리 쉬울 것 같니?"라며 우리의 세상알기를 멈추게 하고 포기를 하게 하죠. 그래서 경제학을 조금이라도 접해 본 사람이나 전혀 경제학을 입에 올리기도 싫은 사람이나 모두가 느끼는 공통점이 '경제는 어렵다'라는 생각부터 하는 건 아닌가 생각해 봅니다.

저 또한 전공이 경제학인지라 울면서 겨자 먹기 식으로 무슨 말인지 이게 무엇 때문에 필요한 지도 모르고 공부를 하곤 했습니다. 경제학박사를 받고 지난 10년이 넘는 시간을 대학에서 경제를 가르치고 있는 저에게도 세상 알기가 너무 어려운 것은 경제 공부가 그리 호락호락하지 않기 때문인 것만은 사실입니다.

그 동안 대학에서 경제학을 가르쳐 보면서 가장 많이 들어 본 말 중 하나가 '교수님 어떻게 해야 경제를 쉽게 공부 할 수 있나요?' 그때마다 전 한결같이 '세상 살기가 그리 쉽게 이루어지더냐?'라며 동문서답을 하곤 했습니다.

우리가 오늘날 세상을 살고 있는 지금 이 순간도 우리는 경제 속에 파묻혀 산다고 해도 지나친 말은 아니라고 생각합니다. 엄청난 경제 관련 뉴스와 경제용어 속에서 우리는 하루하루를 보내고 있기 때문입니다.

그런데 이런 경제 용어들과 경제 관련 뉴스들을 이해하기 위해서는 경제학원론과는 조금 다른 차원의 접근 방식이 필요하다는 것을 알게 되었습니다. 즉 경제이론은 이론대로 현실을 설명하기 위해 필요한 부분이 있고 현실경제를 정보화하여 현실을 알기 위해서는 조금 쉽게 아니 아주 쉽게 수식이나 그래프 같은 어려운 이론이 아닌 일상에서 사용하는 시사적인 경제용어를 정리하여 현실경제 뉴스 등을 자기 정보화할 수 있는 책의 필요성을 절실히 느껴져 이 책을 만들게 되었습니다.

이 책에 대해서 살펴보면, 먼저 딱딱한 문어체에서 벗어나 구어체를 사용하려고 노력하였습니다. 재미없고 어렵게만 느껴지는 경제를 알기에 조금이라도 쉽고 친근하게 소개하고자 하는 의도가 있었습니다. 또한 가능한 신문이나 방송에서 경제 관련 뉴스를 접하시더라도 쉽게 이해가 가실 수 있도록 가장 많이 사용되는 경제 용어를 중심으로 책을 구성하였습니다.

총 9장으로 제1장 경기, 제2장 물가경제, 제3장 재정경제, 제4장 수출경제, 제5장 금융경제, 제6장 국제경제, 제7장 산업경제, 제8장 재테크경제, 제9장 채권 · 주식으로 구성되어 있어 생활경제 전반을 이해하는데 도움이 되리라 생각합니다. 부록에는 3인공저 현대경제학원론의 내용을 핵심 정리하여 수업시간 경제학 원론의 내용이 필요할 때 쉽게 이용할 수 있게 하였습니다.

이 책이 나오기까지 개인적으로 시중에 판매되고 있는 여러 생활경제와 관련된 책을 많이 보았습니다. 그 중 일부의 책은 경제학원론의 여러 이론들을 현실경제에 접목시켜 경제를 알리려하는 것이 있었으며, 일부는 주식

과 금융상품 등을 구체적 소개와 자신의 경험 등을 바탕으로 하여 경제를 이해시키려는 책들이 많았습니다.

그러나 이 책은 이런 이론이나 금융지식 추구에서 한발 물러선 입장에서 경제 전반적인 내용을 익히기 위해 많은 시간을 투자하지 않아도 이해할 수 있도록 노력하였습니다. 그래서 분량적인 면도 누구나 쉽게 접할 수 있도록 많은 부분을 줄여가며 핵심적인 내용만을 다루려 노력하였습니다. 곽해선씨나 류대현씨의 경제서적이 이 책에 많은 영향을 주었습니다. 이 책에 나오는 단어의 정의나 사전적 의미는 네이버백과사전－두산백과사전－위키백과사전을 재인용하였으며, 재테크경제의 경우 사이트 주식투자법의 관련 자료를 재인용하여 저의 개인적 정의나 설명보다 독자들이 보다 쉽게 이해하시는데 도움이 되도록 하였음을 밝혀 둡니다.

사실 이 책을 내기까지 많은 망설임의 시간이 있었습니다. 그러나 책이 나오기까지 격려해주시고 용기를 보내주신 분들께 지면을 통해 감사의 말을 전하고 싶습니다. 오랜 시간 신의를 가지고 대해주신 도서출판 두남 전두표 사장님과 이승구 상무님에게도 감사를 표합니다.

무엇보다 세상 살기를 저와 함께하고 있는 아내 이명희, 딸 홍준희(어진) 그리고 아들 홍환희(마루)와 작은 결실을 함께 하면 좋겠습니다. 비록 지면을 통해 일일이 소개하지 못하거나 출처를 밝히지 못한 실수가 있더라도 너그럽게 이해와 용서를 바라며, 우리에게 경제가 조금이나마 가까운 친구가 되는 계기가 되기를 진정으로 바랍니다.

2012년 2월
홍 영 준

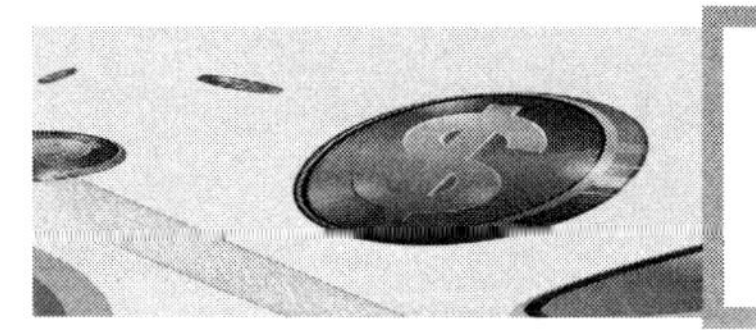

Contents

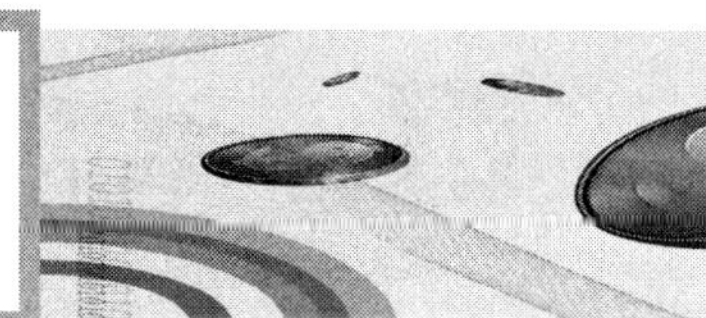

차 례

Chapter 1... 경제기초지식

1. 기초지식 ··· 12
2. 경제와 경제성장 ··· 15
3. 경 기 ··· 18
4. 지 수 ··· 22
5. 호황과 불황 ··· 24

Chapter 2... 물가지식

1. 물 가 ··· 28
2. 물가의 변동 ··· 30
3. 인플레이션과 디플레이션 ··· 33

Chapter 3... 재정지식

1. 재 정 ··· 38
2. 예산과 결산 ··· 39

Chapter 4 ... 무역지식

1. 수출과 수입 ······ 44
2. 수출의 종류 ······ 46
3. 신용장 ······ 47
4. 수출진흥책 ······ 49
5. 국제수지표 ······ 50
6. 무역장벽 ······ 51
7. 반덤핑관세 ······ 52
8. 환 율 ······ 53
9. 환율의 변동 ······ 54
10. 환율제도 ······ 56
11. 외 채 ······ 57

Chapter 5 ... 금융지식

1. 금 융 ······ 62
2. 여신과 수신 ······ 66
3. 예대마진 ······ 72
4. 금 리 ······ 73
5. 신용평가 ······ 83
6. 통 화 ······ 85
7. 금융상품 ······ 88
8. 유동성 ······ 91
9. 수표와 어음 ······ 92
10. 부 도 ······ 97
11. 금융정책 ······ 99
12. 금융업구조조정 ······ 102

Chapter 6 ... 국제경제지식

1. 세계화 ······ 106
2. 아시아 ······ 108
3. 아메리카 대륙 ······ 110
4. 유 럽 ······ 112
5. 국제기구 ······ 113

Chapter 7 ... 산업지식

1. 산 업 ······ 120
2. 산업의 종류 ······ 121
3. 벤처기업 ······ 130
4. 재 벌 ······ 131
5. 구조조정 ······ 134
6. M&A ······ 138

Chapter 8 ... 재테크지식

1. 재테크 ······ 142
2. 금융상품 투자 ······ 145
3. 금융상품 분류 ······ 147
4. 목돈마련 ······ 150
5. 목돈 굴리기 ······ 151
6. 예금자 보호 ······ 160
7. 보 험 ······ 161

Chapter 9 ... 채권과 주식지식

1. 채권투자 ······ 168
2. 주식투자 ······ 177

▷▶ 부록 – 경제원론정리 ······ 204
▷▶ 참고문헌 ······ 249
▷▶ 찾아보기 ······ 251

Chapter 1

경제기초지식

제 1 장
경제기초지식

1 기초지식

경제기초용어 정리

경제뉴스를 보면 가장 많이 등장하는 말 바로 환율, 금리, 물가, 통화 등입니다. 나중에는 당연히 자세한 내용이 나오게 됩니다. 여기에서는 이러한 말들에 대해서 간단하게 용어의 기초개념을 알아보도록 하겠습니다.

여기서는 주요 용어의 개념을 알아보는 것은 아주 자주 나오는 용어들이기에 앞으로 있을 내용을 이해하기 원활하게 진행하는 기초학습이라고 생각하세요.

절대로 어렵지 않게 이야기할 테니 긴장하지 마시길 바래요.

그럼 시작해 보겠습니다.

경제 전체의 활동 상태를 줄여서 경기란 말을 합니다. 경제 전체의 활동 상태가 좋으면 경기가 좋다고 하고 경제 전체의 활동 상태가 좋지 않으면 경기가 나쁘다고 합니다.

따라서 내수경기란 우리나라 내에서의 경제 활동 상태를 의미하고 수출경기란 수출의 활동 상태를 말합니다.

모든 물건의 가격을 줄인 말이 물가입니다. 예를 들어 가구, TV, 컴퓨터, 빵, 음료수 등의 가격을 전부 평균한 것이 물가입니다. 물가 중에 도매물가는 공장에서 도매상으로 넘길 때의 물건 가격을 평균한 것을 말하고요. 소비자물가는 소비자들이 주로 사용하는 물건의 가격을 평균한 것입니다. 그리고 수출입물가는 수출입하는 물건의 가격을 평균한 것을 말합니다. 어렵지 않죠?

한 나라의 돈과 다른 나라의 돈과의 교환비율을 환율이라고 줄여서 말합니다(이것을 어려운 말로 외환이라고 하지요).

우리나라에서 미국 돈이 많이 부족하거나 없으면 어떻게 될까요? 몇 천원을 주어도 1달러를 구할 수 없게 되겠지요. 하지만 우리나라에 미국 돈이 엄청나게 남아돌면 어떻게 될까요? 몇 백원만 주어도 1달러를 구할 수 있게 됩니다. 즉, 그때그때의 상황에 따라 우리 돈과 미국 돈의 교환비율이 바뀌게 됩니다. 이처럼 외국돈과의 교환 비율을 환율이라고 합니다.

통용되는 화폐를 줄여서 통화라고 말합니다. 돈을 한자어로 표기하면 화폐가 됩니다. 예를 들어, 100원짜리, 1,000원짜리, 10,000원짜리, 50,000원짜리 등은 순수 우리말 돈입니다. 통화의 순수국어는 돈이니까 통화니 화폐니 돈이니 일부에선 구분해 용어를 사용하지만 우리는 어렵게 구분까지 안하여도 될 것 같죠.

이자를 어렵게 표현해서 금리라고 합니다. 우리나라에 돈이 없으면 어떻게 될까요? 당연히 이자는 오르게 됩니다. 즉, 금리는 오르게 됩니다. 우리나라에 돈이 남아돌면 어떻게 될까요? 당연히 이자는 내려가게 됩니다. 즉, 금리는 내려가게 되는 것 이지요.

돈을 융통한다는 말을 줄여서 금융이라 합니다. 이것은 우리가 은행에 저축, 적금 등을 하게 되면, 은행은 다시 이 돈을 기업이나 돈이 필요한 사람에게 빌려 주게 됩니다. 이것을 돈이 융통 된다 하여 금융이라고 합니다. 그리고 금융기관은 이런 돈의 융통을 전문적으로 하는 기관을 말합니다.

국제간의 수지타산을 줄여서 국제수지라고 합니다. 우리나라가 외국에 물건을 많이 판매하면 국제수지는 흑자라고 하고요. 외국물건이 우리나라에서 많이 판매되면 국제수지는 적자라고 합니다.

흔히들 경제는 물질적 부를 의미한다고 했습니다. 여기서 궁금증이 하나 생기는데요. 그럼 구체적인 물질적 부를 어떻게 측정하느냐 하는 것이지요. 그리하여 등장한 것이 GNP(국민총생산), GDP(국내총생산)그리고 GNI(국민총소득)라는 것도 있습니다.

여기서 우리는 GNP와 GDP 그리고 GNI는 계산하는 방법은 몰라도 되지 않겠습니까? 그 이유는 정부 구체적으로 한국은행, 통계청 등 여러 부처에서 열심히 계산해주면 우리는 그 의미만 제대로 해석해 알고 있으면 되니까요.

GNP란 1년 동안 우리나라 국민이 만들어낸 모든 물질적 부를 합친 것입니다. 이때, 해외 동포들이 만들어낸 물질적 부도 포함해서 계산한 물질적 부라고 할 수 있습니다.

쉽게 말해서 1년 동안 서울에 사는 홍길동부터, 중국에 살고 있는 이몽룡까지… 우리나라 사람이 만든 모든 제품들을 모두 합쳐서 계산한 것이 GNP입니다.

한편 GDP란 우리나라 즉 대한민국이라는 영토 안에서 만들어낸 모든 물질적 부를 합친 것입니다. 이때 국적이 필리핀 근로자가 만들었든, 스리랑카에서 온 블랑카가 만들었든 우리나라 국토 안에서 만들어진 물질적 부라면 모두 GDP에 포함됩니다. 그렇게 되면 당연히 해외동포들이 만들어낸 물질적 부는 포함되지 않게 되지요.

아주 아주 옛날에는 GNP를 중요하게 생각했습니다. 왜냐면 일본에 살든, 미국에 살든 우리는 한민족 한동포라는 생각이 중요했기 때문이었죠. 그렇지만 이제는 국제화 세계화 시대에 맞게 GDP를 더 중요하게 생각해 정부도 각종 경제정책을 GDP를 중심으로 합니다.

간단한 예로 미국에 살고 있는 성춘향이 돈을 벌어서 어디에서 사용할까

요? 결국엔 미국에서 사용하게 됩니다. 그렇다면 우리나라에 있는 동남아 근로자들이 일을 해 벌어들인 돈을 어디에다 사용하겠습니까? 당연히 고향에 돈을 보내기도 하지만 우리나라에서 먹고 살면서 일해야 하니 우리나라에서도 사용하겠지요.

그리하여 실제로 한 나라의 경제상태와 경제규모 등을 실질로 반영하는 건 GNP보다는 GDP라고 합니다.

여기서 하나 더 GNI가 있습니다. 한 나라의 국민이 일정 기간 생산활동에 참여한 대가로 벌어들인 소득의 합계로서, 실질적인 국민소득을 측정하기 위하여 교역조건의 변화를 반영한 소득지표입니다.

1인당 GNP, 1인당 GDP 그리고 1인당 GNI를 각각을 국민의 수로 나눈 것이 되지요.

먹고 살기 위해 우리는 일을 해야 돈을 벌수 있죠. 그런데 일을 하고 싶지만 일자리가 없어서 놀고먹는 사람을 뜻하여 실업자라고 한답니다. 물론 진짜 일하기 싫어서 놀고먹는 자발적 실업자도 있지만 …….

2 경제와 경제성장

경제와 경제성장이란

이제부터 경제가 무엇인지 그리고 경제성장이란 무엇인지 알아보겠습니다.

아… 과연 경제란 무엇일까요? 많은 경제학 관련 책에서 경제에 대한 명확한 정의를 알아보려고 하면 막상 "경제란 재화와 서비스의 생산, 분배, 유통 ……" 좋은 말인 것은 분명합니다. 그렇지만 머리와 마음으로 바로 이해가 되지 않습니다.

"경세제민"의 약자가 경제입니다. 이는 "세상을 다스리고 백성을 구제한다"는 뜻이죠. 이를 쉽게 풀이하면 사람의 물질적 부와 관련된 모든 것이 경제입니다. 더 쉽게 말하면 인간욕망을 충족시켜주는 돈에 관련된 것이 경제입니다.

그럼 경제성장이란 무엇일까요? 인간의 물질적 부를 크게 하는 것이라고 할 수 있습니다.

경제성장에 관한 예를 들어 보며, 1년 내내 열심히 일을 해서 쌀 열가마를 생산하는 ㅇㅇ나라가 있습니다. 전 국민이 쌀 열가마를 다 먹어 버렸습니다. 그럼 ㅇㅇ나라의 물질적 부는 쌀 열가마라고 할 수 있죠.

만약 ㅇㅇ나라가 계속해서 쌀 열가마를 만들고, 만든 열가마를 다 먹어 버리면 ㅇㅇ나라는 어떤 나라가 되겠습니까? 이것을 어려운 경제 용어로 단순재생산입니다. 쌀을 만들기는 만드는데 지난번과 동일한 양을 만든다는 이야기인거죠.

ㅇㅇ나라는 이제 심각한 고민을 했습니다. 지금처럼 이런 방식으로 다 먹다가는 앞으로도 이 모양새 이 모양으로 살 수밖에 없다는 것을 알게 된 거죠. ㅇㅇ나라에서 제법 영리한 국민이 나머지 국민들을 모아놓고 이야기 합니다.

"위대한 ㅇㅇ나라 국민여러분! 우리 쌀을 다 먹지 말고 한가마 정도는 남겨 놓자고요. 그럼 다음해에는 몇 달을 벌수 있지 않겠습니까? 그럼 남는 시간에는 쌀 생산 기계를 만들자 구요. 그러면 쌀 생산하기가 지금보다 훨씬 쉬워지잖아요."

이에 나머지 국민들도 찬성을 했습니다. 결국 ㅇㅇ나라는 그 다음 해부터 쌀 생산 기계를 이용해 1년에 쌀 20가마를 만들 수 있게 되었습니다. 이제 ㅇㅇ나라의 국민들이 가진 물질적 부는 쌀 20가마로 늘어났습니다. 이를 어려운 말로 확대재생산을 할 수 있게 된 것입니다.

바로 경제성장이란 이런 것을 말하는 것입니다. 즉 어떤 나라의 국민이 일정기간 동안 소비할 수 있는 물질적 부의 총합계가 증가하는 것이라고 할 수 있습니다.

다음으로 경제성장률이 무엇인지 알아볼까요? 물질적 부가 얼마나 증가했는가를 나타내는 비율을 말해서 경제성장률이라 합니다. ㅇㅇ나라의 경제성장률은 100%라고 할 수 있습니다. 이렇게 '증가된 물질적 부/원래의 물질적부'가 경제성장률입니다.

잠재성장률

대개의 경우 머리에 엉뚱한 생각밖에 들어 있지 않은 친구가 공부를 잘 할 수는 없습니다. 항상 꾸준히 열심히 공부하고, 스승의 말을 잘 듣고 열심히 따라하는 친구가 있다면 바로 성적이 못하더라고 해도 언젠가는 성적이 올라가지 않겠습니까? 왜냐하면 공부를 잘 할 수 있는 잠재력이 있기 때문입니다.

이 잠재력은 경제성장에도 마찬가지입니다. 교육을 잘 받고 머리가 좋은 국민, 풍부한 지하자원, 많은 제품생산을 할 수 있는 시설 등 이런 것 들이 갖추어진다면 지금은 비록 경제가 어렵다 해도 언젠가는 하늘 높이 비상할 수가 있습니다.

다시 말해, 어떤 나라의 모든 생산요소(노동, 자본 …)를 정상적으로 동원해서 이룩할 수 있는 성장의 능력을 잠재성장력이라 합니다.

때때로는 이 잠재성장력보다 훨씬 더 많이 경제성장을 이룩하는 경우도 있습니다. 어떤 나라의 잠재성장력은 5% 정도인데 실질로 경제성장은 10%가 되는 경우도 있습니다.

이렇게 된 경우의 대부분은 정상적 생산에서 벗어난 경우입니다. 예를 들어 어떤 공장에서 노동자들이 하루 8시간 일할 것을 16시간씩 일하고, 하루 10시간이상 돌리면 고장과 불량이 생길 수 있는 기계를 24시간 돌려서 이룩한 경우이지요. 그렇게 되면 지금 당장은 성장률이 높을지는 모르지만 장기적으로는 오히려 심각한 피해가 발생합니다.

경제위기가 온 이후 중요 당면문제들 중 하나가 성장잠재력이 낮아진다는 것입니다. 투자할 돈이 부족해 투자 할 수가 없고, 생활고에 어려움을 겪고 있는 국민들도 스스로를 개발하는 교육비에 대한 투자지출을 줄이고 이로 인한 국가적 인적능력이 낮아지게 되지요.

이처럼 지속적으로 같은 일이 발생한다면 그 나라는 얼마 후에는 경제성장을 하고 싶어도, 기술도 없고, 쓸 만한 인재도 없고 뭐하나 갖추어진 것이 없어서 경제성장을 못하는 경우가 올수도 있습니다.

앞날들을 생각하고 미래를 준비한다면 어렵고 힘든 시련의 시간이 있을

수록 자신의 능력개발에 열정을 쏟아야 할 것입니다.

요소투입경제성장

경제를 일으키는 방법에는 크게 두 가지가 있습니다.

어떤 나라의 경제성장에서 마구 쏟아 부어서 경제를 일으키는 방법이 있을 수 있습니다. 반면 적당히 양을 조절해 가며 쏟아 붓지만 생산성을 높여서 경제를 일으키는 방법이 있습니다.

생산성에는 관심을 두지 않고 일단 퍼 부어 놓으면 언젠가는 돈이 되고, 쌀이 되어 나온다는 논리를 요소투입주도 경제성장이라 합니다.

비록 일부지만 외국국가들이 우리나라의 경제성장을 요소투입주도 경제성장이라고 합니다.

맨 처음에는 일단 막 퍼 부우니까 돈이 되고 쌀이 나왔는데 이제는 더 이상 나올 구멍이 막혀서 아무것도 나오지 않게 되었고, 그리하여 어려운 경제상황이 되었다는 말이죠. 이제부터라도 다시 열심히 막힌 구멍을 뚫어 확장해야하고, 무조건 퍼붓기가 아닌 생산성, 다시 말해 산출에 투입보다 더 많은 중요성을 가져야 한다는 말입니다.

3 경 기

경기란

정부나 경제학자들에게 만 경기가 중요한 것은 아닙니다. 다가오는 앞으로 시간이 경기가 나빠진다면 우리 국민들도 미리 준비를 해야 하기 때문입니다.

경기란 경제의 활동 상태를 표현한 말입니다.

경기는 그냥 보아서는 아무것도 아닌 것 같지만 알고 보면 엄청난 것입니다.

예를 들어 경기가 나빠진다고 예측하여 미리 경기를 볼 줄 아는 일부 사람은 자신이 직장에서 정리해고가 되기 전에 명퇴를 할 것입니다. 미리 경기를 볼 줄 아는 현명한 아내는 남편이 직장을 그만 둘 때를 대비해 미리 앞서 저축을 하고 대비를 했을 것입니다. 만약 그렇지 않고 전혀 경기를 예측하지 못한 사람은 수입이 늘 있을 거라 믿으며 분위기에 비싼 물건을 신용카드로 쇼핑만 했다면 어떻게 되었을까요?

더욱이 정부의 경우에는 미리 예측하고 준비하는 것이 무엇보다 중요합니다. 그렇지 않고 시간만 보내다가 나중에 경기가 엉망이 되면 선거에서 국민의 심판을 받아야겠죠. 물론 책임자의 처벌도 있어야 하구요.

또한 증권투자를 하는 투자자들은 경기가 돈과 직결된다고 할 수 있겠죠. 미리 경기를 볼 줄 아는 투자자는 주식이 하락하거나 폭락하기 전에 주식을 처분 할 것입니다. 반면에 그러지 않고 계속 주식을 사 모았던 투자자는 눈물을 삼켜야 합니다.

수출경기

경기는 크게 보아서 수출경기와 내수 경기로 나누어 질 수 있습니다.

수출경기란 수출입과 관련된 경제의 활동상태를 줄인 말이고, 내수경기란 국내 경제의 활동상태를 줄인 말입니다. 다시 말해서 기업에서 만들어낸 제품 가운데 일부는 수출되고, 일부는 국내에서 판매되는데 만약 외국으로 수출이 증가하게 되면 수출경기가 좋다고 하고, 국내에서 이 기업의 제품이 인기가 있어 잘 판매된다면 내수 경기가 좋다고 합니다. 그렇지만 한 국가의 경기는 어느 한쪽의 경기가 결정하는 것이 아니라 수출경기와 내수경기가 서로간의 상호작용을 통해 이루어 집니다. 예를 들어 우리나라 같은 경우는 어떻겠습니까? 수출경기가 상당히 중요합니다. 우리나라는 수출이 잘 되어야만 내수경기도 살아나고, 수출이 줄어들게 되게 되면 내수 경기도 엉망이 됩니다.

이렇듯 우리나라는 수출이 중요하다 보니 외국의 경기도 늘 지켜봐야 합니다. 더욱이 우리나라의 주요 수출국이나 수출경쟁국가 등에는 각별한 신경을 씁니다.

최근의 주요 국가들의 경기가 엉망인 관계로 우리나라의 현재 수출경기는 위기의 상황을 달리고 있습니다.

더욱이 수출경기는 환율과 밀접한 관계가 있습니다. 특히 우리나라의 주력상품인 자동차 전자 등은 일본과 세계시장에서 다투고 있기 때문에 엔화의 환율동향은 우리나라로서는 그 어느 국가의 환율보다도 중요하게 생각합니다.

예를 들어 환율이 크게 변동이 생겨서 1달러에 100엔이었던 것이 50엔이 되었다면, 이걸 어렵게 말해서 엔화의 가치가 높아 졌다고 합니다. 그럼 미국국민이 1달러를 주고 예전에는 100엔짜리 일본제품을 샀지만 지금은 50엔짜리 물건을 살 수 밖에 없겠지요. 그럼 미국국민들은 점점 더 일본제품의 구매를 줄이게 될 것입니다. 그렇게 되면 바이어는 한국 제품에 관심을 돌리게 됩니다. 따라서 한국제품의 수출이 늘어나는 것은 당연한 일이 됩니다.

내수경기

이번엔 내수 경기를 자세히 알아보겠습니다.

앞서도 언급 했듯이 한 회사의 생산 제품 중에서 일부는 수출되고, 일부는 국내에서 판매되는데 수출이 잘되면 수출경기가 좋다고 하고, 국내에서 잘 팔리면 내수 경기가 좋다고 했죠.

이 회사가 국내에 판매하는 제품은 어떻게 소비가 될까요? 먼저 일반 소비자들이 필요로 해서 구매하는 경우도 있고, 다른 회사들이 투자나 다른 생산을 하기 위해서 구매하는 경우도 있겠죠. 그럼 이때의 소비자의 수요를 소비수요라고 하고, 기업의 수요를 투자수요라고 한답니다.

경기가 좋든 말든 그렇게 크게 변하지 않는다는 것이 소비수요의 특징입

니다. 그렇지만 경기가 좋을 때와 나쁠 때에 따라서 많은 차이를 보이는 것이 투자수요의 특징입니다.

변동하는 경기의 주요원인이 투자수요에 있다고 하는 말도 바로 이 때문입니다. 소비수요는 거의 불변인데 기업의 예상에 따라 투자수요가 불규칙적으로 변하기 때문에 경기도 변하게 된다는 말이지요.

경기순환

인생을 살다보면 즐거운 시간, 그리운 시절, 지우고 싶은 기억 등 인생의 오르막이 있으면 내리막이 있고, 내리막이 있으면 오르막이 있다고 합니다. 경기도 어떻겠습니까? 경기도 오르막이 있으면 내리막이 있고, 내리막이 있으면 오르막이 있기 마련입니다.

먼저 경기가 내리막이라고 한다면, 여러 곳에서 부도 기업이 나오고, 어렵게 살아남은 기업들도 앞으로의 불안한 마음에 투자를 하지 않겠지요. 투자가 일어나지 않으면 은행에서 돈이 남아돌고 금리는 계속 떨어질 겁니다. 여러 곳에서 회사가 파산하니 실업자가 많아지고, 소비자들은 소비를 줄이거나 불안한 미래 때문에 더욱 소비를 못하게 될 것입니다. 이렇듯 계속된 소비감소는 재고를 남기고 물가는 떨어지고 파산하는 기업은 더 늘어나고, 그러니 실직한 노동자는 더욱더 늘어나는 악순환이 발생하게 됩니다.

이렇게 경기가 바닥을 헤매다가 언젠가는 오르기 시작합니다. 경기가 바닥을 헤매는 시간이 어느 정도 지나면 나름대로 한 건을 올리려는 회사가 능장하고, 이들은 헐값으로 돈을 빌려 투자를 늘리기 때문입니다. 정부에서도 그냥 보고만은 없겠지요. 선거에서 국민심판을 받으려면 경기를 일으켜 세워야 합니다. 여러 지역에서 공단조성, 도로공사 등과 각종 프로젝트들을 쏟아 냅니다.

그럼 이제는 소비자가 나설 차례입니다. 기업이 투자를 늘리고, 정부가 각종 사업을 시작하면서 일자리가 생기고, 노동자는 소득이 생겨나 그동안 참아왔던 소비지출을 하게 됩니다.

기업은 노동자의 소비가 늘어나니 그 만큼 생산을 증대시키기 시작하면 경기는 다시금 좋아지게 됩니다. 다시 좋아진 경기 덕에 돈을 빌려서 투자를 하려는 기업이 늘어납니다. 노동자의 지출도 늘어나고 상품수요는 증가합니다. 돈을 빌려 투자를 하려고 은행으로 향하니 금리는 올라갑니다. 여기에 무한정 있는 것이 아니라 유한한 것이 바로 원자재입니다. 그래서 원자재의 값은 급등합니다. 노동자의 상품수요는 금방 늘어나지만 생산은 금방 늘어나지 않기 때문에 물가는 폭등하고, 비싼 물가로 시간이 흐르면 경기가 다시 가라앉기 시작합니다. 물가의 급등으로 미래를 제대로 예측할 수 없는 기업이 생산규모를 줄입니다. 고금리를 부담할 수 없는 기업이 무너지기 시작합니다. 금리가 비싸지니까 노동자들은 돈을 은행에 저금하기 시작하고 소비가 점점 줄어들고 그렇게 해서 경기가 내려앉기 시작하다가 시간이 흐르면 경기는 내리막을 헤매게 됩니다. 여기저기서 부도 기업이 속출하고, 그나마 살아남은 기업들도 앞으로의 일이 두려워 투자를 하지 않습니다. 투자를 하지 않으니 은행에서 돈이 남고 금리는 또다시 떨어집니다. 여기저기 온 사방에서 기업이 파산하니 실업자가 많아지고, 소득이 떨어지니 소비를 줄이는 수준이 되고, 소비가 줄어드니 물가는 떨어지고 파산하는 기업은 더 늘어나고, 그러니 실직자는 더욱더 늘어나는 악순환이 일어납니다.

여기서 알 수 있는 것은 경기가 내리막을 헤매다가도 언젠가는 다시 오르막이 시작된다는 것입니다. 이런 식으로 경기 순환을 하게 됩니다.

4 지 수

지수란

고등학교 시절로 기억되는데요. 로그와 함께 많은 고교생들을 힘들게 한 친구입니다.

그렇지만 여기서 말하는 지수는 우리를 힘들게 한 친구가 아니라 다른 친구입니다. 다른 친구 즉 두 번째 알게 된 지수는 경제뉴스에서 말하는 지수로 그렇게 우리를 힘들게 하는 친구가 아닙니다.

여기서의 지수, 즉 경제뉴스에서 말하는 지수는 기준년도를 100으로 잡고 이에 대한 비교년도의 상대적인 변화정도를 나타내는 말입니다.

지금부터 예를 들면 2000년에 붕어빵 한 봉지에 500원을 했다고 합시다. 그리고 이때의 붕어빵가격 500원을 100으로 잡습니다. 2010년에 붕어빵 한 봉지의 가격이 1000원이 되었다고 하면 '붕어빵가격지수'는 200이 됩니다. 즉 [(1000원/500원)×100]=200이 됩니다. 기준년도에 비해 붕어빵가격이 두 배 뛰었다는 말이 됩니다.

대부분의 경우에는 지수를 이용할 때는 "전년 동기, 전월 동기 몇% 올랐다"는 식으로 사용하게 됩니다. 그렇게 우리를 힘들게 하는 친구는 아니니 이해하시겠죠.

경기종합지수

경기종합지수란 국민경제 전체의 경기 동향을 쉽게 파악하고 예측하기 위하여 주요 경제지표의 움직임을 가공·종합하여 지수형태로 나타낸 것입니다.

약칭으로 CI(Composite index)라고도 합니다. 현재의 경기 동향이나 장래의 경기를 예측하기 위하여 사용하는 경기지수의 한 유형이지요. 생산·투자·소비·고용·금융·무역 등 경제 각 부문의 지표 중에서 경기에 민감하게 반영하는 주요 경제지표를 선정한 후 이 지표들의 전월대비 증감률을 가중평균 하여 작성한다는군요. 너무 구체적인 것은 묻지 마세요. 개별 구성지표의 증감률 크기로 경기변동의 진폭을 알 수 있으므로 경기변동의 방향, 국면 및 전환점은 물론 변동속도까지도 동시에 분석할 수 있어 우리나라에서는 대표적인 종합경기지표로 널리 활용이 됩니다. 지수가 전월에 비하여 증가하면 경기상승을, 감소하면 경기하강을 의미합니다.

우리나라에서는 1983년 3월부터 통계청에서 매달 작성하여 발표하고 있으며, 개별 구성지표의 경기전환점에 대한 일치성 정도에 따라 선행종합지수(leading)·동행종합지수(coincident)·후행종합지수(lagging)로 나누어요.

선행종합지수는 앞으로의 경기동향을 예측하는 지표로서 제조업입직자비율, 기업경기실사지수, 순상품교역조건, 건축허가면적, 자본재수입액, 설비투자추계지수, 재고순환지표, 총유동성, 월평균종합주가지수 등과 같이 앞으로 일어날 경제활동에 큰 영향을 끼치는 지표의 움직임을 종합하여 작성합니다.

동행종합지수는 비농가취업자수, 산업생산지수, 제조업가동률지수, 도소매판매액지수, 건설기성액, 수출액, 수입액 등과 같이 현재의 경기상태를 보여주는 지표로서 국민경제 전체의 경기변동과 거의 동일한 방향으로 움직이는 지표로 구성되어요.

후행종합지수는 경기의 변동을 사후에 확인하는 지표로서 이직자수, 상용근로자수, 도시가계소비지출, 소비재수입액, 생산자제품재고지수, 회사채유통수익률 등의 지표로 구성되어요.

막연히 느낌상으로 경제가 어떻다고 말하지 말고, 이 종경기종합지수를 토대로 근간에 현실의 경제 상태가 어떠한가를 판단 해석하시는데 유용하게 사용해 보세요. 그럼 여러분도 전문가처럼 이야기 할 수 있을 것입니다.

5 호황과 불황

호황과 불황이란

경제 전체의 상태가 좋다는 이야기를 호황이라고 합니다. 반대로 경제 전체의 상태가 좋지 않을 때를 이야기를 불황이라 합니다.

즉 경기가 좋을 때를 호황, 경기가 엉망일 때를 불황이라고 말합니다. 그

렇다면 경기가 엉망이 되어 그 상태가 아주 심각한 지경에 도달하면 무엇이 있을까요? 경제가 아주 엉망인 상태를 공황이라고 합니다. 호황과 불황에는 여러 이유가 있겠지요. 그건 나라별 사정에 따라서 또는 발생 시기에 따라서 원인도 그것을 해석하는 방법에도 차이가 납니다. 흔히 말하는 견해차이 뭐 그런 거죠.

우리나라의 경우를 살펴볼까요?

먼저 우리나라의 호황은 우리의 주력 상품인 자동차, 전자, 조선 등의 수출증대에 그 요인을 찾을 수 있습니다. 이들 주력산업이 증대되면 이들 기업은 물론 연관기업과 타 산업 전반에 투자가 늘어나게 됩니다. 그렇게 되면 투자수요란 친구가 늘어나게 되어 산업전반의 경제 상태가 좋아지게 됩니다. 이렇게 모두가 좋은 경제 상태라면 노동자들의 급여도 올라가고 소비도 늘어 상인들도 더 많은 수익을 창출할 수 있겠지요.

이런 호황이 영원히 지속되지 않는다는 것 앞서 경기순환 때 말해 드렸지요. 불황은 이러한 좋은 경기상태가 아닌 경기가 내리막을 걷고 있거나 바닥에 머물러 있을 때를 말합니다. 우리나라의 경우 주력산업이 수출악화로 생산이 감소되면 이들 기업은 물론 연관기업과 타 산업 전반에 투자가 줄어들게 됩니다. 그렇게 되면 투자수요란 친구가 사라지게 되어 산업전반의 경제 상태가 나빠지게 됩니다. 이렇게 모두가 나빠진 경제 상태라면 노동자들의 급여도 내려가고 실업자도 생기고 소비는 줄어 상인들도 많은 고통의 시간을 보내게 됩니다.

공 황

공황이란 아주 심해진 불황을 가리키는 말입니다. 다른 말로 표현하면 불황이란 경제가 엉망 일보직전에 있다는 이야기이고, 공황이란 경제가 진짜 엉망이라는 말입니다. 금융이 진짜 엉망이라면 금융공황이라고 하고요. 세계의 경제가 진짜 엉망이라면 세계공황이라 이야기입니다.

우리가 지금 살고 있는 자본주의 사회는 한 번씩 주기적으로 공황을 경험

한다고 하는데요. 그럼 교과서적인 공황의 원인을 말하면 다음과 같습니다. 우리사회에는 기업가도 있고 노동자도 있습니다. 기업가는 이익추구를 위해 임금을 조금 이라도 적게 주려고 할 것입니다. 그래야지만 자금을 투자한 기업가에게 돌아오는 금액이 커지겠죠. 이런 기업가는 자신에게 돌아오는 금액을 더욱 더 높이기 위해서 노동자를 내보내고 대체방안으로 묵묵히 여러 명의 노동자를 대신해서 일하는 기계를 사용합니다.

이러한 일련의 과정으로 인해 거리에는 실업자가 넘쳐나고 묵묵히 노동자를 대신해 기계가 만든 물건들도 거리에는 넘쳐나게 됩니다. 그러나 실업자들은 소비를 할 여력이 없습니다. 따라서 재고가 발생하고 기업은 파산으로 이어지게 되어 결국 경제가 진짜 엉망이 되는 것입니다.

버 블

버블이란 모 세탁기 광고에서 많이 들어본 말이지요. 번역하면 거품입니다. 쓸데없이 가격이 높은 경우를 말하여 경제용어에선 버블을 사용합니다.

흔히들 부동산이나 주가가 하늘을 향해 그 가치 이상으로 가격이 오르고 있을 때 많이 사용합니다. 경기가 좋아진 호경기 즉 호황 때 겁나게 돈을 많이 번 사람이 있다면 이 돈은 오히려 점점 부동산이나 주가 등과 같이 비생산적인 곳으로 몰리게 되어 그 가치 이상으로 가격이 올라서 정상적인 가격이 아닌 상태가 됩니다. 이런 것을 가격에 거품이 묻었다 하여 버블이라고 합니다.

이렇게 버블현상이 일어나면 경기가 불황국면으로 내려가기 시작하는 시점부터는 거품이 어디론가 사라지고 거품이 많이 묻어 가치이상의 돈을 주고 부동산이나 주식을 구입한 사람은 큰 낭패를 보게 됩니다. 이처럼 버블은 건전한 투자문화를 저해하고 일부 투자자에게는 큰 상처를 남기게 됩니다.

물가지식

제 2 장
물가지식

1 물 가

물가란

경제란 용어만 등장해도 바로 생각나는 게 물가입니다. 그렇지 않나요? 하여튼 경제에서 물가는 너무나 중요해 아무리 강조해도 지나치지 않는 뭐 그런 것입니다. 그래서 사람들은 늘 경제 인터뷰할 때 물가 때문에 이렇다 저렇다 말한답니다. 그럼 물가란 무엇인지 알아볼까요? 말 안 해도 아시겠지만 물가란 물건의 가격을 줄인 말입니다. 우리가 사용하는 모든 상품의 가격을 평균한 것이 물가입니다.

지금까지 공부한 걸 바탕으로 해보죠. 물가가 내려가면 좋은 일만 있던가요? 물가는 내릴수록 좋은 것 같지만 이젠 아니라는 걸 짐작 하시죠. 반대로 물가는 적당히 오르는 것이 경제에는 좋습니다.

그렇다고 물가가 쭉쭉 오르면 어떻겠습니까?

갑작스런 물가의 큰 폭의 상승은 경제적인 문제로 끝나지 않습니다. 정치적으로 안정되어 있지 않은 아프리카나 동남아 국가들의 물가 폭등으로 인한 문제로 시위가 일어나는 뉴스를 우리가 종종 접할 수 있으니까요.

반대로 물가가 갑작스럽게 계속해서 내린다면 어떻게 될까요?

쉽게 생각하면 큰일 납니다. 아주 좋을 것 같다고 생각하신 분은 책을 다시 읽으셔야 될지도. 흐흐흐. 오히려 물가상승보다 경제에 더 악영향을 주는 것이 물가하락입니다. 끝없는 물가하락은 기업주의 이익을 감소시켜 생산이 급격히 감소하고 경제는 희망을 잃어버립니다.

물가는 안정이 중요한 이유를 이제는 아시겠죠?

이 부분에 대해서는 잠시 후 물가의 변동은 무엇일까요? 에서 다시 다루기로 하고 일단은 그냥 넘어 갈게요.

물가지수

'지수 뭐더라?' 하는 분을 위해 간단히 다시 설명하겠습니다. 지수란 기준년도를 100으로 잡고 다른 년도의 비교항목을 비율로 나타낸 경제 수치입니다.

물건의 가격을 뜻하는 물가를 기준년도와 비교년도를 비교하는 것을 물가지수라고 합니다. 물가지수는 물건의 가격을 지수로 만든 것입니다. 즉, 물가의 변동을 파악하기 위하여 작성되는 지수정도로 이해하세요.

기준이 되는 해(기준시점)의 물가수준을 100으로 하고, 그 후의 물가를 종합지수의 형태로 나타내므로 물가의 움직임을 측정하기 위한 척도일 뿐 아니라, 각종 정책의 지표로서 또는 각종 디플레이터(가격수정인자)로서 이용한답니다. 물가지수는 상품거래의 단계에 따라 도매물가지수·소매물가지수·생계비지수의 구별이 있으며, 특수한 것에는 무역물가지수·농촌물가지수 외에 지역적인 물가차를 표시하기 위한 지역차물가지수가 있습니다.

이렇듯 물가지수 중에는 종류가 여러 가지 있지만 경제뉴스에 자주 나오는 생산자물가지수·도매물가지수·소비자물가지수만 여기서 살펴보겠습니다.

생산자물가지수란 생산자 판매 가격에 의한 물가지수를 말합니다.

물가를 경제순환의 어느 단계에서 파악하느냐에 따라 물가지수는 여러 가지로 산출되는데, 생산자 판매가격에 입각하여 작성되는 것을 생산자물가지수라고 합니다. 이는 제1차 도매상의 판매가격에 따라 작성되는 도매물가지수와는 다른 것으로, 비교적 근년에 작성되기 시작하였습니다. 생산자가격의 동향을 측정하는 동시에, 국민경제계산의 디플레이터로서도 이용됩니다.

도매물가지수란 도매상의 판매가격에 따라 작성한 도매물가의 수준을 나타내는 지수입니다.

이 경우의 도매상이란 생산자에게 가장 가까운 도매업자(제1차 도매업자)를 말합니다. 도매물가지수는 소매단계의 소매물가지수, 무역면에서의 수출입물가지수, 가계소비단계에서의 소비자물가지수와 함께 물가동향을 나타내는데, 도매거래에는 중요한 생산재의 거래가 많이 포함되기 때문에, 도매물가지수는 국민경제의 동향을 민감하게 반영하는 기본적 지수이며, 각종 물가지수 중에서 가장 중요시됩니다.

소비자 물가지수는 가정이 소비하기 위해 구입하는 재화와 용역의 평균가격을 측정한 지수입니다 소비자물가지수의 변동률로 인플레이션을 측정할 수 있습니다. 소비자물가지수를 이용해 급여, 봉급, 연금, 물가를 연동시켜 인플레이션의 영향을 조정할 수 있습니다. 소비자물가지수는 인구 조사, 등과 함께 국가의 기본적인 경제 통계입니다.

2 물가의 변동

물가의 변동원인

오르락내리락 하는 것이 경기이고 이런 경기에 따라 오르락내리락 하는 게 물가입니다. 물가의 입장에서 오르락내리락 하는 이유를 생각해 볼까요?

변동하는 물가의 원인은 수요가 많아서 뛰는 경우가 있고, 상품의 공급비용이 높아서 뛰는 경우도 이렇게 둘로 나눕니다.

이중 수요가 많아서 물가가 뛰는 것을 수요견인설이라고 하는데 가장 대표적인 예는 경기가 좋아서 소비수요가 증가 하거나, 통화량이 늘어나서 물가 증가하는 경우 입니다.

상품의 공급비용이 높아져서 물가가 뛰는 것을 비용인상설이라고 하는데 주로 노동자의 임금이나 원자재의 가격이 뛰면 상품의 생산비가 올라가서 물가가 뛴다고 합니다.

물가가 올라가면

물가가 올라가면 어떻게 될까요?

물가가 뛰면 환율이 상승합니다. 그만큼 돈이 많이 풀렸다는 이야기가 되니까요. 시중에 우리 돈이 많이 풀려 있다면 달러는 우리 동네 비해 상대적으로 많이 줄었다는 이야기가 되지요. 이것은 환율의 상승을 초래 할 수밖에 없습니다. 얼마 전까지 1달러를 사는데 1,000원만 주고 살 수 있는데, 물가가 오름으로 인한 환율인상으로 1,500원을 주어야 살 수 있다면 어떻게 될까요?

물가가 뛰면 금리도 오릅니다. 물가가 오르는 것만큼 은행에서 예금할 때 주는 금리가 따라 올라 갈까요? 만약 물가는 오르는데 예금 금리가 그대로라면 누가 저축하겠습니까? 예금을 하지 않고 차라리 소비를 하여 물건을 사 놓는 게 더 유리해지니까요. 예금이 줄어드니 은행에 돈이 없고, 은행에 돈이 없으니 금리를 올리게 됩니다.

방금 말했듯이 물가가 뛰면 물가가 더 오르기 전에 빨리 물건을 사려고 사람들이 심지어 사람들은 은행에서 돈을 빌려서라도 구입하려는 가수요 현상까지 나타나니 돈을 빌리려는 사람이 많으니 금리는 오를 수밖에 없습니다.

물가가 계속 상승하면 기업의 투자가 줄어들고, 경제가 악화 됩니다. 계속

되는 물가의 상승으로 기업은 사업계획을 세우기가 힘들어 지고, 따라서 투자를 취소하기 시작합니다. 투자가 줄어드니, 고용이 줄어들고, 고용이 줄어드니 노동자의 소득이 줄고, 소득이 줄어드니 소비가 줄고, 소비가 줄어드니 경제가 엉망이 됩니다.

지나친 물가의 상승은 소비자에게도 생산자에게도 짐이 되기 때문입니다. 그래서 정부는 물가 상승 때 고금리 정책을 펼쳐 시중에 풀려있는 돈을 은행으로 모으면서 물가 억제정책을 사용해 물가 안정화를 위한 노력을 합니다.

물가가 내려가면

먼저 물가가 내리면 환율이 떨어집니다. 물가가 내린다는 것은 우리나라에 돈이 없다는 소리이고, 우리 돈이 없는 만큼 달러는 상대적으로 많다는 소리가 됩니다. 옛날에는 1달러를 사는 데 1,500원을 주어야 했는데 이제는 1,000원만 주어도 1달러를 살 수 있게 됩니다.

물가가 떨어지면 금리가 내려갑니다. 물가가 떨어지면 소비자는 굳이 오늘 물건을 살 필요가 없습니다. 바로 필요한 물건인데도 소비를 지체하는 소비연기가 나타납니다. 소비자는 돈을 굴리기 위해 은행에 저금을 합니다. 은행에 예금이 늘어나니 금리는 떨어지게 됩니다.

물가가 떨어지면 경기에 좋지 않은 영향을 미치게 됩니다. 물가가 하락하면 생산자의 입장에서는 하루, 이틀 지남에 따라 손해가 증가하게 됩니다. 하루라도 빨리 팔기 위해 생산가격보다 오히려 낮은 가격으로 판매하고 심지어 생산 자체를 포기 해버립니다. 그럼 실업자도 더 생기겠지요.

3 인플레이션과 디플레이션

인플레이션

인플레이션은 지속적인 물가 상승을 말합니다. 몇 가지 상품의 가격이 뛰어서는 인플레이션이라고 하지 않고, 각종 물가지수가 사정없이 장기간에 걸쳐 뛰는 것을 인플레이션이라고 합니다.

즉, 화폐가치가 하락하여 물가가 전반적·지속적으로 상승하는 경제현상입니다.

종래에는 인플레이션을 통화팽창이라고 보았고, 유효수요이론의 입장에서는 사회적 총수요(소비수요와 투자수요의 합계)가 사회적 총공급(소비수요와 저축의 합계)을 초과하는 총수요로 보았습니다. 그러나 최근에는 물가수준의 지속적 상승과정으로 정의하고 있습니다. 여기에서 물가수준은 많은 개별상품의 가격을 일정한 방법으로 평균하여 산출한 물가지수(price index)로써 측정합니다.

그러나 물가수준의 지속적 상승과정이라는 인플레이션의 일반적 정의는 인플레이션에 관한 일차적 관념을 제시해 주기는 하지만, 몇 가지 고려해야 할 점이 있습니다.

첫째, 물가가 얼마 동안의 기간에 몇 % 이상 상승할 때 인플레이션이라고 하는가에 대해서는 의견이 서로 다를 수 있습니다.

둘째, 물가가 외관상으로 상승한 반면 제품의 질도 크게 향상된 경우에는 인플레이션이라고 볼 수 없을 것이며, 반대로 명목가격은 그대로 둔 채 질을 떨어뜨리는 경우에는 실질적으로 인플레이션이 일어났다고 볼 수 있다는 점입니다.

셋째, 정부가 물가상승을 억제하기 위해 가격통제를 실시하는 억압형 인플레이션(suppressed inflation : 잠재적 인플레이션이라고도 함)의 경우, 물가지수는 높아지지 않아도 암시장 가격은 크게 상승해 있다는 점입니다. 이상과 같은 면을 고려할 때 인플레이션 유무의 판단은 용이한 것이 아닙니다.

그러나 연 4~5% 정도의 물가가 상승하는 경우는 제품의 질적 변화나 물가지수, 계산상의 오차 등으로는 설명할 수 없기 때문에 인플레이션이 일어났다고 볼 수 있습니다.

인플레이션의 원인은 수요초과로 발생하는 경우도, 상품공급 비용의 상승으로 발생할 때도 있습니다.

디플레이션

디플레이션은 지속적인 물가하락을 말합니다. 인플레이션이 주로 초과수요에 의해 발생한다면 디플레이션은 주로 초과공급에 의해서 발생하게 됩니다.

즉, 통화량의 축소에 의하여 물가가 하락하고 경제활동이 침체되는 현상을 말합니다.

디플레라고도 하며, 예전에는 인플레이션의 대응어로서 사용되었으나, 그 후 양자의 개념의 대상성(對象性)이 상실되어 산출량의 저하, 실업의 증가 등 경제활동의 침체 또는 저하를 의미하게 되었습니다.

그러나 오늘날에는 오히려 경기과열이나 인플레이션 억제를 위하여 정책적으로 실시되는 경우가 많았습니다. 그러나 이 경우 공정이율의 인상, 중앙은행 대출의 억제·회수, 공개시장조작 등을 중심으로 하는 디플레이션 정책에 의하여 현금통화의 유통량은 감소되고, 이에 수반하여 은행대출도 축소되고 예금통화량도 감소합니다. 더욱이 신용의 긴축에 의하여 기업활동이 위축되어 물가의 하락, 실업의 증가를 초래함으로써 불황으로 전화될 가능성이 높습니다. 이러한 폐해를 피하면서 인플레이션의 진행을 저지하는 정책을 채택하였는데, 이를 디스인플레이션(disinflation)이라고도 합니다.

디플레이션이 일어나면 이만저만 골치 아픈 게 아닙니다.

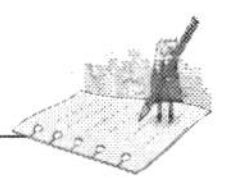

스태그플레이션

보통의 경우 경기가 좋으면 물가가 상승합니다. 경기상승으로 주머니가 두둑해진 시민들이 열심히 쇼핑을 하기 때문입니다. 경기가 좋지 않으면 물가가 하락합니다. 주머니가 얇아진 시민들이 소비를 줄이면 창고에 재고가 쌓이게 됩니다. 쌓인 재고를 처분하려면 할인판매를 할 수밖에 없습니다. 그래서 물가는 하락하게 되는 것입니다. 그런데 스태그플레이션이란 경기가 좋지 않은데도 불구하고 물가가 뛰는 현상을 말합니다.

스태그플레이션의 좋은 예는 1970년대의 세계경제였습니다. 1970년대의 중동은 정치적으로 상당히 복잡했고, 결국 전쟁이 발발했습니다. 중동에서의 전쟁발발은 석유값 상승으로 이어졌습니다. 석유값이 폭등하면 사장님의 입장에서는 상품가격을 올릴 수밖에 없습니다. 기름값이 3배, 4배씩 뛰는 데 배겨 낼 방법이 없습니다. 그나마 기름값이라도 있는 사장님은 다행입니다. 기름값을 댈 능력이 없는 사장님들은 공장 문을 닫아야만 합니다.

이렇게 해서 물가가 상승하고, 폐업하는 공장이 늘어나자 일반 시민들도 타격을 입게 됩니다. 당장 씀씀이를 줄여야 합니다. 물가가 더 뛰기 전에 물건을 하나라도 더 사 놓는 게 좋겠지만, 언제 직장이 문을 닫을지 모르는데 흥청망청 쇼핑을 할 수는 없습니다. 결국 소비가 감소하게 되고, 소비가 감소하자 문을 닫는 공장은 더 늘어나게 됩니다. 이렇게 해서 물가가 뛰고, 경기가 침체되는 스태그플레이션이 일어나게 된 것입니다.

그런데 스태그플레이션이 문제가 되는 이유는 '물가상승, 경기침체' 그 자체에 있는 것이 아닙니다. 진짜 문제가 되는 이유는 확실한 처방책이 없다는데 있습니다. 예를 들어 경기를 살리기 위해 정부에서 돈을 팍팍 풀었다고 가정을 해봅시다. 어떤 일이 일어날까요? 돈을 풀면 경기는 살릴 수 있습니다. 주머니가 든든해 진 시민들이 열심히 쇼핑을 하면, 사장님들이 멈추었던 공장을 다시 돌리고 경기는 좋아지게 됩니다. 그런데 문제는 물가가 뛰는 데 있습니다. 가뜩이나 물가가 급등하는데 경기를 살리기 위해 돈을 팍팍 풀었으니 물가는 저 높은 하늘을 향해 승천을 하게 됩니다.

이번에는 물가를 잡기위해 돈줄을 죄었다고 생각해 봅시다. 어떤 일이 일어날까요? 돈줄을 죄면 물가는 잡을 수 있습니다. 주머니에 돈이 떨어진 시민들이 소비를 줄이고, 소비가 줄어들면 각종 상품의 가격은 떨어지게 됩니다. 그런데 문제는 물가만 떨어지는 게 아니라는데 문제가 있습니다. 돈줄이 죄면 소비가 줄어들고, 소비가 줄어들면 경기는 더욱 침체하게 됩니다. 가뜩이나 폐렴에 걸려 콜록콜록 거리는데 돈줄까지 죄었으니 경기는 이제 뇌사상태에 빠지게 됩니다.

스태그플레이션이 무서운 이유! 이제는 아시겠죠?

Chapter 3

재정지식

제 3 장 재정지식

1 재 정

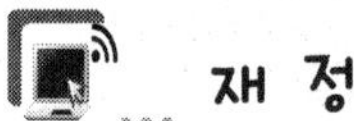

재 정

재정을 정의 내리면 국가 및 지방공공단체의 경제활동이라고 되어 있습니다.

넓게는 개인·가계 등 경제 주체의 재산 및 수지의 관리를 포함하며, 이를 사재정이라고 하고요. 이에 반해 국가 및 지방공공단체의 재정을 공재정이라고 합니다. 예전에 자유주의경제하의 '값싼 정부' 시대에는 재정이 국민경제에 미치는 비중이 크지 않았으나, 현재의 혼합경제하에서는 재정이 국민경제에 대하여 매우 큰 역할을 하고 있습니다.

당연히 정부 본연의 임무는 국민들로부터 각종 세금을 거두고, 거둔 돈으로 경제성장과 물가안정, 국제수지 흑자라고 하는 듣기만 해도 머리가 아파

오는 거창한 문제를 해결하는 것이라고 할 수 있습니다. 그럼 이런 거창한 문제들을 해결하고 본연의 임무를 완수하기 위해 국민들로부터 세금을 거두는 것을 유식한 말로 세금이 들어 왔다고 하여 세입이라고 하고, 국민으로 부터 거둔 돈인 세금을 용도에 맞게 잘 사용하는 것을 세금이 나갔다하여 세출이라고 합니다.

재정이란 세입·세출과 관련된 정부의 모든 활동을 가리키는 말이며, 국민경제의 발전과 세계평화를 위해 펼치는 정부의 각종 정책을 재정정책이라고 합니다. 세입, 세출, 재정 이제 아시겠죠? 몰라도 조금 더 알아볼 테니 걱정 마세요.

2 예산과 결산

세 입

세입은 국민들로 부터 각종 세금을 거두어들이는 조세수입, 각종 벌금이나 수수료를 통해서 벌어들이는 세외수입, 정부의 재산을 팔아서 벌어들이는 자본수입이 정부이 주요 수입원입니다.

세금은 여러 가지로 분류가 가능한데 거두어들이는 주체에 따라 정부가 거두어 들여 국가의 경제발전에 사용하면 국세라고 하고, 지방관청이 거두어 지방의 경제발전을 위해 사용하면 지방세라고 합니다.

직접세와 간접세로 세금을 분류하기도 하는데 직접세는 세금을 내어야 하는 사람이 직접 내는 세금으로 벌어들인 소득에 따라 내는 소득세, 물건을 팔았을 때 내는 양도소득세가 대표적인 예입니다. 간접세는 세금을 부담하는 사람과 직접 관청에 내는 사람이 다른 세금으로 부가가치세가 가장 대표적인 예입니다.

누진세, 비례세, 역진세로 분류하기도 하는데 누진세는 소득이 많을수록 많을 돈을 내는 세금이고, 역진세는 소득이 많을수록 적게 내는 세금을, 비례세는 벌어들인 만큼 내는 세금을 이야기 합니다.

세 출

정부가 사용하는 세출을 크게 보면 공무원 임금을 지불하는 경상지출, 필요한 서민들에게 나누어주는 이전지출, 정부가 필요한 물건을 사용하는데 사용하는 자본지출이 있습니다. 이렇듯 세출은 정부의 모든 지출을 말합니다.

참고로 금융기관을 통해 각종 민간사업을 지원하기 위해 사용하는 재정융자와 정부가 도로를 뚫거나 각종 공사를 시행하는데 사용한 재정투융자라는 말이 있습니다.

정부의 지출을 사용하는 돈의 기능에 따라 일반행정비, 국방비, 교육비, 사회계발비, 경제개발비 등으로 분류하기도 합니다.

예산과 결산

예산이란 국가 또는 지방자치단체의 1회계연도의 세입·세출에 관한 예정계획서입니다. 매년 10월경이 되면 정부는 다음해의 수입과 지출을 추측해서 예산을 짜는데 이것을 본예산이라고 합니다.

정부의 회계장부는 일반회계, 특별회계, 기금으로 나누어지는데 일반회계는 일반행정비와 국방비, 사회계발비와 같은 일반적인 목적으로 사용되는 돈을 기록한 장부를, 특별회계는 글자그대로 정부가 특별한 목적을 가지고 사용하는 돈을 기록한 장부를, 기금은 군인연금이나 농어촌발전기금과 같이 기본예산과는 상관없이 별도로 운용하는 것을 말합니다.

넓은 뜻으로는 민간기업·공공단체 및 기타 조직체는 물론이고 개인의 수입·지출에 관한 계획서도 포함됩니다. 또한 재정용어로서의 예산을 간단

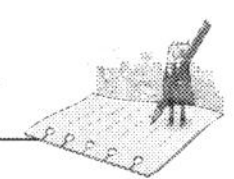

히 정의하면 일정기간(회계연도)의 재정적 지출이 재정적 수입과 함께 일정한 체계 하에 제기되고, 그것에 대하여 국회가 심의·의결해야 하는 것 또는 심의·의결된 것이라는 2가지 요건을 구비한 일정한 문서라고 할 수 있습니다. 달리 말하면 예산이란 재정에 관한 예정계획서임과 동시에 정부가 국회에 바라는 승인요구서입니다. 국회의 의결을 거쳐서 성립된 예산은 영국이나 미국의 경우에는 법률이라는 형태를 취하며, 우리나라의 경우에는 법률과는 상이한 특수한 의결이라는 형태를 취하는데, 어느 것이나 정부를 구속하는 힘을 갖는 문서인 것만은 마찬가지입니다.

한편 재정상 결산은 한 국가에서 회계연도가 종료되면 예산과 실적을 확정적 계수로 표시하는 행위입니다. 한국의 회계연도는 매년 1월 1일에 시작하여 12월 31일까지입니다. 기획재정부장관은 각 부서에서 보고해온 세입세출 보고서에 따라 세입세출의 결산서를 작성하여 국무회의의 심의를 거쳐 대통령의 승인을 받아야 합니다.

정부의 세입과 세출을 조정해 국가 경제를 이끌어 나가는 정책을 재정정책이라 합니다. 이를 총수요관리정책과 총공급관리정책으로 다시 나누는데요. 이중 정부가 많이 사용하는 총수요관리정책만을 살펴보겠습니다.

흔히 정부의 예산이 지출보다 수입이 많으면 흑자재정이라고 합니다.

이를 긴축재정정책이라고도 하는데 각종 공사를 취소하고, 입을 싹 닦는 것입니다. 정부가 입을 닦는 정도에 따라 경기는 급격하게 가라앉기도 하고, 서서히 가라앉기도 하는데 특별히 경제를 서서히 가라앉히기 위해서 펼치는 정책을 경기연착륙정책이라고 합니다.

한편 수입보다 지출이 많으면 적자재정이라고 합니다. 보통 이를 때를 확대재정정책이라 경제가 빌빌 거릴 때 정부가 누 팔, 누 다리를 걷어붙이고 돈을 펑펑 쏟아 부어서 경기활성화를 도모하고자 할 때 사용하는 정책입니다.

한편 통합재정수지라는 말이 사용되기도 하는데 통합재정수지는 일반회계와 특별회계 이외에도 별도로 취급하는 기금도 포함해서 적자여부를 따지는 것을 말합니다.

살다 보면 정부의 예상과는 달리 수입이 줄어 예산이 부족해지기도 하는

데 이때 정부가 새로 짜는 예산을 추가경정예산이라고 합니다.

추가경정예산은 추가예산과 경정예산의 준말로 기존의 예산보다 돈 쓸 일이 더 많아 져서 새로 짜는 예산이 추가 예산이고, 기존의 지출 범위 내에서 사용 항목만 바꾸는 것을 경정예산이라고 합니다.

무역지식

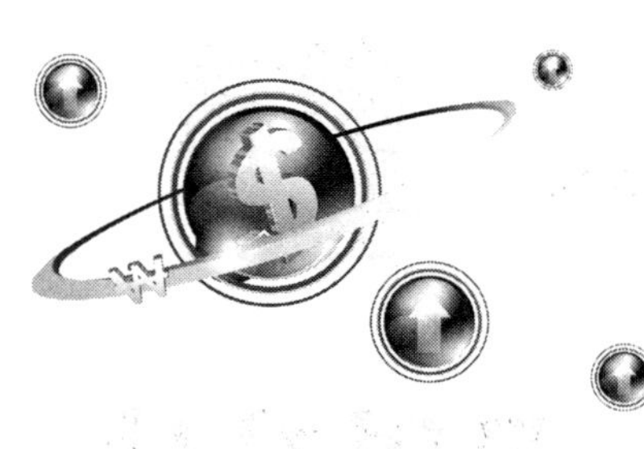

제 4 장
무역지식

1 수출과 수입

수출의 과정

무역학과 요즘은 국제통상학과에서 4년간을 배우는 내용을 우린 이번 장에서 배우려 합니다. 많이 무리가 있겠죠? 그런데 이 수출의 과정을 이해해 두면 수출입 보도의 이해뿐만 아니라 여러 가지 유용한 것을 습득할 수 있어 많은 도움을 받게 됩니다.

정말 간단하게 말씀 드릴 테니 포기 마시고 따라오세요.

첫째, 우선 수출을 위해 내가 만든 물건이 뭔지 내가 판매할 물건이 뭔지에 대한 제품 카탈로그를 만들고 이를 가지고 미국, 일본, 중국 등 세계 각국에 이 물건을 구매 할 외국 바이어를 만나러 다닙니다. 예를 들어 미국에

오바마(미국이 대통령이 아닌 미국의 한 바이어임을 분명히 밝힙니다.)가 우리 회사가 만든 떡볶이에 관심을 보인다 싶으면 열심히 아부도 떨고 우리 회사 떡볶이이의 장점을 최대한 부각 시켜 계약을 합니다.

둘째, 계약이 이루어졌다고 바로 떡볶이 제품생산에 들어가면 낭패를 볼 수 있습니다. 왜냐고요? 신용장을 받아야 하기 때문입니다. 신용장은 미국 오바마가(바이어)의 거래은행이 발행하는 보증서입니다. 만약 오바마가 계약만 한 채 미국으로 들어가 연락이 안 되면 어떻게 제품 값을 받을 수 있겠습니까? 이럴 경우 은행이 대신 떡볶이 값을 물어주겠다는 것을 약속한 문서를 신용장이라 합니다.

셋째, 신용장이 도착하면 본격적으로 떡볶이 생산에 들어갑니다. 열심히 좋은 제품 만들어 수익도 올리고 국위선양도 하는 것이죠.

넷째, 이렇게 떡볶이생산이 완료되면 떡볶이를 선적하고, 선박회사에서 발행해주는 선하증권을 받습니다. 선하증권은 선박화물의 소유권을 나타내는데 수입국의 항구에 도착하면 이 선하증권을 가지고 있는 사람에게 선장은 물품을 건네줍니다.

다섯째, 떡볶이 제조사가 직거래로 수출 했던 수출상을 통해 수출했던 선하증권을 가지고 자신의 거래은행을 찾아가서 선하증권과 신용장을 보여주면서 어음을 발행합니다.(이 어음을 주로 환어음이라 합니다.) “미국에 있는 오바마(바이어, 수입상)가 이 어음가지고 있는 사람에게 돈을 줘라.”라고 적힌 어음을 발행합니다. 그러면 은행은 신용장이 있으니 안심하고 돈을 줍니다. 여기까지가 수출업자나 제품을 직수출하는 제조회사에서는 물건선적과 대금결제까지 대부분 끝난 상태가 됩니다. 별일만 안 생긴다면 …….

여섯째, 한국에 있는 은행은 다시 신용장과 선하증권을 수입국의 신용장 발행은행(둘째 번에 이야기한 오바바 거래은행)에게 제시합니다. 수입국에 있는 은행은 자신이 대금지급을 약속한 신용장을 가지고 왔으니 두말하지 않고 대금을 지급합니다.

일곱째, 수입국에 있는 은행은 다시 오바마(수입상)에게 연락을 합니다. “어, 오바마 선하증권이 도착했으니 돈 가지고 와서 찾아가라.” 그러면 수입상은 어음에 적힌 금액을 주고 선하증권을 찾습니다.

여덟째, 오바마는 은행으로부터 받은 선하증권을 가지고 수입상은 항구로 달려갑니다. 화물을 싣고 온 선장에게 가서 선하증권을 보여주면 선장은 "어서 오십시요" 하고 물건을 내어 줍니다. 그 후 오바마는 떡볶이를 팔던지 못 팔면 자신이 다 먹던 알아서 하겠지요.

수입의 과정

수입의 과정은 수출의 과정 반대입니다. 즉 방금 말한 오바마(바이어, 수입상)입장으로 행동하시면 됩니다. 하나 더 말하자면 마지막 선하증권을 가지고 항구로 달려갔을 때 물건을 찾기 위해서는 나라마다 맺은 협약에 따라 관세를 내야 한다는 것이지요. 이 관세는 뒤쪽에서 다시 상세히 설명해 드리겠습니다.

2 수출의 종류

결제방법에 따라

앞서 수·출입 방식 설명할 때 보통의 물건 구매와 가장 큰 차이가 여러분은 뭐라고 생각하십니까? 저는 국제간의 거래이니 무엇 보다 돈의 지급방법이 국내 거래에서의 방식과는 확연히 차이가 난다고 생각하는데요. 중국에 장 씨 성을 가진 사람이 4,000만명이 넘는다는데 계약만 해 놓고 자기나라로 들어가면 중국에서 장ㅇㅇ씨 찾기는 불가능하리라 봅니다. 그래서 국가 간의 거래 즉 무역에서는 이 위험을 대비하는 신용장이라는 것이 등장한다고 하였습니다.

만약 어떤 바이어와 여러 차례 교역이 이루어졌고 신용이라는 게 생기게

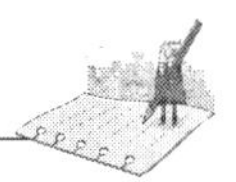

된다면 조금은 다른 결제방법도 가능하겠지요.

표 | 결제방법에 따른 수출입 종류

신용장방식	신용장을 근거로 하는 수출입
추심방식수출입	서로 믿고 신용장 없이 수출입
송금방식수출입	현금으로 바로 수출입
연불수출	선금으로 조금내고 외상수출

3 신용장

신용장

무역에서 너무나 중요한 신용장은 보증서와 똑같은 것이라고 생각하시면 됩니다.

수입업자는 거래 은행에 의뢰하여 자신의 신용을 보증하는 증서를 작성하게 하고, 이를 상대국 수출업자에게 보내어 그것에 의거 어음을 발행하게 하면 신용장 발행은행이 그 수입업자의 신용을 보증하고 있으므로 수출지의 은행은 안심하고 어음을 매입할 수 있습니다. 수출업자는 수입업자의 신용상태를 직접 조사확인하지 않더라도 확실하게 대금을 받을 수 있게 됩니다.

신용장의 종류는 다음과 같이 나누어집니다.

첫째, 상업신용장(commercial L/C) : 대외 상거래에 관하여 발행되는 것으로, 보증되는 어음의 담보의 유무에 따라 무담보신용장(commercial clean L/C)과 화환신용장(documentary L/C)이 있습니다. 무담보신용장은 선적서류가 부대되지 않은 환어음에 대하여 신용을 주는 것이고, 화환신용장은 선적

서류가 부대된 환어음에 대하여 신용을 주는 것입니다.

둘째, 효력면에서 볼 때의 신용장 : 신용장 발행은행이 거래와 관련해서 발행되는 어음 및 그 지급에 관하여 전책임을 지는 확인신용장(confirmed L/C), 어음지급의 책임을 회피할 수 있는 불확인신용장(uncon firmed L/C), 일단 은행이 보증한 이상은 이를 취소할 수 없는 취소불능신용장(irrevocable L/C)과 은행이 일방적으로 취소할 수도 있는 취소가능신용장(revocable L/C)으로 분류됩니다.

셋째, 환결제액의 한도면에서 볼 때의 신용장 : 일정기간 내에는 일정금액에 달할 때까지 몇 번이고 사용할 수 있는 회전신용장(revolving L/C)과 사용 횟수에는 제한이 없더라도 이용액 합계는 한정되어 일단 결제된 어음금액은 예정금액에서 차감되고 잔액만을 유효금액으로 하는 잔액예정신용장(outstanding balance L/C)이 있습니다.

넷째, 양도가능신용장(assignable L/C) : 일반적으로 신용장은 양도할 수 없으나, 특히 양도가능을 명기한 신용장입니다.

다섯째, 여행자신용장(traveler's L/C) : 해외여행자를 위해 금액과 기간을 한정하고, 신용장 소지자로 하여금 여행지에서 신용장 발행은행의 본·지점 또는 거래은행에 대하여 발행은행 앞의 어음을 발행하여 어음기재 금액을 수취시키는 방법으로, 순회신용장(circular L/C)이라고도 합니다. 변형으로서는 순회어음(circular note)·여행자수표(traveler's cheque) 등이 있습니다.

경제 상태가 좋지 않을 때 "수입신용장 개설이 되지 않아 원자재 비상"이라는 보도는 무슨 뜻일까요?

우리나라는 물건을 만들기 위해서는 원자재를 외국에서 수입해야 합니다. 수입을 하기 위해서는 신용장을 은행에서 만들어 주어야 외국의 업체가 우리나라에 수출을 합니다. 그런데 은행의 입장에서는 언제 넘어질지 모르는 기업을 위해서 섣불리 보증을 선다는 것이 상당히 위험한 짓입니다. 그래서 신용장을 잘 써 주지 않습니다. 신용장을 안 써주니까 생산에 필요한 원자재를 수입 못하게 되는 것입니다.

그럼 경제가 많이 흔들리게 되겠죠.

4 수출진흥책

무역금융

무역이란 지역간의 이동을 뜻합니다. 흔히 무역이라고 하고 국제무역을 의미합니다.

그렇다면 무역금융은 무엇일까요?

일반적으로 한 나라와 한 나라 사이에 성립하는 수출입 거래와 이와 결부되어 있는 국내거래(내국신용장을 통한 거래) 및 해외 현지거래의 각종 단계에 필요한 자금을 시중은행률보다 저리로 융통하는 일을 말합니다. 이 자금의 융통은 수출입거래에 직접 충당하는 경우뿐만 아니라 무역거래의 전후에 있어 무역 상품의 생산·가공·집하·판매 또는 구매를 위한 것까지 포함합니다.

무역금융은 크게 수출 금융과 수입 금융으로 나눌 수 있는데, 한국 상품을 외국으로 수출할 때 수출업자가 원자재 발주에서 제품 판매대금 회수까지의 기간 중에 소요되는 제조 자금·가공자금·집하자금·선적자금 등의 단기운전자금의 대출로부터 장기 연불방식에 의해 플랜트(plant)나 기자재 등을 수출할 때 지원하는 중·장기 금융 및 해외수출입업자에 대한 지원 금융 등을 총칭하여 수출금융이라 한답니다.

우리나라의 경우 외국의 무역업자들은 우선 한국업자들보다 규모나 자금면에서 크고 여력이 있으며 편리한 금융시장이 있어 은행금융을 받기도 쉬우며, 또한 어음할인시상이 있어 자금면에서는 한국업자들 보다는 훨씬 유리한 입장에 있습니다. 한국업자들의 약점을 보완·지원해주기 위해서 제정된 것이 곧 무역금융이며, 이 저리의 금융지원을 통하여 무역업자들은 고율의 금리 부담을 면하여 원가절하를 통한 국제 경쟁력 강화를 이룩할 수 있게 됩니다.

조금 어려워도 이해하시길 바랍니다.

5 국제수지표

국제수지란

국제간의 거래로 발생한 수지타산을 줄인 말을 국제수지라 합니다. 이 국제수지는 다시 경상수지와 자본수지로 나누어집니다.

경상수지는 일반적인 상거래, 즉 각종 재화와 서비스의 수출과 수입에서 발생한 수지타산을 의미합니다. 이때 수입한 상품이나 서비스보다 수출한 상품이나 서비스가 많으면 경상수지 흑자라고 합니다.

이러한 경상수지는 다시 무역수지와 무역외수지로 나누어집니다. 무역수지란 '자동차'나 '반도체'같은 재화의 거래에서 발생한 수지타산을 의미합니다. 반면에 무역외수지는 해외여행이나 보험료, 로열티 등에서 발생한 수지타산을 의미합니다.

자본수지는 돈만 오고가는 거래에서 발생한 수지 타산을 줄인 말입니다. 즉 해외에 빌려준 돈(외국으로 나간 돈) 보다 빌려 온 돈, 외국인 주식투자(들어온 돈)기 많으면 자본수지가 흑자를 이루었다고 합니다.

한편 자본수지는 단기자본수지와 장기자본수지로 나누어지는데 단기자본수지는 1년 미만의 자본(돈)이 오고가는 것을 장기자본수지는 1년 이상을 단위로 자본오고 가는 것을 말합니다.

다시 한번 국제수지의 구조를 살펴보겠습니다.

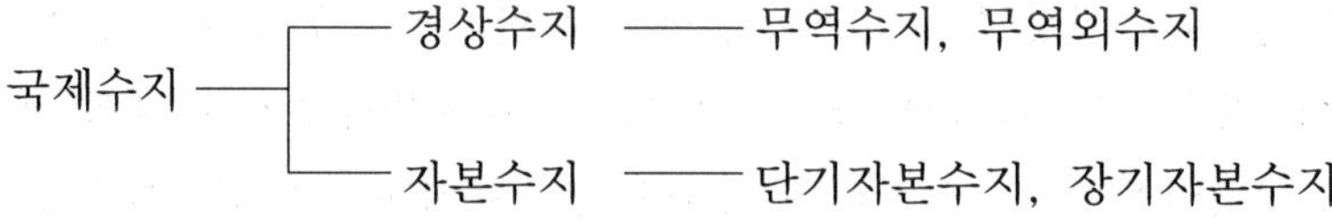

여러 수지들 중에서 제일 중요한 것은 경상수지, 그 중에서도 무역수지라고 합니다. 이 무역수지를 상품수지라고도 합니다. 그리고 무역외 수지를 서비스수지라고도 합니다.

6 무역장벽

무역장벽

무역 즉 국가 간의 상품 이동을 방해하는 장벽을 가리키는 말로 무역장벽이라고 합니다. 무역장벽은 크게 두 가지인 관세장벽과 비관세 장벽으로 나눌 수 있습니다.

관세를 많이 책정해서 수입품의 가격을 높이는 방법을 관세 장벽이라 하고, 관세를 제외한 기타의 모든 무역장벽을 가리키는 말을 비관세 장벽이라 합니다.

관세 장벽

국세는 그 부과에 통관절차를 필요로 하는가에 따라 내국세와 관세로 구분됩니다. 관세는 물품을 외국으로부터 수입하거나 외국에 수출할 때 부과되는 조세이며, 관세를 제외한 국세는 모두 내국세입니다. 즉, 내국세는 한 나라의 국경 안에서만 부과되는 세금을 말합니다. 우리와 친숙한 법인세, 소득세 등이 바로 대표적인 내국세입니다.

관세는 상품이 국경을 이탈할 때 부과하는 세금입니다. 물론 엄밀하게 이야기하면 국경이 아니지만 국경으로 이해해도 무리가 없습니다. 흔히 관세라고 하면 수입품에만 부과되는 것으로 이해하지만 수출상품에도 관세가 부과됩니다.

관세를 부과하는 이유는 무엇일까요? 간단합니다. 외국제품이 가격과 성능에서 국산품보다 월등한데 이 제품이 그대로 수입될 경우 국민경제와 세계평화에 결정적일 영향을 미칠 가능성이 있다면 정부는 관세를 많이 책정해서 국산품과 외제품의 가격차이를 없애고, 국산품을 보호하게 됩니다. 관세에는 그 밖에도 상계관세와 보복관세라는 것도 있습니다.

비관세 장벽

비관세 장벽이란 관세를 제외한 모든 무역장벽을 이야기 합니다.

즉, 정부가 관세 이외의 방법으로 세계의 자유무역을 저해하거나 교란하는 일입니다. 비관세장벽이 국제무역에 등장한 것은 오래 되었지만 최근에 관심의 초점이 된 이유는 '케네디 라운드' 등 여러 차례 협상으로 인한 관세부과로 국내산업을 보호하기 어렵기 때문에 등장한 비관세장벽이 효과상 관세효과보다 더 크고 또한 그 대상국에 주는 영향도 막대하기 때문입니다.

비관세 장벽 중에서 가장 유명한 친구는 수입할당제입니다. 수입할당제(=쿼터제)란 사전에 수입물품의 수량과 금액을 정해놓고 그 범위 안에서만 수입을 하게 하는 겁니다.

7 반덤핑관세

덤 핑

흔히들 물건을 제 가격이 아닌 엄청나게 싸게 매매되거나 심지어 원가에도 크게 못 미치는 말도 안 되는 가격으로 매매될 때 덤핑이란 용어를 자주 사용합니다. 무역에서도 자국시장의 가격보다 싸게 팔거나 원가보다 싸게 판매하는 것을 이야기합니다.

그럼 덤핑은 왜 하겠습니까? 하는 이유는 여러 가지가 있습니다. 물건을 만들어 놓고 다 팔지 못하면 이를 재고라 합니다. 보통의 경우 이들 재고를 처리하기 위해서 하는 경우도 있고, 손해를 보고서라도 시장점유율을 높이기 위해서라든지, 또는 필요한 달러를 구하기 위해 원가보다 싸게 시장에 매매하는 경우도 있습니다.

반덤핑관세

부당 매매된 상품이 수입되어 국내 산업에 손해를 입힐 경우에 수출국의 덤핑효과를 제거하기 위하여 수입국에서 부과하는 관세를 반덤핑관세라 합니다.

덤핑방지관세인 반덤핑관세는 수출국 내의 정상가격과 덤핑가격의 차액의 범위 내에서 부과하는 할증관세입니다. 덤핑방지관세의 부과는 덤핑되는 상품의 국내시장에의 침투로 인한 국내산업의 타격이나 고용기회의 상실 등 경제적 혼란을 방지하기 위한 대항조치에 그 목적이 있습니다.

8 환 율

외환이란

우리가 외국과 거래를 하면 거의 모든 결제를 달러로 해야 합니다. 우리나라가 아프리카 어느 한나라의 돈에 수출을 하면 아프리카 어느 한나라의 돈을 받지 않습니다. 아프리카 어느 한나라의 돈은 다른 나라에서 취급을 안 해 주기 때문에 받아봐야 쓸데가 없습니다. 따라서 우리가 수출 한 물건의 값은 가능하면 달러로 받아야 합니다.

이것은 우리나라가 수입을 한 경우에도 마찬가지 입니다. 물건 값을 치를 때는 달러로 해야 합니다. 다른 나라의 입장에서 보면 우리의 돈은 쓸데가 없기 때문입니다. 이처럼 달러는 모든 국제거래의 기초가 됩니다. 그래서 외환시장이라고 하면 흔히 들 달러를 사고파는 시장으로 생각하시면 됩니다. 즉, 외환(=외국돈으로 해석하면 됨)을 사고파는 시장을 외환시장이라고 합니다. 참고로 국제간의 결제나 금융거래의 기본이 되는 통화를 기축 통화라 합니다. 미국의 트리핀 교수가 처음 주장한 용어인데, 그는 오늘날의 기축통화로 미국의 달러화(貨)와 영국의 파운드화(貨)를 들고 있습니다.

환율이란

환율은 무엇일까요? 환율이란 바로 외국돈과의 교환비율을 말합니다.

사전 상으로는 외국환 시세(rate of foreign exchange)·외환시세라고도 합니다. 일반적으로 통화의 가치는 그 통화가 가지는 구매력에 의하여 표현되는데, 1국 통화의 외국에서의 구매력은 외화와 교환됨으로써 실현되기 때문에 1국 통화와 외국 통화의 교환비율로서의 환율은 1국 통화의 대외가치를 나타내는 것으로서 중요시됩니다. 한국의 경우는 달러나 마르크와 같은 외화를 원화와 교환할 때의 비율, 즉 외화를 원화로 매매할 때의 가격이라고 할 수 있습니다.

오늘날 외국과의 대차결제는 외국환에 의하여, 외국환은행이 외국과의 사이에서 지급을 필요로 하는 자에게 외국환어음이나 기타 외화채권(外貨債權)을 매매하는 형태로 이루어지고 있습니다. 따라서 실질적으로는 외국환시세, 즉 환율은 외국환은행이 이러한 외화채권을 매매할 때의 가격으로 기능하고 있습니다. 환율은 일반상품의 가격형성과정과 같이 원칙적으로는 외화에 대한 수요와 공급의 관계에 따라서 변동합니다. 그러나 이것이 늘 대폭으로 변동하면 무역이나 자본의 대차 등 국제거래에 지장이 많아지게 되죠.

9 환율의 변동

환율이 뛰거나 내리면

어느 지식검색에서 정리된 답변이 있기에 소개해 봅니다. 여러분의 생각

은 어떻습니까?

"환율이 상승하면 수출이 증가하죠. 이것에 따라 수입은 감소합니다. 이러한 상황은 단기적으로만 발생합니다. 우리나라는 해외의존도(무역의존도)가 높아요. 즉, 국내에서 생산하고 소비해서는 어려운 실정입니다.

그렇다고 자원이 풍부하지도 않아요. 즉 수입을 해서 가공해서 수출하는 형태를 나타내는데 환율이 상승하면 수출이 일시적으로 증가, 수입이 감소하지만 장기적으로 지속된다면 수입이 감소하는 만큼 수출역시 감소합니다.

이와 반대로 환율이 하락하면 수입이 증가하지만 수출은 감소하다가 장기적으로 가도 수출이 크게 증가하지는 않아요. 이유는 예를 들어 설명할게요. 만일 1달러에 1,000원이라고 한다면(계산상 쉽게 잡았어요) 과자 한 봉지 수출을 하면 1달러로 판매하겠죠. 그러나 환율이 하락해 1달러에 500원이 된다면 1달러에 판매해도 기업에서 손해를 봅니다. 그렇다면 가격을 올릴 텐데 2달러로 인상한다고 하면 소비가 감소하겠죠. 과자 말고 고가의 전자제품, 자동차 제품에서 이 같은 경우가 발생한다면 100달러 1,000달러씩 가격이 오를 텐데 해외에서 구입하지 않아요. 당연히 수출이 감소하고 수입도 감소합니다. 이렇게 되면 외화를 벌어들인 양이 줄게 되고 자연히 외화가 넘치지 않으니까 환율이 다시 인상해 안정성을 띠게 됩니다.

환율 변동할 때 가장 많이 영향을 받는 기업은 아마 우리나라 대부분의 기업 전부일거에요. 수출과 수입을 안 하는 기업이 없어요. 게다가 직접 하지는 않더라도 하청업체가 대부분이거든요.

하청업체면 납품을 하는 기업인데, 대기업(LG, 삼성, 현대)들은 하청업체가 2~3,000개 혹은 그 이상인데 수출이 감소하면 중소기업 역시 생산량을 줄일 수 밖에 없어요. 대기업에서 수요가 감소하니까요

산업 역시 거의 대부분의 산업이에요. 농업 어업 같은 1차 산업 외에는 거의 모든 산업이 영향 받죠

결론은 전체적으로 모든 기업에 영향을 준다는 거예요. 것은 중소기업 할 것 없이 모든 기업들이 악영향을 받는 것을 의미합니다.

환율이 인상되거나 인하되면 단기적으로는 수출수입 감소정도지만 장기적으로는 경기자체에 혼란이 옵니다.

인상, 인하 모두 좋지는 않아요. 가장 좋은 것은 안정선을 달리는 것이 좋습니다.

그럼 이 안정선은 어떻게 지속할 수 있죠? 그래서 환율의 안전성을 위해 변동 환율제도라는 것을 시행하고 있답니다. 그럼 변동환율제도를 알아볼까요.

10 환율제도

변동환율제도

환율이 시장의 수요와 공급에 따라 변하는 제도라고 말합니다. 현재 우리나라가 선택하고 있는 환율제도가 바로 변동환율제도입니다. 달러에 대한 수요가 많아지면 달러의 가치가 올라가서 환율이 1,000원에서 1,500원으로 뛰고, 반대로 달러에 대한 수요가 줄면 환율이 1,500원에서 1,000원으로 변하는 제도가 바로 변동환율 제도입니다.

만약 달러에 대한 수요가 많아지면 달러의 가치가 올라가서 환율이 1,000원에서 1,500원으로 뛰어서 환율의 변동으로 오는 이익을 환차익이라고 합니다. 반대로 달러에 대한 수요가 줄면 환율이 1,500원에서 1,000원으로 변하는 환율의 변동으로 오는 손실을 환차손이라 합니다.

이 같은 문제에도 불구하고 많은 나라들이 변동환율 제도를 선택하는 이유는 변동환율제도가 국제수지를 조정하는 역할을 하기 때문입니다.

간단한 예를 들어보죠. 달러가 많이 들어오게 되니깐 환율이 1달러에 1,500원에서 1달러에 1,000원으로 떨어지게 됩니다. 미국기업의 입장에서는 옛날에는 1달러를 주고 1,500원짜리 물건을 살 수 있었는데 이제는 1,000원짜리 물건밖에 살 수 없게 되니 구매선을 다른 나라로 돌리게 되니 당연히 수출은 줄어 들 수밖에 없습니다. 또 한국의 기업입장에서도 옛날에는 1달

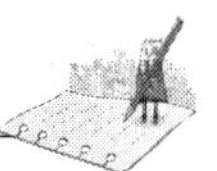

러짜리를 팔면 1,500원을 벌었는데 이제는 1,000원밖에 벌 수 없으니 당연히 수출에 신경을 쓰게 되어 수출은 줄어들게 됩니다.

이런 식으로 환율이 올라도 환율이 내려도 자유롭게 환율이 변동하여 국제수지의 균형을 맞추어 준다는 큰 장점이 있습니다. 다만 갑작스런 환율변동 때에는 환차익이 일어날 수도 있지만 환차손으로 기업에 큰 타격을 주고 예산도 새로이 작성하여야 한다는 단점도 가지고 있습니다.

11 외 채

외채란

외채란 외국에 지고 있는 채무, 즉 빚을 이야기 합니다. 우리나라 정부나 금융기관, 그리고 기업이 외국에 갚아야 하는 모든 돈을 외채라고 합니다.

사전상으로는 주로 장기자금의 조달을 위해 외국에서 발행되는 국채·정부보증채·사채(社債) 등의 유가증권이라 합니다. 이를 외국채라고도 합니다. 국내에서 발행되는 내국채에 대비되는 개념으로, 넓은 의미로는 외국으로부터 유상으로 들여오는 차관·예수금 등 모든 대외 부채가 포함되며, 액면금액은 외채를 모집한 현지통화로 표시되는 것이 많으므로 외화채로 볼 수 있습니다. 이에 반해 자국화폐로 표시된 것을 내화채라고 합니다. 또 일반적으로 외채는 발행주제에 따라 공채와 사채, 특수한 권리내용의 유무에 따라 전환채(convertable bond)와 일반채(straight bond), 발행조건에 따라 이자부채권과 할인채권, 발행형식에 따라 기명채와 무기명채로 분류됩니다. 이 중에서 1년 안에 갚아야 하는 것을 단기외채, 1년 뒤에 갚아도 되는 것을 장기외채라고 합니다.

외환보유고

외환보유고(FOREX reserves, FOReign EXchange reserves)는 중앙 은행 및 외국 국립 은행 등에 예치된 외국 통화 예금입니다. 즉, 정부의 자산으로 달러, 유로, 엔화 등이 준비 통화로서 사용합니다. 따라서 외한 보유고란 정부나 한국은행이 보유하고 있는 외국돈을 이야기합니다. 여기서 집고 넘어가야 할 것이 있는데 정부나 중앙은행이 가지고 있는 달러라고 해서 모두 사용할 수 있는 것은 아닙니다. 그래서 등장한 것이 가용외한보유고라는 개념입니다.

가용외환보유고란 정부나 한국은행이 보유한 외화 중에서 필요할 때면 언제든지 사용 할 수 있는 돈을 말합니다.

외평채

사전적으로 외화자금의 수급조절을 위해 정부가 발행하는 채권입니다. 자국통화의 대외가치 안정과 투기적 외화의 유출·유입에 따른 악영향을 막기 위해 정부가 조성한 자금을 외국환평형기금이라고 하는데 이 기금의 재원조달을 위해 정부가 지급보증형식으로 발행하는 채권을 가리키며, 줄여서 '외평채'라고 합니다. 원화와 외화표시 두 가지로 발행할 수 있는데, 그 동안 원화표시로만 발행되었으나 IMF(Inter national Monetary Fund : 국제통화기금) 구제금융지원 이후 부족한 외환위기를 극복하기 위해 외화표시 증권을 발행하였습니다. 해외시장에서 발행할 경우 기준금리에 발행국가의 신용도와 유통물량을 고려하여 가산금리가 붙습니다. 만기나 금리 등 발행조건은 통화안정증권과 같으며, 발행업무는 재정경제부장관이 건의하여 국회 동의를 거쳐 발행되며, 한국은행이 발행과 운용사무를 맡고 있습니다.

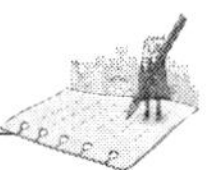

모라토리엄

모라토리엄을 우리말로 번역하면 지불유예가 됩니다. 빚 갚을 날짜를 연기하는 것이라고 할 수 있습니다. 전쟁·천재(天災)·공황 등에 의해 경제계가 혼란하고 채무이행이 어려워지게 된 경우 국가의 공권력에 의해서 일정기간 채무의 이행을 연기 또는 유예하는 일을 합니다. 하지만 이런 일은 신용도를 몹시 떨어지게 하는 일이겠지요 이 지경까지 가면 외상으로 국제간의 거래는 거의 힘들고 현금으로만 거래해야 하므로 자원이 비축되어 있지 않은 국가는 많은 어려움을 겪게 됩니다.

디폴트

모라토리엄보다 한수 위에 있는 게 디폴트입니다. 한마디로 나 돈 못 갚으니 당신네 마음대로 하세요. 뭐 그런 것입니다. 즉, 공·사채나 은행융자 등에 대한 이자 지불이나 원리금 상환이 불가능해진 상태로 국가 간에 현실적으로 디폴트선언까지는 잘 가지 않습니다. 이렇게 되기 전에 모라토리엄 선언하고 해결 협상하고 그런 단계에서 정리된답니다.

M·E·M·O

Chapter 5

금융지식

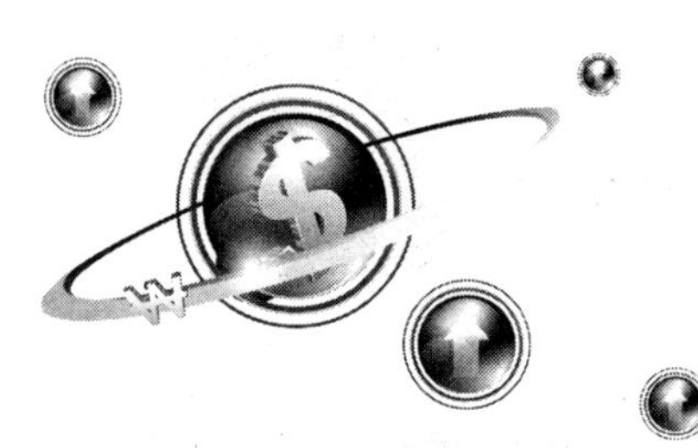

제 5 장
금융지식

1 금 융

금융이란

돈의 융통을 줄인 말을 금융이라 합니다. 다른 말로, 돈이 왔다가 갔다가가 하면서 돌아다니는 것을 금융이라고 해요.

돈이 시중에 융통이 되는 것을 나누어 보면, 빌리는 쪽과 빌려주는 쪽 그리고 이 두 쪽 들을 연결하여 중개하는 곳으로 나눌 수 있겠죠 . 만약 돈이 필요해 빌리는 쪽은 기업이라 하고, 여윳돈이 있어 빌려주는 쪽을 우리들이라면, 이들 사이에서 돈의 융통을 도와주고 연결하는 기관이 필요하겠죠. 그것이 바로 금융기관입니다.

이런 금융기관 중 우리가 너무나 잘 알고 있는 곳이 바로 은행입니다. 유

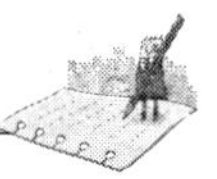

식한 말로 하자면 제1금융권이라고 합니다. 조금은 낯설지만 투자증권사, 신용금고, 종합금융사 등을 제2금융권이라고 말합니다. 쉽게 말해서 은행은 제1금융권 나머진 무조건 제2금융권이라고 보시면 됩니다.

조금 전 우리는 예를 들어 돈을 주로 빌려주는 쪽은 우리들이고, 돈을 빌리는 쪽은 기업이라고 했지요. 다시 말해 이것은 우리가 은행에 돈을 빌려주면, 은행은 이 돈을 이용해서 돈이 필요한 기업에 빌려주게 됩니다. 이렇게 되는 돈의 흐름을 우리는 다른 말로 간접금융이라고 말합니다.

그렇다면 당연히 직접금융도 있어야겠지요. 그래서 지금 부터는 직접금융을 설명합니다. 잘 들으세요. 지금 당신이 기업을 경영하는 사람이라면 은행에 빌려온 돈에 대해 지불하는 이자가 특히나 이자가 높은 고금리시기에는 이 이자가 큰 부담이 됩니다. 그렇다면 이 이자를 약간이나마 적게 주면서 돈을 빌려오는 방법이 있지 않을까요? 바로 돈을 빌려주는 쪽인 우리와 돈을 빌려가는 기업이 바로 거래를 하는 방법입니다. 직접금융이 바로 이런 겁니다.

직접금융 즉 직접거래에 주식이 대표적 예입니다. 다시 말해 돈이 필요한 기업에서 돈을 빌리는 것이 아니라 돈을 빌린 기업의 소유권을 나타내는 주식을 돈과 교환하여 돈을 모읍니다.

주식이란 지금은 조금 생소하지만 뒷편에서 상세히 다룰 것이니 너무 걱정 마세요. 한마디로 주식은 회사의 소유권리라고 생각하십시오.

어떤 회사주식의 50%를 가지고 있다는 말은 50%를 소유하고 있다는 의미입니다. 따라서 그 회사가 경영을 잘하여 이익이 발생 한다면 그 중 50%의 이익을 받을 수 있는 권리가 있는 것이죠. 그러나 이 주식은 이자를 주지도 않고 경영을 잘못하여 기업이 손실을 입으면 이익금도 없이 주식만 그냥 보유하고 있는 겁니다. 흔히들 증권사 때문에 주식투자를 간접금융으로 착각하기가 쉬운데요. 증권사는 은행과는 다릅니다. 즉 증권사는 단순한 주식을 사주고 팔아주는 심부름꾼이라고 보시면 됩니다. 이해가 가시나요?

금융시장이란

도대체 금융시장이란 무엇일까요? 뉴스를 보면 '금융시장 불안 지속', '금융시장 안정대책 발표' 등의 보도가 너무나 자주 등장하기 때문입니다.

아까부터 금융은 돈을 빌리고 빌려주는 것 즉 돈을 융통하는 것이라고 했습니다. 그렇다면 금융시장이 무엇인지는 답을 짐작할 수 있게네요. 쉽게 말해 금융시장이란 돈을 빌리고 빌려주는 시장을 말합니다. 대부분의 금융시장은 주식시장, 외환시장처럼 실질로 돈이 컴퓨터상으로만 움직이는 것처럼 느껴져 눈에 보이지 않는 시장이기도 하고요. 금융기관에서 돈을 입금하고 대출하여 돈을 융통하면서 돈을 눈으로 보는 시장이기도 합니다. 금융기관이 큰 규모의 금융시장이라면 사채는 작은 금융시장이라고 해야 하나요?

제1금융권

은행을 상업은행이라고도 합니다. 바로 은행의 목적이 기업의 이윤창출의 목적과 같기 때문입니다. 이렇게 돈의 융통을 도와주고 융통해주는 중개하는 많은 기관들 중에서 은행을 유식한 말로 표현하면 제 1금융권이라고 합니다. 제1금융권이라고 하는 특별한 이유는 별로 없고요. 가장 많은 금융기관이니까 라고 편하게 이해하세요.

은행 즉 제1금융권에는 특수은행, 시중은행, 지방은행으로 나누어지는데 이중 특수은행은 정부가 특별한 목적으로 설립한 은행을 이야기 합니다. 대표적인 예로는 수출입업무를 전담하는 수출입은행, 중장기의 산업시설자금을 대출하는 산업은행, 중소기업을 전담하는 기업은행이 있는데, 이들 특수은행들 중 일부는 더 이상 특수은행이 아닌 민영화은행으로 거듭나고 있습니다.

시중은행은 길에서 자주 보이는 국민은행, 신한은행, 우리은행 등을 말합니다. 여기에 지방은행이란 것이 있습니다. 대부분 은행이름 앞에 지역명이 붙은 대구은행, 부산은행과 같은 것이며 이 지방은행은 지역경제를 위해 원

활한 지역 금융환경을 만들려고 만든 은행이라고 생각하십시오.

그 밖에도 구분에 따라 선발은행과 후발은행 그리고 리딩뱅크와 슈퍼뱅크 등 있는데 인터넷 검색창에 한번 물어보세요.

제2금융권

은행을 제외한 모든 금융기관을 제2금융권으로 보시면 됩니다. 가장 대표적인 예로 투자증권사, 신용금고, 종합금융사 등이 있습니다.

그럼 지금부터 이들 제2금융권이 하는 일들 즉 종합금융사는 어떤 일을 하는 곳인지, 투신사는 어떤 일을 하는 곳인지 알아보겠습니다.

투자신탁회사(투신사)는 고객이 맡긴 자금을 일정기간 주식이나 채권에 투자해 원금과 미리 정한이자 또는 투자결과로 돌려주는 일을 합니다. 투신사 예금상품은 은행예금에 비해 투자수익은 높은 편이나 원금을 잃을 위험도 있다는 것 특히 실적형 상품 일 때는 꼭 기억하세요.

종합금융회사(종금사)는 기업에 단기자금을 빌려주는 일을 주로 한다고 해서 '단자회사'라고 부릅니다. 때로는 종금사를 제3금융권으로 구분하기도 하는데 너무 복잡하게 생각하지는 마세요.

종금사는 직접 어음 발행해 고객에게 어음을 매매하여 자금을 만들어 단기간 기업 자금을 제공해주거나 단기간에 기업 어음을 할인해서 고객에게 매매한 후 그 자금을 운용해 고객에게 비교적 높은 이익을 주는 예금상품을 제공해 줍니다.

신용협동조합(신협)은 직장 또는 농어촌지역단위로 조합원 모집하여 조합원에게 예금자금으로 빌려주는 금융 업무를 주로 합니다.

예금이나 대출을 하기 위해 조합원으로 가입하려면 보통 1계좌 10,000원 이상 출자한 계좌를 만들면 됩니다. 즉 1만원 이상 통장 만들면 된다는 말이지요.

저축은행 예전에는 상호신용금고라고 했는데 명칭을 바꾸고 새로운 이미지를 내려고 하나 봅니다. 주요업무는 도시 및 지역주민이나 상인들을 대상으로 예금을 받고 융자를 하는 업무인데요. 전통적으로 제2금융권은 은행보다 안전하지 못하기 때문에 금리가 은행보다 높은 편입니다.

2 여신과 수신

신 용

특히 금융에서 신용이란 용어가 등장하면 돈이나 보증 정도로 이해하여 보면 되는데요. 이 말은 자주 등장하니 꼭 기억하세요. 신용이란 상대방이 일정기간 후 상환 또는 지불할 수 있는 능력을 갖는다고 인정함으로써 물건·돈을 빌려 주거나, 지불을 연기하여 주는 일입니다. 일반용어로는 타인을 신뢰하는 일이죠. 즉 믿는다는 말입니다. 빌려간 사람 즉 차용인의 의지와 능력에 대한 빌려준 사람 즉 대주의 신뢰에 근거해서 성립되는 대차관계라고 할 수 있습니다. 신용은 신용거래의 대상에 따라 화폐신용과 실물신용으로 나누어지나, 오늘날의 경제에서 중요한 의의를 갖는 것은 화폐신용입니다. 신용 있는 사회 믿음의 사회입니다.

여 신

여기서 여신이란 그리스신화에 등장인물은 아니라는 것은 아시죠. 금융기관에서 고객에게 돈을 빌려 주는 일을 말합니다. 즉 신용을 준다는 것이 됩니다. 왜요? 방금 언급했듯이 금융에서 신용이란 용어가 등장하면 돈 이나 보증 정도로 이해하여 보면은 신용이 돈과 보증을 뜻한다고 했으니, 바로 여신이란 돈을 빌려주거나 보증을 해주는 것을 말합니다.

금융기관 특히 제1금융기관이라는 은행에서 돈만 빌려 주는 게 아니라 보증을 서준다니 이해가 안 되실 줄 모르나 만약 한국 ㅇㅇ기업이 미국 △△

은행으로부터 돈을 빌리고 싶을 때 미국 △△은행은 한국 ○○기업과 거래가 많은 한국 ○○은행에 빌려줄 돈에 대해 보증을 요구합니다. 이때 한국 ○○은행에서는 한국 ○○기업 신용이 된다면 이 기업을 위해 미국 △△은행 요구인 보증을 서 주게 됩니다.

뉴스에 여신규제라는 말이 나오면 이건 뭘까요?

인플레이션 압력을 완화시키거나 또는 경제활동을 자극하기 위해서 경제내에 새로운 신용이 유입되는 것을 규제함을 말합니다. 규제수단으로서는, ① 일반은행이 중앙은행으로부터 차입할 때 재할인율의 인상 또는 인하 ② 증권시장에서의 공개시장 조작을 통한 유휴자금의 흡수 또는 방출 ③ 일반은행이 반드시 보유하지 않으면 안 되는 지불준비금 수준의 인상 또는 인하 ④ 국회의 인준에 의한 채권대부, 저당대부 및 소비자 신용대부의 제한 등을 들 수 있습니다. 자본시장의 자금사정을 긴축 또는 완화시킬 수 있다는 점에서 신용규제의 하나로 볼 수 있다고 생각도 할 수 있겠죠.

신용경색

또 말하지만 금융에서 신용이란 용어가 등장하면 돈이나 보증 정도로 이해하라고 당부 드렸죠. 여기서 신용경색이란 시중에 돈이 안돌아 다닌다는 말로 즉, 돈의 융통이 잘되지 않는 돈이 부족하거나 없다는 말입니다. 가슴에 피가 안돌아 가슴이 아픈 것을 심근경색이라 게 있죠. 잘 이해되시죠?

신용경색이 원인은 많이 있어 다 소개시켜드리지는 못합니다.

돈이 우리나라에 없어서 경제가 아픈 신용경색도 있고 우리나라에 돈은 많은데 흐르지 않아서 일어나는 신용경색도 있습니다.

금융기관에서 돈이 제대로 공급되지 않아 기업들이 어려움을 겪는 현상입니다. 신용경색 현상이 발생하면 기업들은 자금 부족으로 인해 정상적인 경영이 어려워지고 무역업체들도 수출입 활동에 큰 제약을 받게 되겠죠. 신용경색은 금융시장에 공급된 자금의 절대량이 적거나 자금의 통로가 막혀 있을 때 발생합니다. 특히 돈의 통로가 막혀 발생하는 신용경색은 치유하기가 어렵습니다. 이는 금융시장 존립근거인 '신용의 실종'을 뜻하기 때문이죠. 우리나라의 경우도 IMF 이후 극심한 신용경색으로 인해 상당수의 기업들이 도산한 경험이 있는 아프고도 슬픈 기억을 갖고 있습니다. 흐흐흐.

부실채권

채권이란 재산권의 하나로, 특정인에게 어떤 행위를 청구할 수 있는 권리입니다. 즉 돈을 받을 권리를 말합니다. 반대는 채무고요. 그런데 돈을 받기가 어렵게 되었다면 부실한 돈 받을 권리가 되겠죠. 이를 줄여 부실채권이라 떼일 확률이 높은 돈을 어렵게 표현한 말입니다.

백과사전에는 금융기관의 대출금은 정상·요주의·고정·회수의문·추정손실 등 다섯 단계로 분류되는데, 부실채권은 정상을 제외한 나머지 4개를 포함한 것이라고 명기되어 있는데요.

여기서, 정상은 이자 납입과 원금 상황이 정상적으로 이루어지고 있는 경우이며, 요주의는 주의가 필요한 대출금으로 짧은 기간(1개월 이상 3개월 미만) 연체되는 경우이고요. 고정은 3개월 이상 연체되는 것으로 손해를 입을 가능성은 있지만 대출금을 담보가액으로 상쇄할 수 있는 경우이며, 회수의문은 피해 정도를 정확히 알 수 없지만 담보가 부족할 것으로 예상되는 경우입니다. 추정손실은 피해 정도의 추정이 가능하지만 이에 비해 담보가 턱없이 부족한 경우로 받을 가능성이 전혀 없는 여신을 말하는 것입니다.

우리나라에서 부실채권이 증가하는 만큼 은행은 메워야 하는 돈이 증가하고요. 메워야 하는 돈이 증가할수록 은행이 운영할 수 있는 돈의 양이 줄어들어 결국 다른 기업에 대출해 줄 수 있는 돈의 양도 줄어들게 됩니다. 단순히 부실채권이 발생했다는 것은 그 자체로 끝나는 것이 아니라 한 나라의 경제에도 엄청난 파장을 일으킵니다.

출자전환

출자전환은 빚을 주식으로 전환하는 것입니다. 돈을 빌려간 기업에서 돈을 갚지 못한다면 은행입장에서는 눈물을 삼키며, 빚이든 주식이든 일단 뭐라도 건져야 빌려준 돈을 받을 수 있는 조금의 가능성이라도 높아지겠죠. 이렇게 해서 기업 부채를 주식으로 전환하는 기업 재무구조 개선방법 중 한 방법이 출자전환입니다. 일반적으로 금융기관이 기업에 대출하거나 보증 선 돈을 회수하지 않고 기업 주식과 맞교환하는 방식으로 이뤄지는데요. 대출금을 주식으로 전환하면 은행은 채권자에서 주주로 위상이 바뀌는 데 부실채권이 발생하는 것을 막고 기업을 정상화한 뒤 다른 곳에 매각할 수 있게 됩니다. 기업은 부채 축소로 경영 정상화를 도모할 수 있다는 장점이 있고요. 반면 기업은 경영진 교체 가능성이 커지고 은행은 수익이 불안정해지는 위험 부담이 있습니다. 최근에 이렇게 부실채권 등으로 부도 위기에 몰린 ㅇㅇ기업을 해결하기 위한 방편으로 출자전환을 통한 경영진 교체와 기업 정상화가 고려중이라는 등의 뉴스를 종종 들을 수 있습니다.

협조융자

기업에는 규모에 따라서 중소기업과 대기업으로 구분하는데요. 주로 자산, 종업원 수 등 여러 기준으로 구분하는데요. 우리나라의 경제구조에서 주력상품을 만드는 대기업에서 대부분을 맡고 있죠. 이 대기업은 몸집이 크기 때문에 밥도 많이 먹어야 움직입니다. 즉 한번 돈을 빌리면 몇 천 만원이나 몇 억 원 정도가 아닌 몇 백 억 원에서 수 천 억 원까지 심지어 상상 이상일 수도 있겠죠? 우리가 숫자로 세지도 못하는 큰 돈 이지요. 이렇게 많은 돈을 한 은행에서 감당하기는 그 은행입장에서는 너무 큰 부담이 될 겁니다.

그래서 협조융자라는 것이 필요합니다. 협조융자는 동일융자대상사업에 대해 둘 이상의 융자기관이 자금을 분담하여 융자하는 방식으로서 단일금융기관만으로 자금 부담이 너무 클 경우 또는 동일융자대상사업에 수 개국

내지 여러 금융기관이 융자할 때 이용됩니다. 이와 같은 융자방식은 융자기관의 입장에서 볼 때 자금부담 경감, 위험분산 등의 이점이 있고 차입자의 입장에서는 필요한 자금을 보다 원활히 공급받을 수 있는 장점이 있습니다. 협조융자는 1970년대 초반 세계은행 등 국제금융기구가 개발도상국의 개발 프로젝트에 민간상업은행을 참여시키기 위하여 도입한 것으로 현제 국제금융시장에서 신용도가 낮은 개발도상국에 대한 금융리스크 완화 수단으로 널리 활용되고 있고요. 우리나라의 경우에도 한국수출입은행과 일반외국환은행이 같은 방식을 활용하여 연불수출자금을 지원하고 있기도 합니다.

수 신

여신이 있으니 이제 수신을 알아볼까요? 여신과 수신 모두 믿는다는 신용에서 출발합니다. 수신이란 은행 등 일반 금융기관이 사회로부터 신용을 얻음으로써 영위하는 업무입니다.

한마디로 은행이 저축예금처럼 우리 돈을 빌려가는 업무입니다.

여신업무와 반대되는 개념이지요. 흔히 금융기관의 업무는 크게 수신업무와 여신업무로 나뉘는데, 수신업무는 금융기관이 신용을 바탕으로 거래하는 상대방의 여유금을 예금형태로 흡수하는 업무를 말합니다. 예금 취급, 채권 발행, 중앙은행의 은행권 발행 등이 그 주요한 내용이고요.

은행계정

먼저 계정을 이해하셔야 하는데 이게 좀 설명이 어렵네요. 사전에는 회계장부에서 자산·부채·자본금·수익·비용 등의 구성 부분에 대한 가치 증감을 기록·계산하는 특수 형식을 말하며, 계정은 자산의 각 종류별·부채의 각 종류별·자본의 각 종류별로 별개로 설정되지 않으면 안 되며, 각 계정에 붙여지는 명칭을 계정 과목이라 한답니다. 도무지 무슨 말인지 아이고

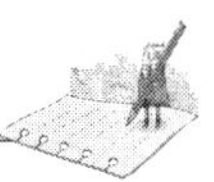

머리야… 쉽게 말하면 가계부를 쓸 때 남편용돈, 아이학원비 등 여러 항목이 있죠. 이 항목들을 계정이란 어려운 회계용어를 사용합니다. 은행도 집에서 가계부를 쓰는 것처럼, 여러 가지 항목들을 계정이란 용어로 쓰게 됩니다. 보통예금으로 들어온 돈, 정기적금으로 들어온 돈 등등 수많은 계정이 있는데 이것들은 다시 크게 보면 은행계정과 신탁계정으로 나누어집니다. 조금 어렵게 설명하여 은행계정은 은행 재산을 분류하는 방식 가운데 하나입니다. 은행법(2조 1항)은 예금 계정을 '예금의 수입, 유가증권, 기타 채무증서의 발행에 의해 불특정 다수로부터 채무를 부담함으로써 조달한 자금을 대출하는 업무와 관련된 모든 계정'으로 정의하고 있습니다. 대부분 예금을 받아 대출금으로 운용되는데요. 은행계정에서 받은 예금에 대해서는 은행이 자기 책임 하에 이들 자산을 운용하고 고객에게는 정해진 약정 금리를 지급해야 합니다. 손해가 발생해도 은행이 이를 떠안고 이익이 많이 나면 이 또한 모두 은행 몫으로 돌아온다는 얘기가 되지요.

신탁계정

방금 은행도 수많은 계정이 있는데 이것들은 다시 크게 보면 은행계정과 신탁계정으로 나누어진다고 하였죠. 그럼 이제는 신탁계정을 알아볼까요.

먼저 신탁의 의미부터 살펴보면 신탁이란 믿고 맡긴다는 뜻입니다. 믿고 맡긴다는 것은 무슨 뜻일까요? 쉽게 말해서 "은행 스스로가 내 돈을 가지고 공단조성에 투자를 하든, 주식투자를 하든지 심지어 부동산투자나 투기를 하든지 간에 돈을 굴리고 번 돈으로 은행 측 수수료를 떼고 나머지는 투자자한테 달라는 말"입니다. 반대로 재수가 없어서 신탁한 자금 투자가 잘못되어서 돈을 날려도 믿고 맡긴 만큼 아무 말도 못 하는 게 바로 신탁입니다.

신탁계정이란 금전, 부동산, 유가증권 등을 가진 사람이 자산운용을 신탁회사에 맡기고 그 운용 수익을 받는 제도이며, 우리나라에는 신탁 업무를 전업으로 하는 신탁회사가 없으며 은행이 신탁업을 겸영하고 있습니다. 투자신탁 회사의 경우 신탁의 일종인 증권투자신탁 업무를 맡고 있습니다. 정기적금과 같이 이자가 정해져 있는 은행계정의 상품과는 달리 시중의 금리나 경제에 따라 이자를 달리 하는 것이 바로 신탁계정이라고 보면 됩니다. '특정금전신탁', '개발신탁', '신종적립신탁' 같이 신탁이라는 이름이 붙은 신탁상품이 은행에서 취급합니다.

외화예금

내국인이나 국내에 거주하는 외국인들이 우리나라 돈이 아닌 달러 등 외국환으로 은행에 예금하는 것을 말합니다. 기업이 수출하고 받은 대금 등은 그대로 외화예금에 넣을 수 있으며, 외화획득 실적이 있는 기업은 원화를 외화로 바꿔 예치할 수 있습니다. 1992년 9월부터는 외화획득 실적이 있는 기업이면 누구나 외화예금을 할 수 있게 되었습니다. 외화예금은 은행계정, 대외계정, 거주자계정 등으로 구분합니다. 주로 급박하게 달러가 필요할 때를 대비하기 위해서라든지, 환율이 높을 때는 대체로 원화를 바꾸지 않고 달러를 그대로 예금하게 됩니다. 환율이 급등하게 되면 외화예금이 늘어나는 이유는 여기에 있습니다. 특히 IMF구제 금융 이후 환율이 폭등했을 때가 좋은 예입니다. 그럼 환율이 올라 더 큰 이익을 볼 수 있으니까요.

3 예대마진

예대마진

예대마진이란 금융기관에 예금하면 예금금리를 줍니다. 은행에서 대출하며 대출금리를 냅니다. 그럼 이 두 이자들에는 당연히 차이가 있겠죠. 대출로 받은 평균 이자에서 고객에게 돌려준 평균 이자를 뺀 나머지 부분 즉, 예

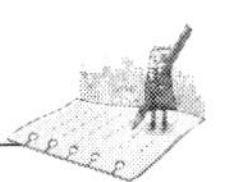

금금리와 대출금리의 차이로 금융기관의 수입이 되는 부분을 말합니다. 예대마진이 늘어나면 금융기관의 수입은 그만큼 늘어나게 됩니다. 대출금에는 현금뿐 아니라 카드대출, 당좌대출 등이 포함됩니다. 즉, 은행이 먹고 사는 방법들 중 가장 중요한 밥벌이라고 해도 과언은 아닙니다. 수수료만으로 여름에 빵빵한 에어컨에 금융종사자 높은 임금을 감당할 수는 없지 않겠습니까? 예를 들어 예금투자자들로부터 3%의 이자를 주고 예금을 받으면 은행은 예금 투자자에게서 빌린 이 돈을 8%의 이자를 받아먹고 돈이 필요한 가계나 기업들에게 빌려 줍니다. 그럼 5% 차이나지요. 이걸 은행이 가지니 바로 은행의 가장 중요한 밥벌이가 맞겠죠.

4 금 리

금리란

경제학 교과서 몇 페이지를 앞쪽에 열어보면 어김없이 수요의 원리 나오고 공급의 원리 그리고 균형 등을 아주 쉽게 찾을 수 있습니다. 경제원리 중 기본 중에 기본인 수요공급의 법칙입니다.

간단히 수요가 늘면 가격이 올라가고 공급이 늘면 가격이 내려간다는 것이죠. 너무 간단한가요?

금리 또한 이 원리를 적용받는 답니다. 돈을 빌려갈 사람이 적어 돈의 수요가 많으면 금리가 올라가고 반대의 경우 즉 돈의 공급이 많으면 금리가 내려가겠지요.

금리란 무엇인가를 정의 하면 돈에 붙는 이자율을 줄여 금리라 합니다.

금리란 이자와 동의어이기는 하지만 관용적으로는 이자가 추상적인 관념인 데 비하여, 금리는 자금시장에서 구체적으로 거래되고 있는 자금의 사용료 또는 임대료의 차이가 있습니다. 자금을 대출할 때는 대출해 주는 사람이 차용하는 사람에게 사용료를 부과하고 있는데, 그 외에도 대출에 소요되는 각종 수수료, 위험부담을 위한 보험료, 원금을 반환할 시기의 화폐가치 하락에 대한 손실에 대비하는 보상금 등을 부과하기도 합니다. 금리에는 이처럼 네 가지 요소가 있는데, 그 가운데에서도 자금의 사용료인 금리만을 가리켜서 순수금리라 하는데, 그것은, 금리의 가장 본질적인 것입니다. 자금의 수요와 공급의 관계에서 정해지는 금리가 주로 이 부분이죠. 대출 후에 일정한 기간 동안 수수되는 금리의 원금에 대한 비율을 이자율이라 하는데, 1년에 대한 이자비율을 연리, 1개월에 대한 비율을 월리라고 합니다. 또한, 금리는 적용되는 장소에 따라 은행에서 사용하는 이자율을 공공금리, 시장에서 적용되는 금리를 시장금리로 구분 한답니다.

금리를 예를 들면 100만원을 빌리고 1년 뒤에 110만원을 갚기로 합니다. 이때 돈을 빌린 대가로 지불한 10만원이 이자입니다. 또 이자 10만원이 원금 100만원에서 차지하는 비중, 즉 10%가 이자(율) 즉 금리입니다.

콜금리

콜(Call)은 부르다는 뜻인 건 아시죠. 그럼 반은 이해하신 겁니다. 왜 부를까요? 돈이 급할 때 즉 급전이 필요해 누군가에게 요청할 때 주는 금리라고 생각하시면 됩니다.

이처럼 은행에서도 급전이 필요하면 다른 은행에게 콜을 합니다. 콜금리란 은행간에 급전을 빌려 줄 때 적용되는 금리입니다. 즉 부르면 즉시 빌려주는 급전의 금리를 콜 금리라고 합니다.

이러한 콜금리가 자주 뉴스에 나오는 이유는 무엇일까요?

콜금리가 시중의 단기적인 자금사정을 가장 잘 반영하는 지표로 사용되기 때문입니다. 콜금리가 변하고 나면 중, 장기 금리도 오르거나 내리게 됩니다.

우대금리

우량아라는 말이 있죠. 몸이 아주 튼튼한 아이를 말해서요. 이처럼 기업도 (초)우량 기업이 있습니다. 기업이 튼튼하여 신용도가 높은 기업 다른 말로 돈을 빌려줘도 충분히 갚을 능력이 있는 기업을 말합니다. 이처럼 우량기업에 돈을 빌려줄 때 적용하는 금리를 우대금리라 합니다. 당연히 다른 금리에 비해 저렴하겠지요. 그래서 다른 기업에게 돈을 빌려 줄 때의 금리는 바로 우대금리를 기준으로 해서 결정하게 됩니다.

이때 우대금리가 5%라면 어떤 기업이 우대금리 적용기업보다 신용등급이 한 칸 낮다면 금리는 6%, 신용등급이 두 칸 낮다면 7%. 이런 식으로 기업의 신용도가 낮을수록 금리가 올라가게 됩니다. 이렇게 추가되는 금리를 다른 말로 가산금리라고 합니다. 이는 국제금융에도 적용된답니다.

공정금리와 대출금리

금융시장은 돈을 빌려주는 거래가 이루어지는 곳을 말한다고 했죠. 돈을 빌려주는 은행 창구와 증권회사 창구가 다 금융시장에 포함됩니다. 금융시장에서는 돈을 빌려주는 곳이 어디고, 또 어떤 조건으로 돈을 빌려 주는가 등의 조건에 따라 여러 종류의 서로 다른 금리가 형성됩니다.

이들 여러 가지 금리의 수준을 정하는 데 기준이 되는 금리가 따로 있습니다. 한국은행이 은행(상업은행들) 등 금융기관에 돈을 빌려줄 때 적용하는 금리를 '공정금리'라고 부르는 것입니다. 은행이 기업 등에 자금을 빌려줄 때 적용하는 금리는 '대출금리'라고 부릅니다. 은행 대출금리는 기업의 투자와 영업활동에 큰 영향을 미칩니다. 대출금리가 올라가면 기업은 더 높은 이자 부담을 져야 합니다. 자연히 기업은 자금을 빌려 사업을 확대하거나 새로운 투자를 일으키기 어려워지겠지요. 금리가 내려가면 반대로 신규투자가 늘고 기업 활동이 활기를 띠게 된답니다.

 단기금리와 장기금리

금융에서 단기와 장기는 1년을 기준으로 합니다. 1년 이내에 원금을 갚는 조건이 있는 자금을 거래하는 금융시장을 단기금융시장, 1년을 넘겨 갚아도 되는 자금을 거래하는 금융시장을 장기금융시장이라고 부릅니다. 은행이 기업이나 가계에 돈을 빌려줄 때 적용하는 대출금리를 단기대출금리와 장기대출금리로 나눌 수 있습니다. 단기대출금리는 1년 이내에 원금을 갚는 조건이 따르는 대출금리입니다. 장기 대출금리는 원금 상환 만기가 1년을 넘는 조건이 딸린 대출금리입니다. 가계에 친숙한 금리는 은행의 예금금리입니다. 예금금리도 보통예금, 저축예금, 정기예금 등 여러 가지가 있고 정기예금 역시 만기가 1년짜리부터 5년짜리 등 여러 가지가 있습니다. 대체로 만기가 길수록 금리가 높습니다.

명목금리와 실질금리

예를 들어 연리 10% 예금 100만원을 했다고 합시다. 그런데 물가가 5% 오르면 실질이자는 5만원이 되는 거죠. 이해가 가시나요. 은행에 돈을 맡기면 이자가 붙습니다. 그러나 돈을 맡겨둔 동안 물가가 오르면, 이자는 물가가 오르는 만큼 적어지게 됩니다.

대개의 경우 은행에서 예금에 '연리 몇 %로 이자를 준다'고 할 때는 물가 상승을 감안하지 않은 '명목금리'를 말하는 것입니다. 실제로 받는 이자는 물가 상승률만큼 명목금리에서 뺀 이자율을 적용해야 합니다. 이렇게 명목금리에서 물가상승률을 감안해 산출되는 금리가 '실질금리'라고 합니다. 은행에 연리 10%의 조건으로 100만원을 예금했다고 할 때 1년 뒤 받게 될 이자를 명목금리로 계산하면 얼마나 되고 실질금리로 따지면 얼마나 될까요? 1년 뒤 받을 돈은 명목금리로 따지면 원금 100만원에 이자 10만원을 합한 110만원이 됩니다. 1년 사이에 물가가 오르면 그만큼 돈 가치가 떨어집니다. 1년 사이에 5%의 물가가 올랐다고 하면요. 실질금리는 명목금리에서 물가

상승률을 빼서 계산합니다. 10%－5%=5%이므로 실질적으로 1년 뒤 받는 돈은 100만원의 5%가 이자로 더해진 105만원이 되는 거죠.

확정금리와 변동금리

은행에서는 분명 '만기 때 이자 1백만원 준다던 예금이 있었습니다. 그런데 실제 이자가 85만원 밖에 안 되는 이유는 무엇일까요?' 은행 예금에는 일정한 금리를 정해 이자를 내주는 확정금리 예금이 있고 금리가 변하는 대로 이자를 매겨 내주는 변동금리 예금이 있기 때문입니다. 확정금리 예금을 할 때, 만기에 돌려받는 이자가 얼마나 되느냐고 은행창구 직원에게 물어보면 대개 이자에서 세금을 빼기 전 금액을 알려줍니다. 1년 기간에 금리가 10%로 정해져 있는 예금상품에 1천만원을 넣어 둔다면 만기에 돌려받는 이자는 100만원(1천만원 × 10%)입니다. 이때 예금자로서는 1천만원을 예금하고 1년 지나면 이자 100만원과 원리금 1천만원을 합쳐 1천 1백만원을 돌려받게 되리라고 생각할 수 있습니다. 그러나 예금자가 1년 만기가 되어 예치금액과 함께 실제로 손에 쥐는 금액은 1천 1백만원이 되지 않습니다. 왜냐고요? 은행 등 금융기관에 예금을 해서 이자를 얻으면 이자소득을 올렸다 해서 '이자소득세'라는 명목의 세금을 내야 하기 때문이죠. 이자소득세의 세율은 이자소득의 14%와 주민세 1.4%를 포함해서 이자의 15.4%를 '이자소득세'로 내야 합니다. 본래는 이자소득을 올린 사람이 내야 할 세금인데, 편의상 금융기관이 예금자의 예금이자에서 이자소득세를 계산해 떼어서 세무당국에 대신 내줍니다. 그러므로 예금자는 예금이자에서 세금을 원천적으로 징수당하는 셈이죠. 금융기관이 예금에서 이자소득세를 '원천징수'하기 때문에 실제로 예금자의 손에 들어오는 이자액은 세금을 빼기 전의 금리로 계산한 금액보다 줄어들 수밖에 없습니다.

공금리와 실세금리

금리를 또한 공금리와 실세금리로 나눌 수도 있습니다. 공금리란 금융당국이 금리가 큰 폭으로 변하는 것을 막기 위해 정해놓은 금리입니다. 명목금리, 표면금리 혹은 규제금리라고도 하고요. 한국은행이 시중은행에 돈을 빌려줄 때 붙이는 '공정금리', 한국은행이 상업은행들을 상대로 어음을 재할인할 때 적용하는 '재할인금리'가 규제금리의 예입니다. 실세금리란 중앙은행이나 정부 금융기관 외의 민간 금융기관이 적용하는 금리를 말합니다. 일반 기업이나 기계가 시중은행(한국은행 특수은행 지방은행 그리고 외국은행 지점을 제외한 일반은행)에 예금할 때 적용받는 이자율, 시중은행이 기업이나 개인에게 자금을 대출해줄 때 적용하는 이자율이 모두 실세금리입니다.

이때의 실세금리의 수준은 금융시장에서의 자금 수요와 공급, 경기사정, 시중은행의 개별 대출거래 규모 등 다양한 조건에 따라 움직이므로 정확히 몇 퍼센트라고 측정하기 어렵습니다. 다만 그런 가운데서도 시중 실세금리의 대표격으로 보는 것은 기업이 발행하는 3년 만기 '회사채'의 유통수익률입니다. 정확하게는, 증권업협회에서 시중실세금리를 나타내는 기준금리로 지정한 것은 3년 만기 보증보험 보증 회사채 유통수익률입니다.

회사채금리와 국고채금리

앞에서 살펴 본 것처럼 금리에는 여러 가지 종류가 있습니다. 그 중에서 가장 유명한 것이 국고채수익률과 회사채수익률이라고 하는 것입니다. 회사채 수익률을 알기 위해서는 우선 회사채가 무엇인지 알아야 합니다.

회사채는 일종의 차용증서입니다. 이때 발행한 회사채가 일반투자자가 회사채를 만기 때까지 보유하였을 때 얻을 수 있는 수익을 회사채 수익률입니다.

반면 국고채는 국가가 발행한 차용증서입니다. 이때 발행한 국고채가 일

반투자자가 국고채를 만기 때까지 보유하였을 때 얻을 수 있는 수익을 국고채 수익률입니다.

정부를 발행주체로 하는 채권(국채)을 종합관리하기 위해 1994년에 신설된 국채관리기금 부담으로 시장실세금리에 따라 발행되는 채권입니다. 국고채는 국고관리기금채권(국관채)으로 발행되어 오다가 1998년 9월부터 이름이 국고채로 바뀌었고, 종전의 농지채권, 농어촌발전채권, 국민주택기금채권, 철도채권 등이 통합 발행되고 있습니다. 국고채는 1년, 3년, 5년짜리가 있으며, 정기적으로 발행되고 있습니다. 이중 3년 만기 국고채는 가장 활발히 유통되는 채권으로, 대표적인 채권금리지표로 사용되고 있습니다.

보통 회사채는 자금 수요자인 일반기업이 자금 공급자인 투자자로부터 직접적으로 자금을 조달하기 위하여 발행하는 채권으로, 회사채의 수익률은 발행 회사채의 만기, 이자, 원리금 지급조건 및 회사채 발행량, 회사채의 신용도, 통화공급량, 기대 인플레이션율, 실물경제 활동수준 등과 같은 거시경제여건에 의하여 결정됩니다. 국고채수익률과 함께 대표적인 채권금리 지표로 사용되고 있으며, 투자수익을 처음에 투자한 금액으로 나누어 이를 다시 연이율 개념으로 환산하여 나타내고요. 회사채의 가격이 낮으면 수익률이 높아지고 반대로 회사채의 가격이 높으면 수익률이 낮아지는데, 정부가 발행하는 국공채에 비하여 회사채는 발행한 기업의 도산이나 청산 등의 위험이 있으므로 수익률이 국고채수익률보다 높습니다.

우리나라의 경우 국채시장이 발달하지 못하였으므로 회사채수익률은 장기금리의 기준으로, 콜금리나 CD수익률은 초단기 또는 단기금리의 기준으로 사용되어 왔으며, 이때 기준으로 사용되는 회사채는 금융기관이 지급보증을 선 3년 만기 회사채였습니다. 그러나 1997년 말 외환위기를 전후로 국내 금융시장이 경색되면서 금융기관이 회사채 지급보증을 기피함에 따라 1998년 3월 16일 이후를 기준으로 사용되는 회사채는 보증보험회사가 보증을 선 3년 만기 회사채로 변경되었습니다.

한편, 기업의 원리금 상환능력을 표시한 것이 회사채 신용등급인데, 이는 신용도에 따라서 A~D까지 18등급으로 나누어지며, 일반적으로 BBB− 이상은 투자등급, BB+ 이하는 투자부적격등급으로 투기등급이라고 합니다. 보통 등급이 낮을수록 위험성과 수익률이 높습니다.

왜 금리라는 표현을 사용하지 않고 수익률이라고 하냐고요? 이유는 간단합니다. 회사의 입장에서 보면 8천 원을 구하고 1년 뒤에 많은 이자를 줘야하니까 이자가 되지만, 우리들의 입장에서 보면 8천 원을 투자하고 1년 뒤에 1만원을 벌 수 있으니까 수익이 되는 것이죠. 그래서 수익률이라는 표현을 사용합니다. 이해가 가세요.

수신금리

여신금리 반대가 수신금리겠죠. 너무 간단히 설명했나요? 수신은 한마디로 은행이 저축예금처럼 우리 돈을 빌려가는 업무입니다. 여신은 신용을 준다는 뜻이므로 우리가 은행에 우리 돈 즉, 우리 신용을 은행에게 주노라하는 거죠 은행입장에서 신용을 받는 것이니까. 수신금리는 우리가 은행에 예금할 때 적용되는 금리를 말합니다.

금리의 변동원인

앞서 경제학 교과서 몇 페이지를 앞쪽에 열어보면 어김없이 수요의 원리 나오고 공급의 원리 그리고 균형 등을 아주 쉽게 찾을 수 있습니다. 경제 원리 중 기본 중에 기본인 수요공급의 법칙입니다.

간단히 수요가 늘면 가격이 올라가고 공급이 늘면 가격이 내려간다는 것이죠. 너무 간단한가요? 이처럼 금리의 변동 원인은 금리는 돈의 수요가 증가하면 올라갑니다. 돈의 공급이 증가하면 금리는 내려갑니다.

조금 더 알아보면 다음과 같은 금리의 특징이 있으니 기억해 두세요.

금리는 현금화 하는 게 어려울수록 올라갑니다.

금리는 위험부담이 클수록 높아집니다.

금리는 경기가 좋으면 올라갑니다.

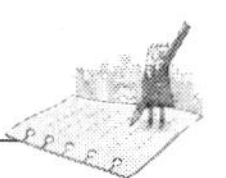

금리는 통화량이 적으면 올라갑니다.

그리고 왜 그럴까라고 생각도 한번 해보세요. 왜냐면 지금까지 공부한 경제를 복습하는 좋은 연습이 되리라 봅니다. 자 그럼 지금부터 고민 시작.

금리가 올라가면

이자가 높아지는 즉 금리가 자꾸 올라가면 기업은 투자를 줄이게 됩니다. 누가 비싼 이자를 주고 돈을 빌려 투자를 하느니 차라리 그 동안 벌어놓은 돈으로 현재 상태라도 유지하면서 좋은 세상을 기다리는 게 좋다고 생각하기 때문입니다.

이때 금리가 계속적으로 올라가면 일반 시민들도 소비를 줄이고, 저축을 늘이게 됩니다.

조금 전 말한 것처럼 기업이 투자를 줄이면 돈의 수요는 줄어들게 되고, 시민들이 소비를 줄이고 은행에 예금을 많이 하는 만큼 돈의 공급은 늘어나게 되어 결국 금리는 떨어지게 됩니다.

그렇다면 기업이 투자를 줄이고, 시민들이 수요를 줄이면 일반 상품에 대한 수요가 줄어들어 물가가 떨어지게 됩니다.

여기에 금리의 상승은 주가의 하락을 불러오기도 합니다. 이유는 너무 쉽습니다. 금리가 높으면 위험한 주식보다는 상대적으로 안전하고 많은 이자를 주는 은행으로 돈이 몰리게 되어 주식시장에는 돈이 없어지게 됩니다. 주식시장에 돈이 없으니 주가가 내려가는 것은 너무나 당연합니다.

이렇게 금리가 떨어지지 않고 계속 오르면 만약에 생길지도 모르는 좋지 않은 일을 막기 위해 정부가 등장하게 됩니다. 정부는 화폐를 더 발행한다던지, 중앙은행인 한국은행 일반은행에 돈을 빌려줄 때 적용하는 금리를 낮추게 됩니다. 화폐의 통화량이 많아지고, 한국은행이 나서서 시중금리가 떨어지게 하려는 여러 방법을 사용하니 금리가 낮아지는 결과가 나타나겠지요. 금리를 낮추기 위해 정부가 나서서 펼지는 정책을 이름 지으면 저금리 정책이라고 합니다. 아시겠죠.

금리가 내려가면

수신과 여신이 반대로 생각하면 되듯이 금리가 올라갔을 때는 반대 경우를 생각 하면 됩니다.

즉 , 반대의 일이 벌어집니다. 아주 쉽죠~ 잉.

이제 금리가 지속적으로 내리면 기업은 어떻게 할까요? 지금까지 참아온 투자를 늘리게 되고, 국민들은 얼마 되지 않는 이자를 받을 바에야 미뤄 온 소비를 하는데 돈을 사용합니다.

이렇게 기업이 투자를 늘리면 돈의 수요가 늘어나게 되지요. 또한 국민들이 소비지출을 늘리게 되면 은행에 예금한 금액이 줄어들게 되겠죠. 즉 돈의 공급이 줄어들어 다시 금리가 오르게 된답니다.

여기에 기업이 투자를 늘리고, 소비자들이 지출을 늘리면 상품의 수요가 늘어나게 되고 경기는 좋아지게 마련입니다.

그렇지만 막상 금리가 내려가더라도 소비자의 지출이 늘어 상품수요가 늘어난다고 하여도, 생각처럼 그렇게 빠른 속도로 물가는 금방 오르지는 않습니다. 왜냐면 기업에서는 그동안 갖고 있는 재고가 많이 있기 때문 이지요.

한편으로 금리가 내리면 주택자금의 대출금리가 내리게 되어 주택에 대한 수요가 많아져 부동산 경기도 좋아지게 됩니다.

더불어 금리가 내리면 주가는 어떻게 될까요? 금리가 올라갔을 때를 반대로 생각해 보세요. 대게의 경우 주가는 올라가게 됩니다.

은행이자가 너무 낮으니 차라리 한번 이 돈으로 주식 한번 해 볼까?라는 생각이 들지 않겠습니까? 결국 주식시장에 돈이 모여들게 되어 주가가 올라야할 아무런 이유가 없는 데도 불구하고 주가가 오르기도 합니다.

자 그럼 이제 등장해야 하는 분이 있겠죠. 바로 우리의 정부입니다.

금리가 계속적으로 많이 내려간다면 정부가 나서게 되는데 금리가 높을 때와는 하는 행동이 조금 다릅니다. 금리가 낮을 때는 금리를 올라가게 하기위해서 행동하는 게 아니기 때문입니다.

먼저 기업의 입장에서 생각해 봅시다. 기업은 금리가 낮을수록 좋은데 정

부가 기업에게 부담지울 일을 하겠습니까? 그래서 금리가 낮을 때 정부가 나서는 방법은 금리가 올라 갈 때와는 다른 방향입니다. 계속적으로 금리가 내려간다는 것은 정부입장에서 보면 기업이 투자를 하지 않아서 시중 자금이 많이 남아 있다는 이야기입니다. 이렇게 되면 앞으로의 경제에서 기업이 투자가 현재 제대로 이루어지지 않고 있기에 미래 경제에 나쁘게 작용할 것으로 봅니다. 따라서 정부는 각종 공사 등에 정부가 나서 투자하여 시중자금의 수요를 높이고 앞으로 경기가 일어나는 바탕을 제공해 주는 역할을 한답니다.

5 신용평가

신용평가란

은행의 주 업무는 돈을 빌려 주는 것이라고 할 수 있습니다. 하지만 아무에게나 빌려 줄 수는 없습니다.

신용평가는 돈을 빌려가는 사람 즉, 차입자의 신용상태 및 재무 상태를 조직적으로 평가해 등급을 매기는 것을 말합니다. 평가요소중 기업의 영업력, 경영자의 자질, 기술개발상황 및 재무구조 등이 매우 중요하며 궁극적으로는 기업의 부채상환능력을 평가하게 합니다. 따라서 기업의 성장성 및 수이성에 중점을 두는 주식평가와는 약간의 차이를 보이나 높은 신용 등급을 획득했을 경우 낮은 자금조달 코스트로 소요자금을 용이하게 조달할 수 있다는 점에서 기업의 수익력을 향상 시킬 수 있는 요인으로 작용하게 됩니다.

하나 더 신용평가제도는 기업이 대출을 받거나 회사채 또는 어음을 발행할 때 원리금을 갚을 수 있을지 여부를 등급으로 매겨 금융기관이나 투자가가 판단을 내릴 수 있도록 하는 것이지요. 따라서 금리자유화와 신용사회의 정착을 위해선 이 같은 신용등급에 따른 대출결정과 금리차 등이 반드시 전제되어야 한답니다. 기업의 신용도에 따라 기업은 1등급, 2등급, 3등급 이런 식으로 기업의 등급을 가리는 거죠. 이러한 등급을 신용등급이라고 합니다. 그런데 일반은행에서 이런 신용조사와 등급 업무까지 하기는 너무나 어렵습니다. 그래서 이 일을 대신해주는 신용평가회사가 있습니다.

한편 신용평가회사는 국가의 신용등급도 평가 하게 되는데 이것을 국가신용도라고 합니다. 국가의 정치·경제·사회·문화 등을 고려하여 투자부적격등급과 투자적격등급을 부여합니다.

투자부적격 등급 안에도 여러 가지 등급이 있고, 투자적격등급 안에도 여러 등급이 있습니다.

그런데 여기에 문제가 있습니다. 돈을 빌리려면 신용등급이 높아야 되는데(이것을 투자적격 국가라고 한다) 신용평가회사에서는 은행으로 부터 돈을 빌려서 외환보유고를 높이면 투자등급을 올려주겠다고 하고 은행들은 신용등급이 상승하면 돈을 빌려주겠다고 합니다. 줄 것이 없으면 돈이라도 있어야 한다는 말이 왜 갑자기 생각나는 걸까요?

신용평가기관

외국의 신용평가기관으로는 누구나 한번은 들어 봤을 듯한 '무디스'와 '스탠더드 앤 푸어(S&P)'사가 유명합니다. 이 밖에도 '피치 IBCA'가 유명합니다. 이중에서 '무디스'사가 제일 강한 신용평가기관이라고 합니다.

우리나라의 신용평가기관으로는 한국신용평가, 한국신용정보 등이 있습니다.

가산금리 기억나세요? 신용평가 기관에서 등급이 정해지면 이 등급이 낮을수록 가산금리가 더 붙는답니다.

6 통 화

통화란

여보세요? 전 ○○○입니다. 누구 있나요? 이런 건 아니라는 거 아시죠. 그냥 농담 한번 적어봤습니다.

통화를 사전적으로 정의내리면 다음과 같습니다. 거래에서 지급수단·유통수단으로서의 기능을 지닌 은행권과 정부 발행의 지폐·주화라고 합니다. 그래서 일반적으로 명목주의에서 말하는 넓은 뜻의 화폐와 같은 뜻으로 사용되는 경우가 많으나, 본위(本位)화폐만을 화폐로 부르는 경우에는 본위화폐에 은행권·보조화폐·정부지폐·예금통화를 포함시킵니다. 오늘날 실제로 유통되고 있는 통화에는 은행권과 보조화폐로 이루어지는 현금통화와 당좌예금 및 이에 준하는 요구불예금으로 구성되는 예금통화가 포함됩니다. 본위화폐의 국내유통이 이루어지지 않고 있는 현재 화폐와 통화를 구별하는 일이란 무의미하며, 국내에 있어서의 기능이라는 점에서 양자는 동일합니다. 이러한 통화의 유통량, 즉 통화량에 대해서는 19세기 이래 적정통화의 공급이 보장되기 위해 어떤 제도가 필요한가에 관하여 많은 논란이 있었습니다. 통화가 경제거래의 필요성에서 보아 과다하게 발행되면 상품수요가 증대하여 물가를 자극하게 되며, 과소발행은 반대로 물가를 하락시키게 된다는 화폐수량적 주장이 있는가 하면, 일국의 완전고용을 실현하기 위해서는 이자율이 적정수준에서 결정될 수 있는 적정통화량을 공급해야 한다는 주장도 있어 많은 논쟁을 거쳐 왔습니다. 현재로서 통화의 발행은 금융정책에 흡수되어 경제정책 또는 국제경제라는 입장에서 파악됩니다. 한마디로 정리하면, 돈과 화폐는 똑같은 친구입니다. 굳이 차이를 들자면 돈은 순수한 한글이고 화폐는 한자어라는 것이죠. 그리고 통화는 통용되는 화폐를 줄인 말입니다. 통용되는 화폐의 양을 줄여서 통화량이라고 말입니다. 다시 말해 우리나라에 유통되고 있는 돈의 양을 줄인 표현한 것이지요.

통화지표

그런데 통화량이 늘어나면 물가가 뛰고 물가가 뛰면 서민들은 힘들고 어렵게 됩니다. 반면 통화량이 줄어들면 경제가 안돌아간다는 말이 되니까 이 또한 보통 큰 일이 아닙니다.

통화량이 왜 중요한지 이해하겠나요? 따라서 한국은행은 화폐를 만들어 내는 기능인 발권기능 업무와 더불어 통화량을 적당하게 조정하는 일을 가장 중요하게 여깁니다. 너무 많지도 않게, 그렇다고 너무 적지도 않게, 멋질 정도로 적당하게 …….

그럼 어디까지를 통화로 보고, 통화의 양을 조절하느냐 하는 것이 중요한 문제가 되겠죠.

이를 말해서 즉 통화량을 측정하는 기준이 되는 지표라 하여 통화지표라고 표현합니다.

통화가 국민경제 규모에 비하여 지나치게 많으면 그 가치가 하락하여 물가가 지속적으로 오르는 인플레이션이 발생하고, 반대로 지나치게 적으면 금리가 오르고 생산자금이 부족하게 되어 경제활동이 위축되므로 통화가치를 안정시키고 경제활동을 원활히 유지하기 위하여 중앙은행은 통화의 총량을 적절히 조절하는 정책을 사용합니다.

적정수준의 통화량을 유지하기 위해서는 통화량의 크기와 변동을 파악할 수 있는 통화지표가 작성되어야 하는데, 이는 시중에 유통되는 통화의 총량을 효과적으로 조절하기 위한 척도로서 통화신용정책의 기초자료가 됩니다. 통화에는 현금뿐만 아니라 은행예금 등도 포함되므로 각국은 여러 종류의 통화지표를 편제하여 그 나라의 실정에 맞는 지표를 중심지표로 선정한 후 이를 통화정책의 수단으로 사용하고 있습니다. 또한 금융제도가 바뀌거나 새로운 금융자산이 나타나면 기존의 통화지표의 성격도 달라지므로 이러한 변화를 반영하는 새로운 통화지표가 지속적으로 만들어집니다.

이때 통화중심지표는 물가안정·완전고용·경제성장·국제수지균형 등의 통화신용정책의 목표와 긴밀하고 안정적인 관계를 유지하는 한편 정책당국이 직접적으로 영향을 미칠 수 있는 중간목표(통화량 또는 금리 등)로

사용하는 통화지표를 말합니다.

우리나라의 중앙은행인 한국은행에서 M1(통화)·M2(총통화)·MCT(금전신탁)·M3(총유동성) 등 여러 종류의 통화지표를 작성하고 있으며, 이중에서 실물 경제변수와의 관계, 중앙은행의 통제가능성 등을 고려하여 통화중심지표를 선정하고 그 밖의 통화지표는 보조지표로 활용하고 있습니다.

M1은 현금과 요구불예금(보통예금·당좌예금 등)을 포함한 지표입니다.

M2는 M1에 정기예금 등의 저축성예금과 거주자 외화예금을 합한 것입니다.

MCT는 M2에 양도성예금증서인 CD와 금전신탁을 포함시킨 지표입니다.

M3는 M2에 제2금융권의 각종 예수금과 금융채 및 CD발행고를 합한 것으로 현재 작성하는 통화지표 가운데 가장 넓은 의미의 통화지표입니다. 이중 통화관리의 중심지표로 M2가 1979년부터 사용되어 1996년까지 활용되어 왔으며, 1997년부터는 M2의 한계점을 보완하기 위한 지표로 MCT를 새로 편제하여 M2와 함께 활용하였고, 외환위기 이후 IMF(International Monetary Fund : 국제통화기금)와의 협의를 통하여 M3가 1998년부터 중심지표로 이용되었다가, 2004년 현재는 M2로 변경되었습니다. 그리고 2002년 3월 신M1과 신M2라는 새로운 통화지표를 제시하였습니다.

연간 통화공급목표는 당해연도에 예상되는 경제성장률·물가상승률·유통속도의 변화 등을 감안하여 설정하고 있으며, 최근의 금융환경 변화에 따라 금리나 환율 등의 여러 지표를 과거보다 중시하는 방향으로 통화신용정책을 운영하고 있습니다. 한편 통화관리의 경우 과거 개별 은행의 자금공급규모를 한국은행이 결정하는 직접규제 방식에서 벗어나 최근에는 금융자율화의 신선 등으로 재할인정책·지급준비율제도·공개시장조작 등의 간접규제 방식을 주로 활용하고 있습니다.

더욱이 한국은행이나 기타 통화와 관련된 많은 기관들은 현실의 물가나 환율, 경기들을 가장 잘 나타내는 통화지표를 발견하고, 만들기 위해서 노력하고 있습니다. 각종 통화지표가 있지만 현실의 경제가 변함에 따라 통화지표의 종류도 새로 생기거나 변하게 마련입니다.

7 금융상품

금융상품이란

금융상품을 사전적으로 보면 '기업회계기준상의 계정과목을 말하는 것으로서 금융기관이 취급하는 정기예금·정기적금·사용이 제한되어 있는 예금 및 기타 정형화된 상품 등으로 단기적 자금운용목적으로 소유하거나 기한이 1년 내에 도래하는 단기금융상품과 단기금융상품에 속하지 아니하는 정기예금 등의 장기금융상품으로 구분한다.' 라고 정의 내리고 있습니다. 즉, 금융이란 돈의 융통을 줄인 말입니다. 돈을 빌리고 빌려주는 것을 달리 표현하는 말로 금융이라고 하는 것인데 여기에다 상품이라는 팔려고 만든 물건이 합쳐진 거죠. 이해 가시죠. 이제 금융이 무엇인지 금융 상품이 무엇인지 알았습니다. 그럼 금융상품에 대해 조금 더 깊이 알아볼까요. 우리가 은행에 저금을 하려면 계좌를 만들어야 합니다. 즉, 통장을 만든다는 이야기입니다. 생각하면 보면 저금을 한 대가를 통장을 만들어 주는 것 같지만 이를 반대로 생각해 보세요. 은행에서는 다른 돈이 필요한 사람에게 돈을 빌려줘 그 사람에게서 높은 이자를 통해 돈을 벌기 위해서 보통예금통장이라는 상품을 파는 것이 됩니다. 하나 더 우리가 정기적금을 하는 것은 은행에서 보면 같은 원리로 돈을 벌기 위해서 적금통장리라는 상품을 파는 것이 됩니다. 고객에게 좋은 금융 상품은 고객에게 가장 돈을 많이 벌개해주는 각종 통장을 개발해 파는 것을 말한답니다.

양도성예금증서(certificate of deposit)

제3자에게 양도가 가능한 정기예금증서를 양도성예금증서라고 합니다. 현금지불기(cash dispenser : CD)와 구별하기 위하여 NCD라고도 하구요. 은행이 정기예금에 대하여 발행하는 무기명의 예금증서로 예금자는 이를 금

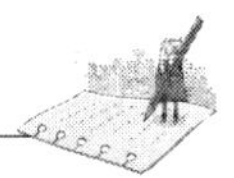

융시장에서 자유로이 매매할 수 있습니다.

1961년 미국의 시티은행을 비롯한 대은행에서 주로 증권시장으로 유입하는 기업의 여유자금을 흡수할 목적으로 CD를 발행한 이래, 미국에서는 대규모로 발행하게 되었습니다. 영국에서는 1968년 10월부터, 일본에서는 1979년 5월부터 CD가 발행되었습니다.

우리나라의 경우 CD와 유사한 성격의 무기명 예금증서라는 것이 있었지만, 정식으로 CD가 발행되기 시작한 것은 1984년 6월부터였고, 최저예금액은 제한이 없지만 500만 원이 일반적이고 1,000만원인 은행도 있습니다. 예치기간은 최저 30일 입니다.

한편 이 양도성 예금증서란 예금통장과는 달리 통장에 이름을 쓰지 않은 것입니다. 또 보통의 예금과는 달리 통장대신에 쪽지를 줍니다. 이름이 없으니 누구에게나 팔 수 있고, 나쁜 세상이라면 뇌물로 줄 수가 있습니다. 양도성 예금증서가 처음에 등장한 이유도 사실도 시중여유자금 흡수라고 하지만 실질로는 검은 돈을 끌어 모으기 위해서였다고도 합니다. 이름을 밝힐 수 없는 검은 돈을 은행으로 끌어들이기 위해서 발행하기 시작했고 금액도 몇 천 만원씩 큰 단위 단위랍니다. 뉴스에 자주 나오는 양도성 예금 금리라는 있는데요. 왜 자주 나오느냐고요? 그건 양도성예금증서는 3개월짜리가 발행되기 때문에 단기적인 시중의 자금 상태를 알 수 있는 중요한 지표가 되기 때문이랍니다.

파생금융상품

이 책의 마지막에 가보면 파생상품, 파생금융상품, 옵션 등과 관련된 내용들이 정리되어있습니다. 여기선 기본적인 이해를 하고 그때 다시 공부하도록 해요. 먼저 금융상품이란 돈의 융통을 위해서 발행된 상품이라고 배웠습니다. 보통예금통장도 금융상품의 일종이고, 적금통장도 금융상품이라고 배웠습니다. 그러면 파생금융상품이란 무엇일까요?

파생금융상품이란 금융상품에서 파생되어 나온 것입니다. 파생금융상품

중에서도 가장 유명한 것이 선물과 옵션입니다. 보통의 파생상품이 상품이 농산물이나 원자재를 대상으로 거래하는 반면에 파생금융상품은 외국돈이나 금리들을 거래합니다.

파생금융상품은 기초자산, 거래장소, 거래형태 등을 기준으로 분류하는 것이 일반적 입니다.

'기초자산'에 따라서는 금리, 통화, 주식 및 실물상품 등으로 나누고요. '거래형태'에 따라서는 선도, 선물, 옵션, 스왑 등으로 나뉘며, 이들 파생상품을 대상으로 하는 선물옵션·스왑선물·스왑션 등 2차 파생상품들도 있습니다. 또 '거래장소'에 따라서는 장외 및 장내거래로, 그리고 나누어집니다.

표 거래형태에 따른 분류

구분	내용
선도 (Forwards)	약정가격으로 장래의 특정일에 대상상품을 인수·도하기로 하는 장외거래. 선도계약의 일종인 '선물환(forward exchange)'은 가장 전통적인 파생금융상품으로, 장래의 일정시점 또는 일정기간에 특정통화를 일정환율로 사거나 팔 것을 약정하는 거래
선물 (futures)	거래소에서 거래되는 장내거래상품. 통화, 금리, 주가지수 등을 대상으로 표준화된 계약조건으로 매매계약 체결 후, 일정기간이 경과한 뒤에 미리 결정된 가격에 의하여 그 상품의 인도와 결제가 이루어지는 거래. 선물거래는 표준화된 특정거래소에서 이루어짐
옵션 (option)	장래 특정일 또는 일정 기간 내에 미리 정해진 가격으로 상품이나 유가증권 등의 특정자산을 사거나 팔 수 있는 권리를 현재시점에서 매매하는 거래. 옵션은 리스크를 매입자에서 매도자에게 전가하며, 옵션매도자는 리스크 부담을 대가로 매입자로부터 옵션가격(프리미엄)을 받음. 옵션의 기본 유형에는 매도옵션(Put Options)과 매입옵션(Call Options)이 있음
스왑 (swap)	두 채무자가 통화 및 금리 등의 거래조건을 서로 맞바꾸는 것. 외화차입비용 절감을 위해 통화를 서로 교환하는 통화스왑, 변동금리부와 고정 금리부 이자지급조건을 일정기간 동안 서로 바꾸어 부담하는 이자율스왑 등이 있음

표 거래장소에 따른 분류

장내(Exchange)거래	가격 이외의 모든 거래요소가 거래소(증권거래소나 선물거래소) 의 규정에 의해 표준화되어 있어 시장에서는 가격만 결정되고 대금지급 등은 청산소를 통하여 정해진 방식으로 이루어지는 계약. 청산기구를 통한 신용위험의 보증이 있기 때문에 계약불이행에 따른 신용리스크가 없음. 선물(先物) 등이 주로 장내에서 거래
장외(Over-The-Counter)거래	고객의 특정한 요구에 따라 가격뿐만 아니라 계약단위, 상품의 품질, 인도시기, 대금결제방법 등 모든 계약조건을 쌍방간에 협의하여 결정하는 계약으로 선도(先渡)의 일종인 선물환과 스왑, 옵션 등이 주로 장외에서 거래

8 유동성

유동성이란

유동성이란 "현금에 가까운 정도", 금융거래 수단에서 유동성은 얼마나 쉽게 현금으로 바꿀 수 있는가에 따라 결정됩니다. 달리 표현하면 유동성은 돈입니다. 즉, 유동성=돈이라고 생각하시면 됩니다.

유동성이 낮을수록 돈의 금리 외에 일정한 요금을 더 얹어 주는 것을 유동성 프리미엄이라 합니다. 예를 들어 1년 만기 적금보다 3년 만기 적금의 금리가 더 높습니다. 왜냐면 현금에 어느 것이 더 가깝겠습니까? 1년 있다 내 손에 들어오는 게 가깝나요. 3년 있다 내손에 들어오는 게 가깝나요. 그럼 어느 것에 금리를 더 줘야하는지 이해되시죠. 정리하면, 유동성이 높다는 것은 쉽게 현금화 할 수 있는 것을 말합니다. 유동성이 낮다는 것은 현금화하기에 어렵다는 말이 됩니다. 대표적으로 유동성이 높은 상품으로 금이 있고요. 낮은 상품으로는 부동산 등을 들 수 있습니다.

참고로 아무리 금리를 낮추어도 투자, 소비 등의 실물경제에 전혀 영향을 못 미치는 상태. 아무리 돈을 풀어도 추가적인 시장 금리 하락으로 이어지지 않는 상태를 유동성함정이라 부른답니다.

유동성 부족은 무슨 뜻일까요? 유동성부족이란 돈이나, 수표 같은 것들이 없다는 이야기 입니다. 즉 현금화 할 수 있는 자산이 부족하다는 이야기입니다.

"한국의 외환위기는 단기적인 유동성 부족에서 온 것이다."를 번역하면 "한국의 외환위기는 단기적인 달러 부족에서 온 것이다."가 됩니다.

9 수표와 어음

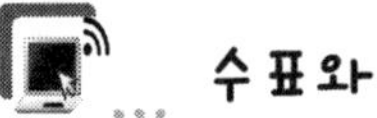

수표와 어음

▷ 수 표

상품의 거래에서 가장 확실한 방법은 그 자리에서 현금을 주는 것입니다. 하지만 거래의 단위가 커지고 몇 천 만원을 넘어가면 현금을 들고 다니는 것 자체가 불편해집니다. 그래서 등장한 것이 수표와 어음입니다.

수표의 원리는 간단합니다. 앞으로 수표를 발행하고 싶은 사람은 은행을 찾아가서 수표를 발행 할 수 있는 통장을 개설합니다. 이 통장을 어려운 말로 당좌예금이라고 합니다. 이때 은행은 아무나 당좌예금을 틀어 주지 않습니다. 나름대로 신용도를 조사해서, "이 사람정도면 신용이 있겠다"고 생각되면 통장을 개설해주고 수표용지를 나누어줍니다. 통장이 개설되면 통장에 있는 금액만큼 수표를 발행할 수 있습니다. 만약 통장에 5,000만원이 있다면 언제든지 5,000만원 범위 내에서 수표를 발행할 수 있게 됩니다.

그런데 살다보면 은행에 있는 금액보다 더 큰돈이 필요하게 됩니다. 이때 어느 정도까지는 통장금액 이상으로 수표를 발행할 수 있도록 은행과 사전

에 계약을 하게 되는데 이것을 어려운 말로 당좌대월이라고 합니다.

한편, 수표를 발급 받은 사람은 언제든지 은행에 찾아가서 현금으로 바꿀 수가 있습니다. 이렇게 발행되는 수표는 크게 보아서 당좌수표와 가계수표가 있습니다. 당좌수표란 일반기업에서 당좌예금을 개설한 뒤에 발행하는 수표이고, 가계수표는 자그마한 자영업을 하는 자영업자가 당좌예금을 개설한 뒤에 발행하는 수표입니다.

▷▶ 어 음

어음을 발행하기 위해서는 수표처럼 은행에서 사전에 당좌예금을 들어야 합니다. 물론 문방구어음이라고 해서 문방구에서 파는 어음종이에다가 금액을 적어서 넘겨주기도 하지만 이렇게 되면 나중에 골치 아픈 경우가 발생하게 됩니다.

은행에서 당좌예금을 발행하면 나누어주는 어음종이를 사용하는 게 만일의 경우를 위해서도 안전합니다.

어음은 "몇 년 몇 월 며칠에 얼마를 어느 은행에서 갚겠다고 적어 놓은 특별한 쪽지"라고 보면 됩니다. 하지만 어음이 차용증서와는 다릅니다. 차용증서가 개인간의 거래인데 비하여 어음은 중간에 은행이라고 하는 기관이 들어가기 때문이죠.

어음은 수표와도 다릅니다. 수표는 통장에 있는 금액만큼만 발행할 수 있지만 어음은 통장에 얼마가 있든지 상관없이 마음대로 발행할 수 있고, 수표는 발행되는 그 순간 수표를 받은 사람이 은행에 찾아가서 지급을 요구할 수 있습니다만, 어음은 어음쪽지에 적혀있는 날 은행에 찾아가서 돈으로 바꿀 수가 있습니다.

참고 어음과 수표는 어떻게 다른가?

기업간의 상거래에 있어서 대부분의 물품을 사고팔면서 현금으로 지급하는 경우보다는 수표나 어음을 발행하여 교부하는 경우가 많습니다.

사업을 하다보면 생각대로 자금융통이 잘될 때도 있고 그렇지 못할 때도 있습니다. 상대방이 갚겠다는 약속을 지키지 못하는 경우에는 부도가 발생하게 되는데 이때 수표와 어음은 차이가 있습니다. 수표의 경우 부도가 나면 부정수표단속법에 의해 형사상의 문제와 더불어 채권회수에 대한 민사상 문제가 생기지만, 어음의 경우는 부도가 나면 민사상의 문제만 발생합니다. 이러한 경우 어음과 수표는 어떻게 다른지 알아 보면은요.

어음은 신용을 수단으로 만기일이 있으며 지급제시기간은 지급제시일로부터 2일입니다. 어음이 지급거절된 경우 발행인은 은행부도처분에 의해 은행과 모든 거래가 정지되고 적색거래처로 관리되어 경제적 불이익을 당하나 형사처벌은 없습니다.

그러나 수표는 지급의 수단으로 만기일이 없고 지급제시기간은 10일입니다. 수표가 지급거절된 경우 거래정지처분에 따른 불이익과 부정수표단속법에 의해 형사처벌도 받게 된답니다.

자료 : 김구배(2004)

▷▶ 할 인

전문 용어로 '깡'이라고 합니다.

ㅇㅇ그룹에 5,000만원짜리 '자동차' 부품을 판매하고 내년 설날 때 대금 지급을 약속한 어음을 받았다고 합시다. 급한 일이 있어 당장에 돈이 필요한데 대출 받을 곳은 없고, 가진 것이라고는 어음밖에는 없습니다.

이때 어음을 가지고 은행에 찾아갑니다.

"이게 ㅇㅇ그룹한테 받은 건데 내년 설날 때 5,000만원은 받기로 한 거야. 니 이거를 4,500만원에 사라. 그러면 은행은 1년 뒤에 500만원 이익을 얻을 수 있고 나는 당장 필요한 돈을 구할 수 있어서 좋잖아."

이때 은행의 입장에서는 ㅇㅇ그룹의 신용도를 생각한 후 ㅇㅇ그룹의 어음이니 부도가 날 염려도 없고, 수익률이 시중 수익률 보다는 훨씬 높으니 오케이하고 현금과 수표를 바꾸어 줍니다. 이때 기업에서는 5,000만원짜리 어음을 자그마치 500만원나 할인해서(=쉬운 말로 깎아서 전문용어로 '깡') 팔았기 때문에 손해가 이만 저만이 아닙니다. 하지만 어쩌겠습니까? 요동성이 부족해 할인해서라도 사용해야지요. 어째든 이 때 깎인 500만원을 연리로 계산해 보면 어려운 말로 할인율이라고 합니다.

우리나라에 돈이 없으면 할인율이 높아지고, 또 이름 없는 기업이거나 경기가 좋지 않을 때는 은행이 할인 자체를 해 주지 않습니다. 참고하시길…….

어음의 종류

▷▶ 약속어음과 환어음

약속어음은 구입자가 직접 대금 값을 약속하는 어음입니다.

'약속어음'은 발행인이자 지급인이 수취인에게 일정한 금액을 일정한 날짜에 지급할 것을 약속한 어음이며, 어음 당사자는 발행인과 수취인입니다. 즉, 발행인이 주된 채무자로서의 의무도 동시에 부담하게 됩니다. 약속어음은 주로 금전의 지급이나 대차(貸借) 등에 이용되고 있습니다.

이에 비해 '환어음'은 발행인이 일정한 날짜에 일정한 금액을 지급할 것을 수신인인 제3자에게 위탁하는 형식의 어음으로, 수신인(지급인)은 인수(引受)의 서명을 함으로써 지급의무를 지고 어음상의 주된 의무자가 됩니다. 따라서 환어음에서 어음 당사자는 발행인·수취인·수신인(지급인)의 세 당사자입니다. 환어음에는 대금의 징수기능과 송금기능이 있으며, 국내거래보다는 주로 무역대금의 결제에 사용되고 있습니다.

▷▶ 진성어음

진성어음은 기업들이 상거래를 할 때 대금결제를 위해 발행하는 어음으로 상업어음, 물품대금어음(물대어음)이라고도 합니다.

진성어음은 반드시 물품이 오고가는 상거래를 수반하기 때문에 은행 등 금융기관의 할인대상이 됩니다. 어음지급 기간도 30일 내지 90일로 단기인 것이 보통입니다. 대기업이 하청업체로부터 물건을 납품받고 현금 대신 발행하는 어음이 대표적입니다.

진성어음을 받은 납품업체는 약정된 날짜에 현금을 받을 수 있습니다. 그러나 자금순환을 위해 금융기관에서 미리 할인받아 현금화하는 것이 일반적입니다.

▷▶ 융통어음

어음은 대체로 물건을 사고팔면서 발행하게 됩니다. 그런데 물건을 사고파는 과정에서가 아니라 돈을 융통하기 위해서 발행하는 어음이 있습니다. 이것을 융통어음이라고 합니다.

하지만 대체로 융통어음을 발행한다는 것은 문제가 있다는 것이고, 이러한 기업은 아니나 다를까 약속한 날에 친구의 계좌에 돈을 입금시키지 못하든 경우가 다 반사입니다. 융통어음을 발행해준 잘 나가는 기업의 친구는 어수룩한 친구를 둔 덕분에 부도를 내게 되고요.

▷▶ 견질어음

금융기관이 기업에 대출해 줄 때 담보력을 보강하기 위해 기업으로부터 위임받는 어음으로 백지어음의 성격을 갖습니다. 기업이 대출금을 상환하지 못하거나 자금회수에 의문이 생기면 이를 교환에 회부하여 자금화 할 수 있는 어음입니다.

발행기관만 있을 뿐 금액이나 만기일, 발행일이 없어 이 어음을 소지한 금융기관은 채권금액과 발행일, 만기일을 마음대로 적어 교환에 회부하므로 기업의 자금난은 더욱 심각해집니다. 대부분 기업이 부도나기 직전에 교환에 돌려지므로 견질어음이 나타났다는 것은 기업이 파산에 임박했다는 것을 뜻합니다.

10 부 도

부도란

부도란 대금 결제 일에 돌아온 수표나 어음이 은행에 제시 되었는데도 불구하고 당좌예금 통장에 돈이 없어서 지급이 이루어지지 못한 것을 말합니다. 이때 지급을 하지 못한 어음을 부도어음, 수표를 부도수표라고 합니다.

쉽게 예를 들어 설명하겠습니다. 내년 설날 때 5,000만원을 갚기로 한 어음을 발행했다고 합시다.

이처럼 어음이 지급제시 된 날 결제를 하지 못한 것을 1차 부도라고 합니다. 1차 부도는 크게 문제가 되지 않습니다. 그 다음날까지 결제를 하면 되기 때문이죠. 그런데 그 다음날도 결제를 위해 돈을 입금하지 않으면 최종 부도처리가 되고, 해당 기업은 더 이상 수표나 어음을 발행하지 못하게 됩니다. 이것을 어려운 말로 당좌거래중지라고 합니다.

어음부도율

전체 어음교환 중 부도가 난 어음의 비율을 말하며, 건수(장수) 및 금액의 두 가지 방식으로 산정됩니다. 어음부도율은 기업들의 자금사정을 포함한 실물경기동향을 파악하는 데 매우 중요한 지표로 이용되고 있습니다. 통상적으로는 금액 기준 부도율이 널리 사용됩니다.

어렵게 표현하면 어음부도율=부도어음/지급기일의 어음총액이 됩니다.

높아지던 어음부도율이 낮아지기 시작한다면 자금시장에 여유가 생겼다는 말이 되고, 경기의 회복을 조심스럽게 예측할 수 도 있는 것입니다.

흑자부도

흑자부도란 기업이 떼돈을 벌고 있음에도 불구하고 일시적인 자금난으로 부도를 내는 것입니다. 흑자도산이라고도 합니다.

기업의 부도는 일반적으로 과중한 적자로 경영이 유지되지 못할 경우에 발생하지만 흑자부도란 수지의 균형이 잡혀서 일견 건전경영 같은데도 운용자금의 조달이 원만히 이루어지지 못해서 부도가 발생, 도산하는 것을 말합니다.

이와 같은 흑자도산은 금융긴축으로 인해 거래처가 도산하거나 은행으로부터 어음을 할인받지 못해서 기대하고 있던 자금조달이 뜻대로 되지 않음으로써 발생하는 경우가 많습니다.

연쇄부도

연쇄도산이라고도 합니다. 어느 한 기업이 도산하였을 때, 그 기업과 거래관계가 있는 다른 기업이 연쇄적으로 도산하는 상태입니다.

연쇄부도는 중소기업을 거느리고 있는 대기업이나, 영세기업을 거느리고 있는 중소기업이 도산하였을 때 일어나는데, 스스로는 건전한 재무구조를 지녔으면서도 연쇄반응으로 도산하는 기업이 생기게 됩니다. 이와 같은 연쇄도산을 막기 위해서는, 연쇄도산에 휘말린 일정기준의 기업이 처음 도산된 기업에 대하여 소유하고 있는 채권을 담보로 융자를 해 줄 수 있는 신용보증보험법과 같은 제도가 바람직합니다.

한국은 1974년 12월 신용보증기금법이 공포되어 기업이 부담하는 채무를 기금이 보증하는 제도가 마련되었으나, 아직은 도산 직전의 중소기업에 큰 도움이 되지 못하고 있는 게 현실입니다.

11 금융정책

금융정책이란

한국은행과 정부 관련부처 등 통화관리당국이 통화량 조절을 목적으로 펴는 정책을 '금융정책'이라 합니다.

금융정책의 핵심은 한국은행이 일반은행들을 통해 일반에 대출하는 자금량을 줄이거나 늘려서 시중에 유통되는 통화량의 크기와 흐름을 조절해 돈 가치를 안정시키는 것입니다. 공개시장 조작, 금리정책, 지급준비율조작 등 크게 세 가지 수단을 주로 사용합니다.

공개시장조작

공개시장조작이란 한국은행이 갖고 있는 '채권'이나 '어음' 등 '유가증권'을 은행을 상대로 팔거나 사서 시중의 통화량을 조절하는 금융정책입니다. 우선 '채권'이니 '어음'이니 하는 '유가증권'이라는 게 뭔지 알고 계시죠.

채권이나 어음은 모두 값이 매겨진 증서라 해서 '유가증권'이라고 부릅니다. 물론 주식도 유가증권입니다. 유가증권은 증권거래소와 은행, 증권회사 등 금융기관 창구에서 거래됩니다. 이들 금융기관 창구를 일반에게 널리 공개된 곳이라는 뜻에서 '공개시장'이라고 부릅니다. 한국은행은 평소 은행 곧 상업은행들과 어음, 채권 같은 유가증권을 사고파는 거래를 합니다. 한국은행이 수중에 갖고 있는 어음이나 채권을 상업은행들에게 팔면 그만큼 상업은행들이 지녔던 현금이 한국은행 수중으로 들어옵니다. 그만큼, 상업은행들의 수중에는 고객에게 빌려줄 수 있는 자금이 줄어듭니다. 상업은행들은 평소 은행이 지닌 자금을 유가증권에 투자해서 돈을 부풀리고자 노력합니다. 그런데 자금을 한국은행으로부터 넘겨받는 유가증권을 사들이는 데 쓰고 나면 따로 유가증권을 사들이거나 고객에게 자금을 대출해줄 수 있는 가용자금이 그만큼 줄어듭니다. 결국 한국은행이 상업은행들에게 유가증권을 팔아넘기면 그만큼 상업은행들이 갖고 있던 자금이 한국은행으로 빨려 들어가고 전체적으로는 시중 통화량이 줄어드는 효과가 생깁니다. 반대로 한국은행이 어음이나 채권을 상업은행들로부터 사들이면 한국은행 어음, 채권을 손에 쥐는 대신 한국은행 수중에 있던 자금이 상업은행으로 빠져나가는 효과가 생깁니다. 그만큼 여유가 생기는 상업은행들은, 늘어난 자금으로 고객에게 대출을 해주거나 증권에 투자해 이익을 보려 하게 됩니다. 그 결과 시중으로 풀려나가는 통화량은 늘어나게 됩니다. 한국은행이 상업은행들을 상대로 채권이나 어음을 사고파는 이유는 유가증권이 거래되는 공개시장의 거래에 간여해 통화량을 조절하기 위해서입니다. 통화량 조절을 목적으로 '공개시장'에서 유가증권을 매매한다 해서 '공개시장 조작'정책이라고 부릅니다. 공개시장 조작은 한국은행이 통화량 조절을 위해 쓰는 정책 가운데서도 특히 주된 것입니다.

재할인율 조절(일명 금리정책)

돈을 빌려주는 사람은 이자를 붙여 돌려받습니다. 빌려주는 원금에 대한 이자의 크기를 비율로 나타낸 것을 이자율이라 한다고 했지요. 금리라고도 부르는데 가끔은 금리를 이자(액)와 같은 뜻으로 쓰기도 합니다. 금리정책이란 한국은행이 통화량 조절을 위해 상업은행들에게 빌려주는 자금에 대한 금리를 올리거나 내리는 정책입니다. 한국은행이 상업은행들에게 빌려주는 자금의 금리 수준 곧 '대출금리 수준'은 상업은행 등 일반 금융기관이 기업이나 개인 등 고객에게 자금을 빌려줄 때 붙이는 대출금리의 수준을 정하는 기준이 됩니다. 그래서 한국은행의 대출금리를 '공정금리'라고 부른답니다. 한국은행이 공정금리를 올리면 상업은행들로서는 이자 부담이 커지는 만큼 한국은행에서 대출하는 자금을 되도록 줄이려 노력하게 되지요. 그러는 만큼 상업은행들이 대출이나 투자에 쓸 수 있는 가용자금도 줄어들게 되고 기업 등이 은행을 통해 대출받을 수 있는 자금량도 줄어듭니다. 결국 전체적

으로 시중에 나도는 통화량이 줄어드는 효과가 나타납니다. 한국은행이 공정금리를 내리면 반대의 효과가 나타납니다. 공정금리가 낮아진다는 것은 상업은행들의 처지에서 보면 한국은행에 대출하는 자금의 이자가 싸지는 것입니다. 그러므로 상업은행들은 한국은행에서 전보다 더 많은 자금을 빌리게 될 것입니다.

그러면 상업은행들이 고객에게 대출해줄 수 있는 자금도 늘어나게 될 것이고 결국 시중에는 전보다 통화량이 늘어나는 효과가 나타납니다.

그리고 금리정책은 '재할인정책'이라고도 부른답니다. 상업은행들은 기업이 발행하는 어음을 할인해서 사들인 다음 중앙은행에 건네주고 다시 할인받아서 자금을 만들곤 합니다. 한국은행이 상업은행들을 상대로 어음을 재할인할 때 적용하는 금리를 '재할인금리'라고 부릅니다. 한국은행이 재할인한도를 줄이거나 재할인금리를 올리면 상업은행들의 가용자금이 줄어들게 되고 대출금리가 높아져서 통화량이 줄어듭니다.

지급준비율조작

고객이 은행에 맡겨둔 예금을 꺼내 쓰려 할 때 은행이 돈이 부족해 내주지 못한다면 어떻게 될까요? 은행의 신용은 땅에 떨어지고 신용질서는 혼란에 빠질 것입니다. 이런 일이 생기지 않도록 우리나라 은행들(곧 상업은행들=예금은행들)은 고객이 맡긴 예금 가운데 일정 비율을 고객이 요구하면 언제나 차질 없이 지급할 수 있도록 '지급준비금'이라는 명목으로 한국은행에 예금하세 되어 있습니다. 고객의 예금 가운데 어느 정도의 비율을 한국은행에 맡기느냐의 문제는 한국은행이 정합니다. 한국은행이 설정하는 은행의 지급준비금비율을 '지급준비율(줄여서 '지준율')'이라 합니다. 한국은행이 지급준비율을 올리면 은행들이 한국은행에 맡겨야 하는 예금이 늘어납니다. 그러면 은행에는 기업 등 고객에게 대출을 해주거나 채권 등 유가증권에 투자하는 데 쓸 자금이 줄어듭니다. 결국 은행을 매개로 한 시중 자금량이 줄어드는 효과가 생깁니다. 물론 지급준비율을 내리면 반대로 시중 자

금량이 늘어나는 효과가 생깁니다.

12 금융업구조조정

빅 뱅

빅뱅이란 큰 폭발을 의미합니다. 보통의 개혁이 자그마한 수준의 개혁이라면 빅뱅이란 대 폭발, 즉 혁명적인 수준의 개혁을 의미합니다. 어느 수준이 조그만 한 개혁이고, 어느 수준이 빅뱅이라는 절대적 기준이 있는 것은 아닙니다. 다만 최근의 금융권에서 몰아치고 있는 바람처럼 일찍이 상상하지 못했던 변화를 칭하는 용어입니다.

금융개혁의 전체적인 흐름은 '금리의 자유화', '은행의 인사권에 대한 정부의 불간섭', '금융기관간의 영역파괴' 등이 대표적인 예입니다. 쉽게 말해서 옛날에는 정부가 금리를 일일이 정하고, 은행의 인사에 대해서 일일이 간섭을 했습니다. 또 증권사, 투신사, 종금사, 은행 등의 영역이 정해져 있어 안정된 수익을 올릴 수 있었지만 지금은 그 영역이 파괴되고 고유영역을 없애겠다는 이야기입니다.

BIS비율

외환은행 헐값 매각이니 하는 뉴스를 들을 때 너무나 자주 등장한 용어라 우리에겐 익숙하군요. 이 말은 BIS가 정한 은행의 위험자산 대비 자기자본 비율을 뜻하는 말입니다.

BIS(Bank for International Settlement : 국제결제은행)가 정한 은행의 위험자산(부실채권) 대비 자기자본비율로 1988년 7월 각국 은행의 건전성과 안

정성 확보를 위해 최소 자기자본비율에 대한 국제적 기준을 마련하였습니다. 이 기준에 따라 적용대상은행은 위험자산에 대하여 최소 8% 이상의 자기자본을 유지하도록 하였습니다. 즉, 은행이 거래기업의 도산으로 부실채권이 갑자기 늘어나 경영위험에 빠져들게 될 경우 최소 8% 정도의 자기자본을 가지고 있어야 위기상황에 대처할 수 있다는 것입니다.

자기자본비율은 8% 이상이어야 하며 산출공식은 다음과 같습니다.

자기자본비율 = (자기자본/위험가중자산) × 100 > 8%

BIS 비율을 높이려면 위험자산을 줄이거나 자기자본을 늘려야 하는데 위험자산을 갑자기 줄이는 것은 불가능하므로 자기자본을 늘려 BIS 비율을 맞추는 것이 보통입니다. BIS 비율이 떨어지면 은행의 신임도 하락으로 고객이탈이 우려될 뿐만 아니라 은행 간 합병에서 불리한 입장에 처할 가능성이 크기 때문에 은행들은 BIS 비율 유지에 사활을 걸고 있습니다.

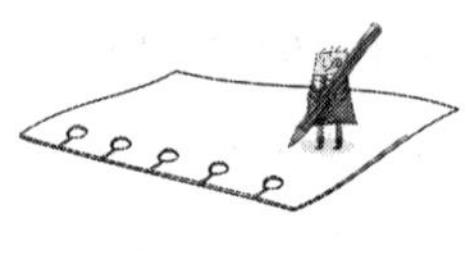

M·E·M·O

국제경제지식

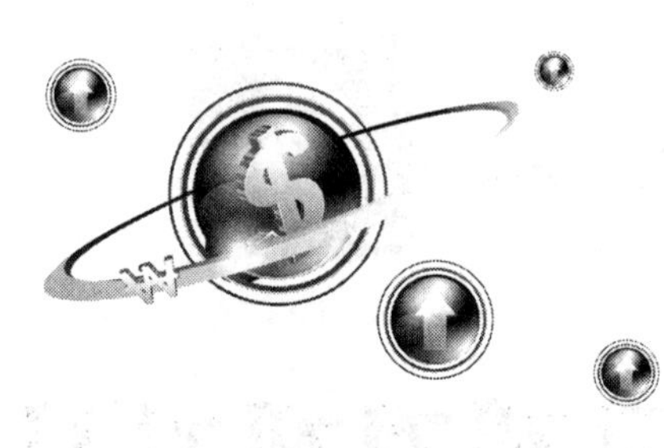

제 6 장
국제경제지식

1 세계화

세계화란

세계인이 한식구가 되는 것 그래서 서로 돕고 더불어 살아가는 것인가요?

글로벌리제이션(Globalization), 즉 세계화란 무역·자본자유화의 추진으로 재화·서비스·자본·노동 및 아이디어 등의 국제적 이동 증가로 인한 각국 경제의 통합화 현상을 지칭합니다.

레빗 교수에 의해 지칭된 이 용어는 '세계화'를 신기술의 발달로 미디어의 영역이 넓어져 세계가 좁아진다는 의미로 사용했습니다. 이로 인해 전 세계 소비시장에서 국경개념이 무너지고, 글로벌기업의 표준화된 제품이 휩쓰는 시대가 도래 할 것이라고 예고했던 것입니다. 미디어의 발달로 사람들

의 욕구나 수요가 균질화 되기 때문에 코스트 경쟁력을 갖춘 글로벌 기업이 소비시장을 석권할 것이라는 주장입니다.

이러한 무역 및 자본자유화를 중심으로 한 세계화의 추진은 세계경제의 성장에 기여하는 긍정적인 효과가 있는 반면 소득분배의 불균형 확대, 국제 금융시장의 불안정성 증가, 환경오염 등 부정적 효과도 유발합니다.

이에 따라 글로벌스탠더드는 결국 강자인 미국의 이익만을 대변, 약소국가들을 더욱 빈곤상태로 몰아넣고 있다는 비판도 커지고 있습니다. 이는 반세계화 시위로 표출됐으며 신흥시장들에서 세계화 브랜드의 배척으로 나타났습니다.

가끔 그런 생각을 해 봅니다. 담장이 없는 나라, 대문이 없는 나라를 그려봅니다. 그런 세상이 오면 얼마나 좋을까요? 하지만 지켜주어야 할 담장과 대문이 있습니다.

그러나 세계화는 예외를 인정하지 않습니다. 그 모든 것을 열어젖히라고 합니다. 두려울 것이 없는 강대국의 논리에 따라 우리는 지금 어린아이의 방마저 열어젖히고 있는지도 모릅니다. 세계화는 결코 장밋빛 환상이 아닙니다. 우리는 지금 생존의 위기에 처해 있습니다. 무엇보다도 현명한 세계화가 필요할 때라고 생각합니다.

세계화와 더불어 알아야 할 몇 가지 용어가 있습니다.

신흥시장이라는 뜻으로, 시대와 상황에 따라 각기 다양한 국가를 의미합니다. 기존의 경제강국이라 할 수 있는 서유럽, 미국, 일본 등의 나라를 제외하고 어떤 나라든지 이머징마켓(Emerging Market)의 주인공이 될 수 있습니다. 지금은 이머징마켓이라고 하면 한국과 중국을 비롯한 동남아시아, 동유럽, 남미 등의 신흥경제개발국을 뜻하는 말로 사용되고 있습니다.

자유무역협정(Free Trade Agreement)은 경제통합의 초보적인 형태라고 할 수 있습니다. 회원국간의 자유로운 무역을 위해 관세나 수량 제한 같은 각종 무역장벽을 철폐하는 것을 목적으로 합니다.

공동시장(Common Market)은 상품의 자유로운 이동뿐만 아니라 생산에 필요한 각종 생산요소, 즉 노동력과 자본의 자유로운 이동도 가능한 단계입니다.

완전경제통합은 경제통합의 최종단계입니다. 단일한 중앙은행, 단일한 화폐를 사용하며 경제적으로뿐만 아니라 정치적으로 통합된 형태입니다. 유럽연합이 최종적인 목표가 완전경제통합이라고 합니다.

자 그럼 준비되셨나요. 이제 달려갈까요? 아니 날아 가야줘 힘차게 세계를 향해...

2 아시아

일 본

우리에게는 가깝고도 너무 먼 나라로 느껴지는 나라 바로 일본입니다.

제2차 세계대전의 패전국이면서도 세계 최강의 경제대국으로 일어 선 나라입니다. 우리에게는 암울한 역사를 만들어 준 당사자들 이런 생각으로만 일본을 볼 수만은 없겠지요. 자 이제 간략하게나마 일본을 다시 볼까요. 일본경제는 1980년대에는 한마디로 축제의 기간이었습니다. 그렇다고 그 후 쭉 잘나가기만 했을까요. 우리나라가 88 서울 올림픽이후 경제 급성장한 1990년대의 일본 경제는 비참했다는 거 아시는지요.

한국전쟁과 월남전쟁을 밑바탕으로 1980년대에 일본은 많은 돈을 벌었습니다. 그래서 그 돈이 오히려 버블경제를 일으킨 거죠. 즉, 주식과 부동산 등 생산에 투자가 다시 일어나지 않고 투기에 열심인 나라가 되었습니다. 그렇게 하다 보니 1990년에 접어들면서 버블이 걷히기 시작했고, 많은 기업들이 하나 둘 문을 닫기 시작하여 금융기관까지 넘어지기 시작 했습니다. 금융기관이 쓰러지자 일본인들의 불안은 더욱 커질 수밖에 없었습니다. 이러면 앞서 익힌 것처럼 미래의 불안으로 인해 소비는 더욱 줄고 그나마 살아있던 기업들 또한 무너져 버렸습니다. 그나마 고유기술을 가진 몇몇 분야의 수출은 있었지만 일본의 경우 수출에 대한 의존도가 크지 않았기에 큰 도움이

되지는 않았습니다. 그러나 일본은 역시 달랐습니다. 정부의 각종 경기 부양책 등을 바탕으로 패전국에서 세계최강의 경제 대국으로 성장했던 일본 그들은 0%에 가까운 1990년대의 경제성장을 미감히고 2002 한일월드컵 기점으로 다시 재도약하기 시작하였습니다. 지금의 일본 우리가 늘 한쪽 눈을 감고 째려보는 나라가 아닌 두 눈 크게 뜨고 지켜보고 경계해야 할 나라임은 분명한 것 같습니다. 비록 기분은 나쁠지라도 배우고 익히고 가질 것을 가질 수 있는 그런 우리가 되어야겠습니다.

읽을 거리

엔 캐리트레이드(Yen Carry Trade)란? 2000년대 초반의 일본금리는 0%였습니다. 그래서 나온 말이 제로금리였습니다. 만약 일본에서 0%의 금리로 돈을 빌리고, 금리가 5%~10%가 되는 다른 나라에서 돈을 굴리면 어떻게 될까요? 가만히 앉아서 떼돈을 벌 수 있습니다.

엔 캐리트레이드(Yen Carry Trade)는 그렇게 해서 나온 말입니다. 금리가 낮은 일본에서 엔(일본 돈)을 빌리고, 다른 나라로 옮겨서(carry) 돈을 굴린다는 뜻이죠. 물론 환율이 원하지 않는 방향으로 변동하면 손실을 볼 수도 있습니다. 하지만 일본의 금리와 다른 나라의 금리 차이가 심하게 크다면 충분히 해볼 만한 거래인 것입니다.

지난 수년간 전 세계의 부동산 가격이 폭등한 중요한 원인의 하나로 지목되는 것이 엔 캐리트레이드 자금입니다. 엔 캐리트레이드 자금은 적게는 몇천억 달러부터 많게는 1조 달러까지 될 것으로 예측되고 있습니다.

중 국

중국이란 나라 이제는 무섭기까지 하네요. 세계1위의 인구 대국 세상의 중심이 자신들이라 믿으며 중화를 외쳤던 그들입니다. 만만디라 하여 매사에 일을 느리게 처리하던 그런 나라는 이제 더 이상 중국이 아니라 봅니다.

지금의 중국의 경제성장 세계의 공장화가 되어 중국제품이 없이는 하루도 살기 어렵다는 말이 나오고 있습니다. 여기에 전 세계로 진출해 있는 수천만 화교의 힘까지 합쳐진다면 그 인적 네트워크만으로도 전 세계를 움직일 수 있는 거대한 힘을 가진 국가임은 부인하기 어렵습니다. 더욱이 이 수천만의 화교는 동남아국가의 경제를 손에 쥐고 있다고 합니다. 중구본토의 엄청난 인구와 화교 그리고 얼마 전부터 시작했지만 이미 세계의 공장으로 우뚝 선 중국 우리가 어떻게 이들과 함께 세계화를 준비해야 할지 진정 현명한 판단을 하면서 우리가 오히려 만만디라는 소리를 듣지 않게 더욱 열심히 뛰어야만 한다고 생각합니다.

3 아메리카 대륙

미 국

세계최강하면 누구나 미국을 뽑습니다. 경제뿐만 아니라 군사에서도 최강이니까요. 그런 미국도 1980년대에는 일본에 밀려 한 때는 종이 호랑이라는 소리를 들었습니다. 이 때 많은 사람들이 세계최강이 일본이 될 것이라고 예측하기도 하였습니다. 그렇지만 미국은 절대 종이호랑이가 아니었습니다. 1990년대 일본의 버블경제로 쇠퇴의 길을 걸을 때 미국은 다시 진짜 호랑이로 거듭 났습니다. 엄청난 속도의 경제성장에도 물가는 안정적으로 유지 되었으며, 일자리를 골라 가야 할 만큼 일자리 또한 풍부해 졌습니다. 이렇게 되기까지는 여러 원인 들이 있겠지만 그중 IT를 바탕으로 한 실리콘밸리와 수많은 기술혁신과 이를 받침해 준 많은 벤처기업들이 주인공 자리를 차지해야 할 것입니다. 여기에 적극적인 정부의 경제정책 그리고 늪에 빠진 1980년대에 고통을 이겨내기 위한 과감한 구조조정 등이 모두 원인이 되었습니다.

읽을거리

▶ 서브프라임 모기지 [Subprime mortgage]

서브프라임(subprime)은 프라임(prime)의 아래 있는 비우량 주택담보대출을 의미한다. 미국의 주택담보대출은 신용등급에 따라 프라임(prime), 알트에이(Alt－A), 서브프라임(subprime) 등으로 구분됩니다. 서브프라임 모기지는 프라임 모기지에 비해 2~4%p 가량 대출금리가 높고, 일반적으로 신용점수 620점 이하인 개인에게 적용된다. 만기는 대부분 30년이며, 처음 2년은 고정이자율이 적용되고 이후에는 일반 금리와 연동되는 '2/28' 상품이 널리 보급되었습니다. 서브프라임 모기지는 주택을 추가로 구매하려는 투자수요자들이 많이 이용했습니다. 자기 집 이외에 2~3채 투자물건 대출에 많이 이용되어 금리상승이나 가격하락의 예상으로 기대수익성이 약해지면 투자를 포기하는 방식입니다.

또한 모기지는 증권화 되어 다양한 금융상품으로 유통되었고 이 과정에서 모기지 회사는 대출재원을 마련했습니다. 모기지 회사는 주택대출자에게 주택을 담보로 돈을 빌려주고, 이 채권을 다시 금융회사에 판매하여 대출재원을 마련했습니다. 모기지 채권을 구매한 금융회사는 유동화과정을 거쳐 증권화하고, 이는 투자자들에게 펀드로 구성되어 판매되었습니다. 모기지 채권이 다양한 펀드로 재구성되어 유통되므로 대출상환의 연체와 채무불이행이 늘어나게 될 경우 주택시장뿐만 아니라, 금융시장, 자본시장 등으로 영향이 파급되었습니다.

출처: 경제학사전, 박은태 편, 2011, 경연사

▶ 역모기지론(Reverse Mortgage Loan)

모기지론(주택담보대출)은 집 없는 사람들이 집을 살 때 이용하는 것입니다. 그런데 역모기지론(Reverse Mortgage Loan)은 기존에 집이 있는 사람들이 이용합니다.

쉽게 말해서 집이 한 채 있는 어르신이 계십니다. 그런데 이분은 소득이 없습니다. 이때 이용할 수 있는 것이 역모기지론입니다. 주택을 담보로 잡히고 매월 일정한 금액을 연금 형식으로 받는 것이죠. 나중에 이분이 돌아가시면 주택은 대출을 해준 금융기관의 소유가 됩니다. 금융기관은 이때 집을 팔아서 대출원금과 이자를 회수합니다.

그러나 2007년에 발생한 서브프라임 모기지(subprime mortgage) 사태는 미국의 TOP 10에 드는 초대형 모기지론 대부업체가 파산하면서 시작된, 미국만이 아닌 국제금융시장에 신용경색을 불러온 연쇄적인 경제위기에 빠져들었습니다. 이로 인해 우리나라도 정말 힘든 시간을 보내고 있습니다. 이제 어떻게 이 난국을 해쳐나갈지 우리 머리 싸매고 연구에 연구를 해 봅시다.

4 유 럽

유 럽

몇 해 전 저는 유럽을 다녀올 기회가 있었습니다. 말로만 듣던 유럽 학창시절 세계사 교과서에서나 본 아주 먼 나라가 제 눈앞에 펼쳐 질 때 아, 학창시절 세계사 공부를 조금 열심히 해서 좀 기억나는 게 있었으면 좋을 텐데 하는 후회를 한 적이 있었습니다. 한 때 전 세계를 식민지로 만들어 갔던 그들의 찬란하고 화려한 문화는 역시 하루아침에 이루어 진 것이 아니더군요. 그런 유럽의 국가들이 지금은 세계 최강소리를 듣지 못한다고 종이호랑이가 되었을까요? 비록 미국, 일본, 중국 등 새로운 강적들에 가려 그 위상이 작아 졌지만 그들은 가만히 있지만은 않을 것 같습니다. 그것이 바로 통화를 통한 경제통합입니다. 이것은 그들이 하나로 똘똘 뭉쳤다는 상징적 의미를 가집니다. 즉, 대부분 유럽은 국가 사이에 국경검문이 없습니다. 국경도 상관없이 일하고 장사하여 돈을 벌겠다는 거죠. 그래서 예전의 세계의 주인이었던 영화를 다시금 되차지하겠다는 거겠죠. 1999년 통화통합을 위해 각국이 고실업이라는 엄청난 비용을 치르면서 까지 21세기를 준비했습니다. 고통 없이 무엇이 쉽게 얻어지지는 않습니다. 무섭게 다시 무장해 세계를 움직일 유럽 지금 우리는 결코 가만히 있을 수만은 없습니다.

5 국제기구

국제통화기금

제2차 세계대전이 끝난 뒤 미국은 세계 최강국이 되었습니다.

세상에서 자기보다 힘이 센 나라가 없었던 겁니다. 거기에다가 하나 더 가지고 싶은 게 있었습니다. 미국은 경제적으로도 세계에서 최고를 영향력을 발휘하고 싶었던 것이지요. 그래서 등장한 기구가 있습니다.

우리에겐 IMF로 더 익숙한 국제 통화기금입니다. 국제통화기금[International Monetary Fund]은 세계무역 안정을 목적으로 설립한 국제금융기구입니다.

설립목적은 세계무역의 안정된 확대를 통하여 가맹국의 고용증대, 소득증가, 생산자원 개발에 기여 뭐 그런 것이고요. 주요활동은 외환시세 안정, 외환제한 제거, 자금 공여 등의 일을 합니다.

1944년 체결된 브레턴우즈협정에 따라 1945년에 설립되어, 1947년 3월부터 IBRD(International Bank for Reconstruction and Development : 세계은행)와 함께 업무를 개시한 국제금융기구입니다. 이 두 기구를 총칭하여 브레턴우즈기구라고도 하며, 약칭이 IMF(International monetary Fund : 국제통화기금)입니다. 2008년 현재 가맹국은 185개국이며, 본부는 미국 워싱턴에 있습니다.

그런데 이런 좋은 목적의 기구에 한 가지 아쉬운 게 있습니다. 뭘까요? 국제통화기금의 운영방식을 가만히 뜯어보면 미국의 이익을 쫓을 수밖에 없습니다. 국제통화기금은 돈을 낸 만큼 투표권, 즉 의결권이 있습니다. 미국은 국제통화기금에 약 18%의 돈을 내고 있습니다. 그렇기 때문에 18%의 의결권이 있습니다.

"100% 중에서 겨우 18%의 투표권 밖에 없는데 어떻게 미국의 이익을 쫓느냐"고요? 이유는 간단합니다. 국제통화기금이 어떤 행동을 취할 경우에는 83%의 찬성이 있어야 합니다. 그런데 18%의 투표권을 미국이 가지고 있으니 다른 모든 나라가 힘을 합쳐도 83% 는 절대로 안 나옵니다. 다른 모든 나라들이 무엇을 하고 싶어도 미국이 반대하면 끝입니다. 이렇게 되어 있으니 국제통화기금이 미국의 이익을 좇을 수밖에 없는 것입니다. 좀 치사하다는 생각도 들지요.

세계은행

IBRD[International Bank for Reconstruction and Development]라고 합니다. 국제연합(UN) 산하의 국제 금융기관입니다.

설립목적은 경제 및 사회발전에 기여, 국제무역, 국제수지 균형, 기술원조 제공에 있고요.

국제부흥개발은행의 약칭으로 세계은행(World Bank)이라고도 합니다. 1944년 브레턴우즈협정(Bretton Woods Agreement)에 따라 국제연합의 전문기관으로서 제2차 세계대전 후 각국의 전쟁피해 복구와 개발을 위해 1946년에 설립되었습니다.

주로 개발도상국의 공업화를 위해 융자를 해주고 있는데 5~6%의 이율로 융자조건이 엄격해 융자대상은 선진국과 중진국이 많다. 융자를 받기 위한 조건은 ① 차입자가 외화로 상환할 수 있는 능력이 있어야 하며 ② 융자대상이 되는 개발계획이 실행가능 해야 하고 ③ 정부 이외의 차입자에게는 정부보증이 있어야 합니다.

IBRD와 그 자매기구인 IDA(국제개발협회), IFC(국제금융공사), MIGA(국제투자보증기구)를 묶어서 흔히 세계은행이라고도 부릅니다.

세계무역기구

제2차 세계대전이 끝난 후 미국이 돈을 쥐어 잡기 위해 만든 것이 IMF라

면 실물의 거래를 쥐어 잡기 위해서 만든 것이 GATT(General Agreement on Tariffs and Trade : 관세와 무역에 관한 일반협정)입니다.

그러나 GATT은 일반 협정이라 구속력이 없다는 단점이 있습니다. 그래서 WTO를 만든 거지요. 이 WTO(World Trade Organization : 세계무역기구)는 바로 이러한 우루과이라운드(UR)의 타결결과를 감시하고, 또 기존의 GATT가 국제기구가 아니라 협상인 관계로 가지지 못했던 국제무역분쟁의 중재권과 강한 구속력을 부여 받고 출범한 기구입니다.

주요활동으로는 국가간 경제분쟁에 대한 판결권과 그 판결의 강제집행권 이용, 규범에 따라 국가간 분쟁이나 마찰 조정입니다.

OECD

"OECD(Organization for Economic Cooperation and Development)." 경제발전과 세계무역 촉진을 위하여 발족한 국제기구입니다. 경제협력개발기구라고도 합니다. 제2차 세계대전 뒤 유럽은 미국의 유럽부흥계획(마셜플랜)을 수용하기 위해 1948년 4월 16개 서유럽 국가를 회원으로 유럽경제협력기구(OEEC)를 발족하였고, 1950년에는 미국·캐나다를 준회원국으로 받아들였습니다. 1960년 12월 OEEC의 18개 회원국 등 20개국 각료와 당시 유럽공동체(EEC : 유럽경제공동체), 유럽석탄철강공동체(ECSC), 유럽원자력공동체(EURATOM)의 대표가 모여 경제협력개발기구조약(OECD조약)에 서명함으로써 OECD가 탄생하였습니다. 선진국들의 친목 단체쯤으로 보시면 상관이 없습니다.

그렇다고 완전히 무시할 수는 없는 단체입니다. 선진국들의 친목 단체인 만큼 세계경제에 대한 입김이 세고, 모여서 이야기하고 향후 세계경제의 중요한 관심사가 되는 경우가 많이 있기 때문에 결코 무시 할 수 없는 친목단체죠.

G7, G8, G20

1973년 제1차 석유 파동과 그 여파에 따른 불경기에서 시작되었습니다. 1975년, 프랑스 대통령 발레리 지스카르데스탱이 주요 서방 선진 6개국의 정상들을 랑부예로 초청하여, 정기적인 모임을 제안했습니다. 참가국들은 이 제안에 동의하고 돌아가며 의장국을 맡으며 해마다 모임을 갖기로 하였습니다. 이 모임이 G6(Group of Six)으로, 미국, 서독, 영국, 이탈리아, 일본, 프랑스로 구성되었습니다. 다음 해인 1976년 푸에르토리코에서 열린 모임에는 미국 대통령 제럴드 포드의 초청으로 캐나다가 참여하면서 G7(Group of Seven)으로 부르게 되었습니다. 1991년, 냉전 구도가 해소되면서 소비에트 연방(현 러시아)가 G7 회의 이후에 열린 모임에 참여하기 시작하였습니다. 1994년 나폴리 회의부터는 이 모임을 'P8(Political 8)' 또는 'G7+1' 모임이라고 불렀습니다. 1998년 영국 버밍엄 회의에서 정식으로 참가하면서 G8이 결성되었습니다. 러시아의 경제 사정 때문에 재무 장관 회의에는 러시아가 배제되었습니다. G7은 이 재무 장관 회담을 가리키는 용어로 쓰이기도 합니다. G20은 1999년 9월에 개최된 국제통화기금(IMF) 총회에서 G7과 신흥시장이 참여하는 기구를 만드는 데 합의하여 같은 해 12월 창설되었습니다. 'G'는 영어 '그룹(group)'의 머리글자이고, 뒤의 숫자는 참가국 수를 말합니다. 회원국은 미국·프랑스·영국·독일·일본·이탈리아·캐나다 등 G7에 속한 7개국과 유럽연합 의장국에 한국을 비롯한 아르헨티나·오스트레일리아·브라질·중국·인도·인도네시아·멕시코·러시아·사우디아라비아·남아프리카공화국·터키를 포함하는 신흥시장 12개국을 더한 20개국 입니다. 유럽연합 의장국이 G7에 속할 경우에는 19개국이 됩니다. 1999년 12월 독일에서 첫 회의가 열린 이래 매년 정기적으로 회원국의 재무장관과 중앙은행 총재가 회담하다가 세계적 금융위기 발생을 계기로 2008년부터 정상급 회의로 격상되었습니다. 회의의 주요 내용은 국제금융의 현안이나 특정 지역의 경제위기 재발 방지책, 선진국과 신흥시장간의 협력체제 구축 등이며, IMF·세계은행(IBRD)·유럽중앙은행(ECB)·국제통화금융위원회(IMFC)가 옵서버 자격으로 참가합니다. 종전에는 G7이 대개 1년에 한 차례 정상회의를 열어 세계의 경제 문제

를 논의하였으나, 1997년 아시아의 외환위기를 맞아 선진 7개국의 협력만으로는 위기를 해결하기 어렵다는 한계에 부딪쳤고, 중국·인도 등 정치적·경제적으로 성장한 신흥국들이 포함되지 않아 대표성이 결여된다는 문제점도 제기되었습니다. 이에 따라 IMF 회원국들 가운데 가장 영향력 있는 20개국을 모은 것이 G20이다. G20 국가의 총인구는 전세계 인구의 3분의 2에 해당하며, 20개국의 국내총생산(GDP)는 전세계의 90%에 이르며, 전세계 교역량의 80%가 이들 20개국을 통하여 이루어질 정도로 세계 경제에서 큰 비중을 차지합니다. G20은 5개 그룹으로 나뉘는데, 미국·캐나다·사우디아라비아·오스트레일리아가 1그룹, 러시아·인도·터키·남아프리카공화국이 2그룹, 브라질·아르헨티나·멕시코가 3그룹, 영국·프랑스·독일·이탈리아가 4그룹, 한국을 포함한 일본·중국·인도네시아가 5그룹입니다. 별도의 사무국은 없으며, 의장국이 1년간 사무국 역할을 합니다. 제5차 정상회의는 2010년 11월 한국의 서울에서 개최되었습니다.

([출처] G20 [Group of 20] | 네이버 백과사전)

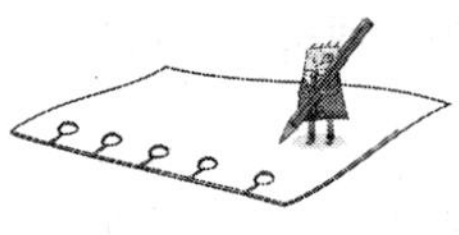

M·E·M·O

산업지식

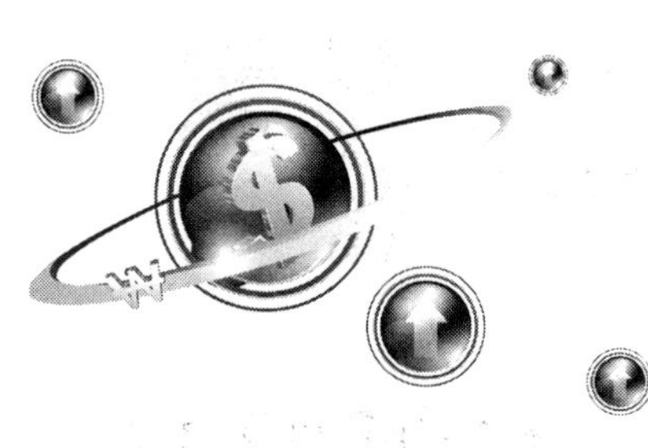

제 17 장
산업지식

1 산 업

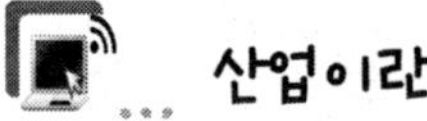

산업이란

산업, 산업구조, 산업분류의 차이는 무엇일까요.? 언뜻 생각하면 알 것도 같은데 진지하게 생각하면 아리송한 것이 사실입니다. 억지로라도 구분한다면 다음과 같습니다.

산업이란 뭔가를 만드는 행위 자체를 가리키는 말 즉, 생산하는 일을 줄인 말 입니다. 산업분류란 생산하는 일을 비슷한 것끼리 구분하기 좋게 모은 것입니다. 산업구조란 각종 산업들의 형태를 말합니다. 다른 말로 산업구조는 생산방법, 생산액, 국민경제에서 차지하는 비중 등을 말합니다.

좀 더 쉽게 설명하면, 산업분류란 비슷한 산업끼리 분류하는 것이고, 산업

구조란 각 산업의 내부 형태를 보는 것입니다. 예를 들어 어떤 식으로 공장이 돌아가고, 어떤 식으로 물건을 팔고 등등 이러한 것들을 산업구조라고 합니다.

경제뉴스에서는 각종산업을 정보통신, 섬유, 석유화학, 자동차, 반도체 등으로 여러 분야로 분류해서 보도를 합니다. 그렇지만 경제뉴스의 산업면에서 이러한 산업전체와 관련된 보도는 찾기 어렵습니다. 보통의 경우 개별기업 차원의 관련된 보도만 나오기 때문에 상관이 없는 업종이나 기업의 보도는 관심을 두지 않는 경우가 대부분입니다. 그러나 주식에 관심이 있는 분이라면 꼭 관심을 가지셔야 합니다.

하나 더 여기서 참고로 산업면에 실린 보도는 이상하게 들릴지는 모르지만 가능하면 그대로 받아들이지 말라는 것입니다. 경제뉴스에 등장하는 산업관련 보도는 대부분 똑같기 때문입니다. 방송사, 신문사가 다르고, 보도, 취재하는 기자도 다른데 불구하고 보도의 내용은 거의 똑같습니다. 아마도 개별기업의 상황이나 제품을 기자들이 일일이 알 수 없으니 해당기업에서 배포하는 자료를 그대로 인용하는 것 같습니다.

2 산업의 종류

산업기초

산업의 기초 지식을 다지기 위해 경제 관련 뉴스를 보는 것은 큰 공부가 됩니다. 경제뉴스 산업면에 보도를 보기 위해서는 경제적인 실력은 물론 산업 각 분야에 대한 실력이 뒷받침 되어야 합니다. 어떻게 보면 경제학 전공자 보다 타과 전공자가 더 잘 이해 할 수 있는 부분이 바로 산업면입니다.

제강, 제철, 나프타, 폴리에스테르… 경제학 전공자가 무슨 말인지 알겠습니까? 여기저기 지식검색 하고 해보아도 잘 이해가 안 되는 부분입니다. 그래서 내 전공도 아닌데 하면서 포기하려다가 이걸 알아야 기업을 알고 그 기업이 무슨 일을 하는지 알아야 주식을 알 수 있다고 합니다. 여기서는 앞으로의 공부를 위해 기초적인 지식만을 배우겠는데요, 류대현씨의 '경제기사랑 친해지기'에 산업기사 내용을 그대로 소개하겠습니다.

섬 유

섬유는 쉽게 말해서 실과 같은 말입니다. 결국 섬유업이란 실과 관련된 산업이라고 보면 별로 무리가 없습니다. 즉 섬유업이란 목화나 화학물질로 실을 만들고, 그 실을 가지고 옷감을 만들고, 이것을 다시 짜깁기해서 옷을 만드는 산업이라고 할 수 있습니다.

이때 목화로부터 실과 옷감을 만드는 산업을 면방업, 화학을 이용해 나일론 같은 화학 섬유로 옷을 만드는 화섬업 등이 있습니다. 면방이나 화섬업 이외에도 짐승의 털로 옷을 만드는 모방업이나 인공가죽으로 옷이나 가방을 만드는 피혁업이 있기는 하지만 이들이 섬유업에서 차지하는 비중은 얼마 되지 않기 때문에 면방업과 화섬업에 대한 공부만 하도록 하겠습니다.

면방업은 1970년대에 한국경제를 짊어지고 한참 잘나갔지만 지금은 목소리조차 재대로 내지 못하고 있습니다. 특히 동남아나 중국 등의 저가 공세와 인력난에 부딪혀 고전을 면치 못하고 있습니다.

화섬업은 사양산업으로 취급되고 있는 섬유업 중에서 나름대로 한 목소리를 내고 있는 분야입니다. 화섬업은 앞에서 간략하게 살펴보았듯이 석유화학산업으로부터 카프로락탐, TAP, EG 등의 원료를 공급받아서 나일론, 아크릴, 폴리에스테르 섬유를 만드는 산업으로 특히 폴리에스테르 분야는 세계적인 수준이라고 합니다.

한편 경제뉴스를 보면 장섬유와 단섬유라는 말이 나오는데 장섬유는 엄청나게 긴 섬유, 즉 엄청나게 긴 실을 말하는 것이고, 단섬유란 짧은 실을 뜻하는 말입니다. 주로 목화 같은 천연섬유는 실이 짧은데 이런 것을 단섬유라고 합니다. 단섬유를 길게 만드는 것을 어려운 말로 방적이라고도 합니다.

어쨌든 간에 화섬업의 경우는 중국의 수요가 절대적인 비중을 차지하므로 중국이 경제성장과 밀접한 관계를 맺고 있고, 면방업보다는 기술이 필요로 하는 분야로서 아직까지는 후발 개도국의 맹공에서부터 안전하다고 합니다.

반도체

반도체 업종은 반도체와 관련된 업종입니다. 최소한 이 글을 읽고 계신 분이라면 반도체가 무엇인지는 알고 계실 겁니다. 자세한 작동원리야 모르겠지만 어떻게 생겼는지는 알고 계실 겁니다. 반도체 업종은 바로 그 반도체와 관련된 산업입니다.

반도체는 크게 보아서 메모리 반도체와 비메모리 반도체로 나누어집니다. 우리나라에서 만들고 있는 것은 메모리 반도체이고, 메모리 반도체에 관한 한 세계최강입니다. 그런데 문제는 메모리반도체는 돈이 안 되고, 우리나라가 최고의 생산국가 이지만 가격을 마음대로 결정할 수 없다는 것입니다. 또 앞으로의 성장성도 그렇게 낙관적이지 않고, 높은 기술력도 필요 없어 다른 나라가 쉽게 따라 올 수 있다는 것입니다.

반면에, 비메모리 반도체는 기억을 위해 만든 메모리 반도체와는 달리 계산을 하기 위해 만든 반도체입니다. 컴퓨터의 CPU(중앙처리장치)가 대표적인 예입니다. 비메모리 반도체는 돈이 되고, 성장성도 있지만 높은 기술력을 필요로 하기 때문에 우리와는 별로 상관이 없습니다. 슬프게도!

한편, 반도체업종은 정보통신업종과 함께 우리나라에서 차지하는 비중이 너무나 크고, 또 성장성이 있는 산업이라서 경제신문은 총 2~3면을 차지하는 산업면 중에서 1면을 특별히 정보통신면으로 할애하고 있습니다.

철 강

산업면 중에서 가장 만만하고 쉽게 이해 할 수 있을 것 같지만 막상 덤벼보면 가장 암울한 것이 제철산업, 즉 철을 만드는 산업입니다. 간략하게나마 철을 만드는 과정을 살펴보겠습니다.

첫 번째 단계는 제철공정이라고 해서 철광석으로부터 철을 분리하는 공정입니다. 일단 철광석(철이 들어 있는 돌멩이)을 용광로에 넣고 팔팔 끓입니다. 이때 용광로에는 석회석이나 코우크스를 함께 넣는데 석회는 불순물을 제거하는 작용을 하게 되고, 코우크스는 열을 내는데 사용되게 됩니다. 이렇게 되면 철광석으로부터 철이 불리 되는데 이때 분리된 철을 특별히 선철이라고 하는데 아직 불순물이 많고 깨지기 쉬워서 직접 사용하지 않고 강한 철, 즉 강철로 만드는 제강공정을 거치게 됩니다.

제강공정에서는 선철과 고철 그리고 플럭스라고 하는 것을 제강로에 넣고 다시 팔팔 끓입니다. 이때 제강로는 열을 내는 방법에 따라 전기로, 전로, 고로 등으로 나누어집니다. 어느 정도 팔팔 끓이면 드디어 강철이라고 하는 것이 만들어 지게 되는데 강철에 포함되어 있는 탄소의 양에 따라 무쇠, 탄소강, 주철들로 나누어지게 됩니다. 또 탄소이외에 규소나 망간 등을 넣은 것을 특수강이라고 합니다.

한편 이러한 강철은 커다란 덩어리로 만들어지는데 세 번째 공정인 압연공정을 거치면 최종적인 모양을 갖춘 제품이 됩니다. 압연공정은 열간압연과 냉간압연이 있는데 열간압연은 가열로라는 데서 1200도 이상으로 가열해서 제품을 만드는 것이고, 냉간압연이란 열간압연공정을 거친 것을 한 번 더 눌러서 매끄럽게 처리한 것입니다.

열연강판이라고 하면 열간압연까지 거친 강철판을 이야기 하는 것이고, 냉연강판이란 냉간압연공정까지 거친 강철판을 이야기합니다. 이밖에도 후판, 강관, 철근 등의 용어가 나오기도 하는데 강관이란 강철로 만든 파이프를 철근이란 누구나 아는 거니까 생략하고, 후판은 나도 모르니까 생략하고 …….

대충 제철산업의 과정을 살펴보았습니다만 이 정도만 아셔도 제철관련

보도를 읽는 데는 별로 무리가 없을 겁니다. 우리나라의 제출 산업은 나름대로 목에 힘을 주고, 특히 포항제철은 자타가 공인하는 회사랍니다.

제철산업은 여러분도 아시겠지만 각 산업의 원료를 제공하는 소재산업으로서 전방에서 철을 수요로 하는 산업, 즉 조선이나 자동차, 건설업이 어느 정도로 잘 나가느냐에 따라 많은 영향을 받습니다. 자동차, 건설업 등이 피를 보면 철을 사용할 필요가 없기 때문에 제철산업도 죽을 수고, 자동차, 건설업 같은 전방수요산업이 잘 나가면 제철산업도 잘나가게 됩니다.

한편 제철산업은 원재료의 대부분을 수입하기 때문에 국제적인 원자재 시세의 영향을 많이 받는다고 합니다.

유 화

석유화학업종은 글자를 보면 알 수 있듯이 석유와 관련이 있는 업종입니다. 석유와 구체적으로 어떤 관련이 있는가 하면 글자를 보면 알 수 있듯이 화학적으로 관련이 있는 업종입니다.

농담 같지도 않은 농담은 그만하고 진지하게 석유화학에 대해서 설명 드리겠습니다. 석유화학은 석유를 화학적인 처리 공정을 해서 여러 가지 상품을 만드는 업종입니다.

석유화학에서 만드는 주요제품은 에틸렌, 합성수지, 합성고무, 합섬원료 등이 있습니다. 에틸렌이란 석유화학제품을 만드는데 가장 많이 사용되는 원료로 보시면 됩니다. 즉, 석유로 부터 에틸렌을 만들고, 이 에텔렌으로 합성수지와 같은 상품을 만든다고 보시면 됩니다. 합성수지는 플라스틱과 비슷한 것으로 우리나라 석유화학산업에서 절대적인 비중을 차지하고 있는 것입니다. 합성고무는 화학적인 합성을 통해 만든 고무로서 타이어 등의 원료로 사용되어 집니다. 합섬원료란 합성섬유의 원료를 가리키는데 화학섬유(나일론 따위)를 만드는 원료로 사용 된 것으로 카프로락탐, TPA 등이 있습니다. 카프로락탐이 무엇인지는 저도 모릅니다. TPA가 무엇인지는 당연히 모릅니다. 그러니 각자 알아서 하십시오.

석유화학업종이 무엇을 하는 업종인지는 대충 아셨겠죠? 뭔 말인지 모르면 석유를 가지고 고무나 플라스틱 같이 모든 산업에서 필요한 기초 원료를 만드는 업종으로 이해하시면 별로 무리가 없습니다.

그런데 문제는 우리나라가 만드는 석유화학 제품들은 대개가 돈 만 있으면 누구나 만들 수 있는 상품입니다. 아프리카의 이름 없는 나라도, 중남미의 후진국도 돈만 있으면 누구나 만들 수 있을 만큼 간단한 상품들입니다. 실제로 동남아가 석유화학공장을 떼거리로 지으면서 자체생산시작하고, 석유가 남아돌아서 걱정인 산유국들이 석유화학공장을 대거 건설하면서 우리나라 석유화학산업은 커다란 위기에 처해있습니다.

하루빨리 영양가 있고, 돈도 되는 정밀화학(약품이나 도료, 쉽게 말해 페인트 같은 것)제품위주로 세계시장을 두드려야 된다는 것은 알고 있지만 정밀화학은 상당한 기술이 필요한데 우리는 해 놓은 게 없기 때문에 문제라고 합니다.

조 선

조선업은 배와 관련된 업종입니다. 즉 배를 만드는 업종입니다. 대우중공업, 삼성중공업, 현대중공업, 한라중공업 등이 바로 배를 만드는 회사입니다. 물론 이들 회사가 배만 만드는 것은 아니고 각종 중장비도 만듭니다. 중공업의 뜻이 부피에 비해 무거운 공업을 가리키는 것이니까 포크레인처럼 무거운 것은 당연히 이들 회사에서 만든 답니다.

우리나라 조선업은 일본과 함께 세계시장을 양분하고 있는데 굳이 일본과의 차이를 든다면 우리나라는 돈 안 되는 배를 만든다는 것입니다.

예를 들어 우리나라는 유조선같이 단순 무식한 제품을 만드는 데 일본은 유조선은 물론이요 타이타닉 같은 미적 감각과 내부 인테리어 기술도 있어야 하는 여객선을 만든다는 것입니다.

조선업의 시장 사황은 지금은 잘 나가고 있는데 1998년 초에는 죽을 쑤었습니다. 한라중공공업이 넘어지면서, 외국의 구매자들이 한국의 조선업에

불안을 느끼고 주문을 하지 않고 그나마 주었던 돈 마저 회수하기 시작했기 때문이죠.

자동차

자동차산업이 무엇을 하는 업종인지 모르는 갑갑한 백성은 없을 겁니다. 자동차 산업이란 글자 그대로 자동차와 관련된 업종입니다. "오늘수업 끝!" 이라고 하면 쇠파이프 들고 저희 집으로 찾아 올 분들이 꽤 된다는 정보기관의 첩보에 따라 진지하게 진도를 나가겠습니다.

자동차는 크게 보아서 승용자동차와 상용자동차가 있는데 승용자동차는 우리가 잘 아는 자가용을, 상용자동차는 사업용으로 사용하는 덤프트럭 같은 자동차를 말합니다. 승용자동차가 주로 경기가 좋아져서 노동자의 주머니가 두둑해지면 잘 팔린다면, 상용자동차는 정부의 경기부양책이나 부동산시장이 활성화 되면 잘 나간다고 합니다.

자동차 산업은 규모의 경제가 적용되는 대표적인 산업입니다. 규모의 경제란 덩치가 크면 클수록 생산원가가 낮아지고, 생산성도 높아지는 것을 말합니다. 대체로 자동차 연간 생산이 200만대 이상을 넘어가야 규모의 경제가 가져다주는 달콤한 열매를 따 먹을 수 있다고 합니다. 우리나라 자동차 업체 중에는 연간 생산량이 200만대를 넘어가는 곳이 없다고 합니다. 쉽게 말해 구멍가게 수준에서 장사를 한다는 이야기 입니다. 이럼에도 불구하고 작은 국내 시장을 자그마치 5업체가 뛰어 들어 쇼를 하고 있었습니다. 결국 빅딜이라는 이름으로 쌍용자동차와 삼성자동차, 기아 자동차가 역사 속으로 사라지고 연간 200만대 생산의 자동차업체가 탄생하게 되었습니다. 그렇다고 200만대만 생산하면 기술력도 저절로 생기고 국제시장에서 멋지게 한탕을 할 수 있느냐? 슬프지만 아닙니다.

우리나라 자동차 업체가 국제시장에서 명함을 내밀고 있는 것은 주로 소형차 입니다. 일단 대형차 보다 돈이 안 된다는 단점이 있고, 한국자동차의 성능에도 외국인들은 많은 의문을 가지고 있다고 합니다. 해외에만 나가면

애국자가 된다는 말이 있는데도 불구하고, 해외동포들이 절대로 한국산 자동차를 구입하지 않는다는 사실은 무엇을 의미 하겠습니까?

자동차 업체에 다니시는 분들 힘을 내셔서, 우리도 BMW나 벤츠 같은 차를 만들어서 목에 힘 한 번 주어 봅시다. 한국자동차 화이팅!

기 계

기계는 크게 보아서 전기기계, 수송기계, 정밀기계, 금속제품, 일반기계 등으로 나누어집니다. 전기기계는 가정에서 서는 전기기계나 통신용 기계를, 수송기계는 자동차나 배를, 정밀기계란 시계나 의료기기를, 금속제품이란 작업공구나 각종 기계부품을 가리키는 말입니다. 하지만 이들 기계는 그렇게 산업에서 차지하는 비중이 작지 때문에 흔히 기계업종이라고 하면 일반기계를 가리킵니다.

본격적으로 일반기계에 대해서 알아보겠습니다. 일반기계는 공작기계와 산업기계로 다시 나누어지는데 공작기계는 글자 그대도 기계를 만드는 기계를 말합니다. 공업시간에 배운 선반 같은 것을 가리키는 말이죠. 산업기계란 각종 건설중장비나 자동화기계, 또는 로봇같은 우리가 알고 있는 일반적인 기계를 가리키는 말입니다.

대충 기계산업에 대해서 살펴보아서 알겠지만 기계산업은 각종 설비투자(각종 기계를 들여 놓는 것)와 관련이 많습니다. 기업이 설비투자를 늘이면 기계업종의 돈주머니는 팍팍 불어나게 되죠. 하지만 슬픈 일은 우리나라 기계산업의 실력이 그렇게 좋은 편이 아니어서 대부분의 기계는 일본에서 수입을 하여 쓴답니다. 대일 무역적자 중에서 가장 심각한 것이 바로 기계부분인데 앞으로 다시 거듭나지 않는 한 경제가 발전하고 공장을 세우면 세울수록 일본만 좋은 일을 시키게 된 답니다.

기계공학과 여러분의 어깨에 조국이 걸려 있습니다. 기계공학과 화이팅!!!

그런데 기계공학과가 기계 만드는데 맞습니까? 왜 이런 질문을 하는가 하면 ‘무기재료 공학과’가 저는 총이나 로켓 같은 무기의 재료를 만드는 학과

인 줄 알았는데 알고 보니 아니더라고요.

중소기업

지금까지의 산업분류가 하는 일을 중심으로 한 분류였다면, 덩치를 중심으로 분류를 하기도 합니다. 대기업, 중소기업이 바로 그 예이죠. 특히 경제 뉴스의 산업면에는 '중소기업'이라는 면을 따로 만들어 중소기업에 관한 보도를 싣기도 합니다. 중소기업이 무엇인지는 아시죠? 중소기업이란 각 산업에 따라 다르지만 흔히 종업원이 수가 300인 이하인 기업을 말합니다.

다가오는 21세기는 중소기업의 시대라고들 흔히 합니다. 이유는 간단합니다. 소비자의 기호가 빨리 변하고, 다양해지는 만큼 몇 개 안되는 품목을 대량생산해야 하는 대기업보다는 언제든지 치고 빠질 수 있는 중소기업이 그만큼 환경변화에 빨리 적응 할 수 있기 때문입니다. 물론 대기업에서도 열심히 노력하면 다품종을 소량으로 생산해 환경변화에 적응할 수 있다고는 합니다만 글쎄요, 저는 잘 모르겠네요. 아는 게 없어서 …….

취업을 준비 중인 사람이라면 중소기업에 취직 하는 게 앞으로 창업하는데 도움이 될 겁니다. 대기업에 취직하면 어느 한 분야에는 실력을 쌓을 수 있지만 잘리면 곤란하게 되죠. 대기업 경리부에 근무하든 사람이 퇴직해서 뭘 하겠습니까? 차라리 중소기업에 취직해서 영업도 하고, 사무도 보고, 때로는 짐도 나르는 막노동을 하는 1인 3역을 하다보면 잘린 다음에 창업하기도 그만큼 쉬워질 수도 있을 겁니다. 정리해고다 뭐다 해서 노동자의 가치가 섬점 봇해진 이때 진지하게 미래를 생각하고 취업을 할 때 인 것 같습니다. 특히나 소기업에서는 사람이 없어서 야단이라는 보도가 심심치 않게 나옵니다. 미래를 아는 사람은 중소기업을 택한답니다.

3 벤처기업

벤처기업이란

사전상으로 벤처기업이란 첨단의 신기술과 아이디어를 개발하여 사업에 도전하는 창조적인 중소기업으로 한국에서는 연구개발형 기업, 기술집약형 기업, 모험기업 등으로 부르며, 한편으로는 위험기업이라고도 부릅니다. 벤처기업협회는 '개인 또는 소수의 창업인이 위험성은 크지만 성공할 경우 높은 기대수익이 예상되는 신기술과 아이디어를 독자적인 기반 위에서 사업화하려는 신생중소기업'으로 정의하고 있습니다.

즉, 벤처기업이란 번역하면 모험기업이 됩니다. 기술이나 아이디어는 있는데 자본(밑천)이 없어서 일을 벌이지 못하는 기업을 가리키는 말죠. 벤처기업이라고 하는 이유는 아직 시장에서 검증을 받지 않은 기술이나 아이디어이기 때문에 재수 없으면 피를 보기 때문입니다.

그 까짓 벤처기업 몇 개가 무슨 대수냐고 언론에서 말을 하느냐고 의문의 가질 분들이 있을지 모르지만 벤처기업의 파괴력은 상상을 초월합니다. 이들 벤처기업이 한 나라의 경제에 미치는 영향을 가장 잘 말해 주는 것이 미국입니다.

지금 미국경제가 1990년대에 다시 일어선 이유는 흔히 이들 벤처 기업에 있다고 합니다. 기존의 제조업이 독일이나 일본에 밀려 피를 보고 있을 때 실리콘벨리라는 곳에 옹기종기 모여든 벤처기업이 컴퓨터나 통신 같은 첨단 기술분야를 개척해 새로운 시장을 만들었고, 이들이 바로 한때 몰락의 길을 걷기 시작했던 미국을 오늘과 같이 잘 나가는 미국으로 만들었다고들 이야기 합니다.

벤처캐피탈

벤처란 모험이라는 뜻입니다. 또 캐피탈이란 자본이라는 뜻입니다. 따라서 벤처캐피탈을 우리말로 번역하면 모험자본이 됩니다.

벤처기업에 주식투자 형식으로 투자하는 기업 또는 기업의 자본입니다.

고도의 기술력과 장래성은 있으나 경영기반이 약해 일반 금융기관으로부터 융자받기 어려운 벤처기업에 무담보 주식투자 형태로 투자하는 기업이나 그러한 기업의 자본을 말합니다. 다른 금융기관의 소극적 태도와는 달리 벤처기업의 장래성과 수익성에 주목하여 이에 투융자하는 것으로, 장차 중소기업의 지식집약화의 첨병인 벤처기업이 주식을 상장할 경우 자본이익을 얻어내는 것이 목적입니다.

엔젤캐피탈(Angel Capital)은 기술력은 있으나 창업을 위한 자금이 부족한 초기 단계의 벤처기업에 투자해 첨단산업 육성에 밑거름 역할을 하는 투자자금입니다. 보통 개인투자자와 클럽 형태로 조직되며, 직접 벤처기업에 투자하거나 벤처기업에 대한 투자만을 전문으로 하는 창업투자회사에 위탁해 운영되기도 합니다. 투자한 벤처기업이 성공하면 단기간에 고수익을 올릴 수 있지만 실패하면 단시간에 밑천을 날리는 고위험·고수위 투자자금입니다.

쉽게 말해, 벤처캐피탈의 역할을 하는 게 주로 은행이나 투자신탁처럼 큰 회사라면 엔젤캐피탈은 벤처기업에 전문적으로 돈을 대어주는 개인을 가리키는 말이라고 이해하십시오.

4 재 벌

재벌이란

재벌이 무엇인지 정확히 알고 사용하는 사람은 많이 없습니다.

사전적으론 거대 자본을 가진 동족으로 이루어진 혈연적 기업체군을 말하며, 일종의 콘체른입니다. 그럼 콘체른은 무엇입니까? 법률적으로 독립하고 있는 몇 개의 기업이 출자 등의 자본적 연휴를 기초로 하는 지배·종속관계에 의해 형성되는 기업결합체로 기업결합이라고도 합니다.

자본주의경제의 발전단계에 따라 점차 독점기업형태가 나타나며, 그 독점기업형태에 의한 자본의 축적과 집중으로 출현한 것이 카르텔·트러스트(동일산업 부문에서의 자본의 결합을 축으로 한 독점적 기업결합으로 기업합동·기업합병이라고도 함)·콘체른 등입니다. 이들은 자본주의의 발전과 함께 전개되는 자유경쟁을 지양하면서 가격지배를 협정하거나 생산제한협정 등에 의하여 기업가간의 연합행동을 합니다.

기업합동이나 기업연합의 그룹으로 형성된 재벌은 기업전체의 단일자본의지에 의하여 행동하는데, 카르텔이나 트러스트보다도 콘체른이 더욱 발달된 독점기업형태입니다. 여기서는 지주회사에 의한 자본의 지배망이 참여기업군에 대하여 무제한 확대되는 것으로, '재벌'이란 말은 콘체른에 대한 속칭입니다. 재벌 정의 한번 복잡하죠.

지주회사

다른 회사의 주식을 소유함으로써, 사업 활동을 지배하는 것을 주된 사업으로 하는 회사입니다. 넓은 뜻으로는 지배관계의 유무에도 불구하고 타회사에 대한 자본참가를 주목적으로 하는 회사를 말하는 것으로 증권투자회사 등도 속합니다. 좁은 뜻의 지주회사, 즉 다른 회사의 주식만 가지고 놀고 먹으며 경영권을 행사하는 회사를 지주회사라고 합니다. 이때 진짜로 하는 일 없이 주식만 가지고 있는 회사를 순수지주회사라고 하고, 사업도 하고 다른 회사의 주식을 가지고 조정을 하는 회사를 사업지주회사라고 합니다. 지배당하는 회사는 자회사, 또는 종속회사라고 부릅니다.

지주회사의 설립에 까다로움은 있지만 지금은 지주회사 설립이 자유화 되었습니다.

지급보증

지급보증은 빚을 대신 갚아 주겠다는 약속입니다. 일반적인 보증과 같은 것입니다. 타인의 빚을 대신 갚아 준다. 좋은 뜻이죠. 그런데 지급보증이 문제가 되는 것은 재벌들이 악용을 하고, 기업확장의 수단으로 이용하기 때문이랍니다.

예를 들어 일단 1억 원짜리 공장을 짓습니다. 그리고서 은행에 찾아 갑니다. 내가 요번에 새로운 공장을 지으려고 하는데 1억 원만 빌리도. 만약 실패하면 기존의 공장을 팔아서 갚을게요. 이렇게 해서 공장이 두 개가 되었습니다.

공장을 다 짓고 난 다음에 다시 찾아 갑니다. 내가 요번에 새로운 공장을 지으려고 하는데 2억 원만 빌려요. 만약 실패하면 1억원 원짜리 공장을 두 개 팔아서 갚아 줄게. 이렇게 해서 공장이 새로 하나 짓습니다.

바로 이런 식으로 우리나라 기업은 지급보증을 이용해 덩치를 불려왔던 것입니다. 단돈 1억 원만 가지고 수십억짜리 공장도 지을 수가 있었던 것입니다.

내부거래

대규모 기업집단, 즉 한 재벌 그룹에 속하는 계열회사 간에 이루어지는 거래행위를 말합니다. 내부거래는 법률상의 용어는 아닙니다.

계열회사 간에서도 필요한 거래는 있을 수 있기 때문에 내부거래를 모두 위법한 것이라고 볼 수는 없습니다. 내부거래가 문제되는 것은 그것이 부당 내부거래로 인정되는 경우입니다. 부당 내부거래의 4가지 유형으로는 제품 가격·거래조건 등에서 계열회사에 유리하게 하는 차별거래, 임직원에게 자사 제품을 사거나 팔도록 강요하는 사내판매 강요행위, 납품업체에 자기 회사 제품을 사도록 떠맡기는 거래강제, 정당한 이유 없이 비계열사와의 거래를 기피하는 거래거절 등을 들 수 있습니다. 특히, 한 대규모 기업집단 내에서 어떤 계열회사를 지원하기 위하여 물품을 비계열사에 대한 판매가격보다 싼 가격에 공급하거나 계열회사의 제품을 비싸게 사주는 등 거래조건이나 지불조건 등에서 차등을 두어 혜택을 주는 차별거래의 경우가 특히 문제가 된답니다.

출자총액제한

대규모 기업집단에 속하는 회사가 순자산액의 일정비율을 초과해 국내회사에 출자할 수 없도록 한 제도를 출자총액제한제도라 합니다. 업종 다각화에 따른 대기업들의 무분별한 사업 확장을 막기 위해 자산총액 10조 원 이상인 기업집단 소속의 기업에 한해 순자산의 40%를 초과하여 계열사·비계열사를 불문하고 국내회사에 출자할 수 없도록 하던 제도입니다. 1997년 폐지되었다가 1999년 공정거래법(현행 독점규제 및 공정거래에 관한 법률)을 개정하면서 부활하였지만, 2009년 개정시 조문이 다시 삭제되었습니다. 이 제도는 그동안 대기업들의 과다한 확장을 막는 데는 기여했으나, 기업 퇴출과 적대적 인수합병을 어렵게 한다는 이유로 1997년 폐지되었던 것인데, 이후 적대적 인수합병이 한 건도 일어나지 않고, 오히려 대기업들의 계열사에 대한 내부지분율이 증가하는 등 부작용이 일어남에 따라 다시 부활하였다가, 기업에 대한 규제의 완화를 이유로 2009년 다시 폐지되었습니다.

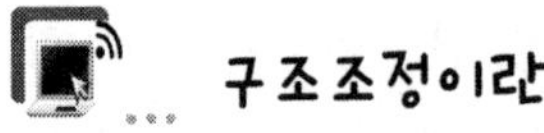

5 구조조정

구조조정이란

기업의 기존 사업구조나 조직구조를 보다 효과적으로 그 기능 또는 효율

을 높이고자 실시하는 구조 개혁작업이 구조조정입니다.

기업에서의 개혁작업을 '사업구조조정' 또는 '기업구조조정'이라고 하며, 이 같은 사업조정을 추진하는 경영 절차기법을 '비즈니스 리스트럭처링(business restructuring)'이라고 합니다. 사업구조조정이란, 부실기업이나 비능률적인 조직을 미래지향적인 사업구조로 개편하는 데 주목적이 있습니다.

바꾸어 말하면, 성장성이 희박한 사업분야의 축소 내지 폐쇄, 중복성을 띤 사업의 통폐합, 기구 인원의 감축, 부동산 등 소유자산의 매각처분 같은 방법은 수동적 리스트럭처링 기법이고, 국내외의 유망기업과 제휴하여 새로운 기술을 개발시킨다거나 전략적으로 다른 사업 분야와 공동사업을 추진하는 방법 등은 적극적 기법입니다.

이 '리스트럭처링'은 기업 중장기 경영전략의 핵심적 부분이기도 합니다. 'BPR(business process reengineering)'이라 불리는 '리엔지니어링(reengineering)'은 이른바 '리스트럭처링'의 하위개념에 속합니다.

빅 딜

빅딜이란 큰 거래를 말합니다. 즉, 자질구레한 구조조정이 아니라 엄청나게 큰 구조조정을 말하는 것입니다. 대규모 사업 부문의 기업간 교환으로 이해하십시요.

'덩치가 큰 거래'라는 뜻의 합성 영어인데, 경제 위기 속에 출범한 국민의 정부가 국내 산업 경쟁력을 높이기 위해 대기업간에 대형사업을 맞바꾼다는 뜻으로 사용하여, 정부의 기업 구조조정 수단으로 활용되고 있습니다. 이와 비슷한 예는 영어권 국가에서 흔히 쓰는 비즈니스 스와프, 곧 사업교환이 있습니다.

워크아웃

기업의 재무구조 개선작업을 워크아웃이라 합니다.

원래는 계약 불이행이 발생하였을 때 도산 등을 피하기 위해 채무자와 채권자가 해결 방법을 모색하는 행위를 말합니다. 우리나라에서는 1997년 말부터 시작된 국제통화기금(IMF) 관리체제의 경제 위기 속에서 언론에 자주 오르내리는 용어의 하나로 등장하였습니다.

워크아웃의 목적을 달성하기 위해서는 우선 해당 기업이 금융기관의 빚을 갚는 노력을 하여야 합니다. 그러나 대부분의 경우 기업 자력만으로는 이것이 불가능하기 때문에 부채 상환을 유예하고 빚을 탕감해 주며, 필요에 따라서는 신규 자금도 지원해야 하는 등 금융기관의 손실 분담이 필요하게 됩니다.

따라서 워크아웃은 채권 상환 유예를 통한 부도의 유예 조치와 협조 융자, 출자 전환까지 포괄합니다. 그러나 금융기관의 손실 분담이 채무 기업의 기존 경영진·주주·종업원의 손실 분담을 전제로 이루어지기 때문에 감자·출자 전환 등의 과정이 선행된 연후에 금융권의 자금 지원이 이루어집니다.

법정관리

법정관리는 부도를 내고 파산 위기에 처한 기업이 회생 가능성이 보이는 경우에 법원의 결정에 따라 법원에서 지정한 제3자가 자금을 비롯한 기업 활동 전반을 대신 관리하는 제도입니다.

일단 법정관리를 신청하여 법원의 결정에 따라 법정관리 기업으로 결정되면, 부도를 낸 기업주의 민사상 처벌이 면제되고, 모든 채무가 동결되어 채권자는 그만큼 채권행사의 기회를 제약받게 됩니다.

화 의

파산 외의 화의 또는 파산예방의 화의라고도 합니다. 채무자에게 파산이 선고되면 채무자로서는 좀처럼 경제적으로 재기하기가 어려울 뿐 아니라, 채권자를 위하여서도 그 파산관재인의 환가가 반드시 유리하지는 못할 것이므로 그 배당도 기대할 것이 못 됩니다. 따라서 채권자의 이익을 현저하게 해치지 않는 범위에서 파산을 예방할 수 있다면, 채무자는 물론 채권자에게도 유리합니다. 파산이 개시되기 전에 파산절차 밖에서 파산을 예방하는 방법으로서 이용하려는 것이 화의입니다.

은행관리

은행이 금융기관 여신업무 취급지침에 따라 기업체를 관리하거나 채권보전의 필요상 기업체에 직원을 상주 파견하는 것을 은행관리라고 합니다. 따라서 여신업무 취급지침상의 은행관리는 ① 법원의 회사정리절차 개시 결정에 따라 은행이 관리인으로 선임된 경우 ② 은행이 기업과 임의계약을 체결, 여신정리를 위해 기업체의 운영권을 양수 또는 신탁 받아 직접 기업운영에 참여하고 관리하는 경우 ③ 은행이 채권보전의 필요상 특정계약을 체결하거나 대출약정서에 따라 기업체에 직원을 상주 파견하여 자금·담보관리등 부분적인 관리 또는 기업경영에 일부 참여하는 경우 등 3가지로 구분합니다.

부도유예협약

대기업의 연쇄 부도 사태를 막기 위해 1997년 4월 말 은행 주도로 도입된 협약입니다. 일시적인 자금난을 겪는 기업이 금융 기관들의 자금회수 공세로 도산하게 되는 사태를 막기 위해 도입됐었습니다. '부실징후기업의 정상화 촉진과 부실채권의 효율적 정리를 위한 금융기관 협약'의 약어로 당초에는 '부도방지협약'으로 줄여 불렀으나 취지와 기능을 감안, '부도유예협약'으로 바꿔 부릅니다. 협약 적용대상 기업은 은행 여신(대출금+지급보증)이 2천 5백억원 이상인 대기업으로, 주거래은행이 협약 적용을 위해 채권단 회의 소집을 통보한 날로부터 2개월(당초는 3개월)까지는 해당기업의 어음이나 수표를 돌려도 부도처리 되지 않습니다.

6 M&A

M&A란

M&A를 우리말로 해석하면 '합병&인수'가 됩니다. 어~ 그런데 뉴스나 방송에서는 '인수&합병'이라고 하죠? 왜일까요? 엄밀히 따지면 '합병&인수'라고 해야 되지만 일반적으로 '인수&합병'으로 통용되고 있기 때문입니다. 왜냐면 영어로 합병(merger) & 인수(acquisitions)이니까요.

기업인수합병은 기업의 외적 성장을 위한 발전전략으로, 특정 기업이 다른 기업의 경영권을 인수할 목적으로 소유지분을 확보하는 제반과정이라고 할 수 있습니다. 이러한 M&A의 발전 배경은 기존 기업의 내적 성장한계를 극복하고 신규사업 참여에 소요되는 기간과 투자비용의 절감, 경영상의 노하우나 숙련된 전문인력 및 기업의 대외적 신용확보 등 경영전략적 측면에서 찾을 수 있습니다. 미국을 비롯해 일본에서도 이미 본격화되어 있으며 우리나라에서도 1994년 증권거래법 제200조(주식의 대량소유의 제한 등)의 폐지를 골자로 한 거래법 개정안의 시행에 즈음해 많은 기업들이 M&A에 관심을 기울이고 있습니다. 증권거래법 제200조는 그 동안 기업주가 소유권 침해에 대한 걱정 없이 기업경영에 전념하게 한 긍정적인 측면도 있었으나, 일반투자자의 주식매매자유를 제한하고 대주주의 방만한 기업운영과 소액주주의 권익침해를 유발하는 등 자본시장 발전에 좋지 않은 영향을 미친 것

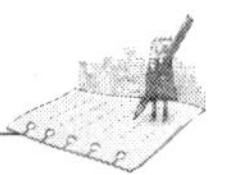

도 사실이었습니다. 그러나 1997년 외환위기 이후 외자유치를 위해 대폭적으로 규제를 완화함에 따라 내국인간의 적대적 인수합병은 물론 외국인들의 국내기업 매입이 활성화 되었습니다.

인수는 주로 주식시장에서 경영권을 행사할 만큼 주식을 사서 기업을 지배하는 것입니다.

주식시장에서는 어떻게 인수가 일어날까요? 원리는 슈퍼마켓을 사는 것과 똑 같습니다. 마음에 드는 회사가 있으면 일단 찍습니다. 그리고 이야기합니다. "너 ㅇㅇ회사냐?", "나 돈 많은 분이야!" 그리고는 주식을 사 모읍니다. 경영권을 획득 할 수 있을 만큼 주식을 사는 것입니다. 이때 경영권을 획득 할 수 있을 만큼 주식을 모았으면 인수는 성공한 것입니다.

그러면 합병이란 무엇일까요? 여러분의 아버님이 'ㅇㅇ서점'을 하고 있습니다. 그리고 여러분의 어머님은 바로 옆 건물에서 '△△문방구'를 하고 있습니다. 따로 따로 장사를 하는 것 보다는 책과, 문방구를 같이 팔면 장사가 더 잘 될 수도 있습니다. 그래서 부모님은 건물 벽을 허물고 하나의 점포로 만들기로 했습니다. 간판은 'ㅇㅇ서점'으로 하고 책과 문방구를 팔기로 했습니다. 바로 이것이 합병이 일어나는 원인입니다.

합병은 둘 이상의 기업을 하나로 합치는 것입니다. 실제로 합병이 이루어지는 경우도 대부분 서로 연관이 있는 회사끼리 하는 게 일반적입니다.

인수와 합병의 차이는 주식이 어떻게 되느냐에 있습니다. 인수는 주식이 그대로 살아 있지만, 합병의 경우는 합쳐지는 회사의 주식이 사라지게 됩니다.

우호적 인수합병

여러분이 돈 많은 사람이라고 합시다. 그리고 ㅇㅇ전자를 경영해보고 싶습니다. 어떻게 하면 될까요? 가장 간단한 방법은 ㅇㅇ전자 회장님인 이ㅇㅇ 씨를 찾아 갑니다. 그리고 진지하게 이야기합니다.

"나 돈 많은 사람인데", "ㅇㅇ전자를 경영하고 싶습니다.", "돈은 얼마든지 줄 테니까 당신이 가지고 있는 ㅇㅇ전자의 주식을 파시오."

만약 이때 ○○전자 회장님인 이○○씨가 쉽게 응낙을 하면 인수는 성공한 것입니다. 이것을 두고 우호적 M&A라고 합니다.

적대적 인수합병

적대적 M&A란 무엇일까요? 진지하게 ○○전자 회장님인 이○○씨를 찾아 가서 이야기를 했는데 …….

"나 돈 많은 사람인데", "○○전자를 경영하고 싶습니다", "돈은 얼마든지 줄 테니까 당신이 가지고 있는 ○○전자의 주식을 파시오."

이때 이○○씨가 이를 응하지 않으면, 문제가 달라집니다. 우호적 인수합병은 실패를 한 것입니다. ○○전자의 경영권을 획득하기 위해서는 다른 방법을 사용해야 합니다. 이렇게 해서 이○○씨 보다 주식을 더 사 모두면 대장 노릇을 할 수 있게 됩니다. 바로 이것을 적대적 인수합병이라고 합니다.

돈 많은 분이 적대적 인수합병에 들어가면 상대측에서도 경영권을 유지하기 위해서 방어를 하기 시작과정에서 주가가 폭등하기도 합니다.

신설 · 흡수합병

두 개의 기업을 합치는 것을 합병이라 했습니다. 보통의 경우 인수가 서로 친분이 없는 기업 간에, 주식시장을 통해서 이루어진다면 합병이란 서로 친분이 있는 기업 간에, 이사회를 통해서 주로 이루어집니다.

흡수합병이란 어느 한쪽 기업이 다른 한쪽 기업을 흡수하는 것입니다. 예를 들어, ○○자동차와 ○○조선을 합치되 회사이름을 ○○자동차로 하는 것입니다. 물론 ○○조선이라고 이름을 지어도 됩니다.

신설합병이란 두 회사를 합쳐서 새로운 기업을 만드는 것입니다. ○○자동차와 ○○조선을 합쳐서 (주)○○을 만드는 것이 신설 합병이라고 합니다. 어렵지 않죠.

Chapter 8

재테크지식

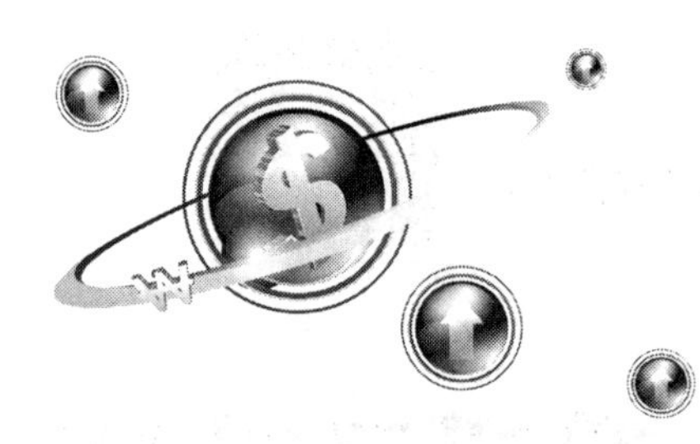

제 8 장
재테크지식

1 재테크

재테크란

재테크란 재+techneque를 합성한 단어입니다. 재가 돈을 뜻하고 techneque가 기술을 뜻하니까 우리말로 번역하면 돈을 굴리는 기술이라고 할 수 있습니다. 무식하게 번역하지면 돈놀이가 됩니다.

돈을 굴리는 방법에는 여러 가지가 있습니다. 사기를 쳐도 되고, 사채놀이를 해도 됩니다. 각설탕이라는 영화를 보고 깊은 감명(?)을 받은 사람이라면 경마를 해도 상관은 없습니다. 하지만 이러한 것들은 사회적으로 문제가 있습니다.

경제뉴스에서 이야기하는 재테크는 주로 금융상품, 부동산, 주식투자를

이야기 합니다. 이들 세 가지 재테크 수단의 특징을 안정성, 수익성, 환금성에 따라 대충 살펴보고 본격적으로 진도를 나가도록 하겠습니다.

참고로 안정성이란 투자한 돈을 날리지 않고 회수 할 수 있는가를 나타냅니다. 예를 들어 주식은 재수 없으면 몽땅 날릴 수 있어서 안정성에 있어서는 아주 나쁘다고 할 수 있습니다. 하지만 금융상품은 최소한 원금만은 건질 수 있기 때문에 안정성은 있다고 할 수 있습니다.

수익성이란 얼마나 돈벌이가 되는가를 나타냅니다. 주식은 잘만하면 돈벼락을 맞을 수도 있기 때문에 수익성이 가장 높다고 볼 수 있습니다.

환금성이란 원하는 시기에 현금으로 바꿀 수 있는가를 나타냅니다. 주식이나 금융상품은 언제든지 현금으로 바꿀 수 있지만 부동산은 쉽게 팔리지 않기 때문에 환금성이 낮습니다. 수익성, 환금성, 안정성이 무엇인지 아셨죠? 그럼 본격적으로 금융상품과 부동산, 주식의 특징에 대해서 알아보도록 하겠습니다.

금융상품은 정기예금이나 정기적금과 같은 것을 어렵게 표현한 말입니다. 금융상품의 가장 큰 특징은 무엇일까요? 일단 돈이 안 된다는 것입니다. 1년 내내 은행에 맡겨 봤자 금리는 10% 밖에 안 됩니다. 주식이 하루만에 30%의 수익을 올릴 수 는 것을 감안하면 거의 쪽팔리는 수준이라고 할 수 있습니다.

하지만 금융상품은 수익성은 낮지만 안정성에 있어서는 최고수준이라고 할 수 있습니다. 또 환금성에 있어서도 어떤 재테크 수단보다 앞선다고 할 수 있습니다.

수익성 낮기 때문에 일부의 몰지각한 한탕주의자들은 금융상품을 거들떠보지도 않는 경우가 있는네 이섯은 오판입니다. 급전이 필요한 경우를 생각해보십시오. 주식은 최소한 3일이 지나야 현금이 들어오고, 부동산은 재수 없으면 한 달 내내 팔리지 않아 피를 말릴 수도 있습니다. 금융상품은 재테크의 수단이라기보다는 만약을 준비하는 사람들을 위한 안전한 도우미가 될 수 있습니다.

주식은 여러분들도 알다시피 수익성에 관한 한 타의 추정을 불허합니다. 재수가 좋으면 한 달 만에 몇 배의 수익을 올릴 수도 있습니다. 하지만 안정성에 관한 한 주식은 별로 할 말이 없습니다. 재수 없으면 원금을 모조리 날릴 수가 있기 때문입니다. 또 환금성에 있어서도 주식은 별로 입니다. 재수 없으면 한 달 내내 주식이 팔리지 않을 수도 있기 때문입니다.

부동산은 4천만이 안정성이나 수익성이나 환금성에서 그다지 우수한 상품으로 인정되지 않습니다만 물가가 하늘 높은 줄 모르고 뛰면 최고의 투자수단이 될 수 있습니다. 물가가 뛰는 만큼 부동산도 뛰기 때문이죠. 반면에 금융상품은 물가가 뛰면 억울할 수밖에 없습니다. 설령 은행에서 이자를 20% 준다고 해도 물가가 21% 뛴다면 손해이기 때문입니다.

자산 3분법

자산 3분법이란 자신이 가진 재산을 부동산, 금융상품, 주식에 골고루 나누어서 투자하는 것을 말합니다. 어느 한곳에 전 재산을 몽땅 투자했다가 쪽박을 차는 경우를 막기 위한 것이죠. 어느 상품에 몇 %를 투자해야한다는 법칙이 있는 것은 아닙니다. 자신의 성격과 그때그때의 경제상황에 따라 비율은 조정할 수 있습니다.

은행금리가 높다면 금융상품에 상대적으로 많이 투자하고, 앞으로 물가가 겁나게 뛸 것 같으면 부동산에 많이 투자하고, 주식시장이 잘나갈 것 같으면 주식에 상대적으로 많이 투자하면 됩니다. 만사가 귀찮은 중생이라면 각 투자수단에 33.3%씩 투자하세요.

2 금융상품 투자

금융상품 투자란

앞서 제5장 금융경제에서도 언급했는데 여기서 다시 언급하게 되네요. 금융이란 돈의 융통을 줄인 말입니다. 즉, 돈을 빌리고 빌려주는 것을 유식한 말로 금융이라고 하는 것입니다.

상품이란 팔려고 만든 물건입니다. 물건이면 물건이지 팔려고 만든 물건은 무슨 소리냐고요? 사실 우리가 물건을 팔려고 만든 지는 얼마 되지 않았습니다. 일제시대까지만 해도 자급자족을 위해서 물건을 만들었지, 팔려고 만든 것이 아니니까요. 그러다가 역사가 유수처럼 흘러서 요즘은 모든 물건들이 팔려고 만든 물건이 되어가고 있지만 따지고 보면 상품이란 친구가 우리 곁에 찾아온 지 많은 시간이 흐르지 않았습니다.

이제 금융이 무엇인지 상품이 무엇인지 알았습니다. 그러면 금융상품이란 무슨 말일까요? 금융상품을 풀어서 이야기하면 돈의 융통을 위해서 파는 물건이라고 할 수 있습니다. 돈의 융통을 위해서 파는 물건이라? 이게 어디에 사용되는 소리일까요?

우리가 은행에 저금을 하면 통장을 줍니다. 언뜻 생각하면 저금을 한 대가를 통장을 주는 것 같지만 바꾸어 생각하면 은행에서 돈을 벌기 위해서 보통예금통장이라는 상품을 파는 것이 됩니다. 또 우리가 적금을 하는 것은 은행의 입장에서 보면 돈을 벌기 위해서 적금통장리라는 상품을 파는 것이 됩니다. 가장 돈을 많이 버는 은행은 고객이 원하는 금융상품(=쉬운 말로 각종 통장)을 개발하고 파는 은행이라고 할 수 있습니다.

이제 금융상품이 무엇인지 아셨죠?

금융상품 투자원칙

금융상품에 투자하는데 있어 가장 중요한 변수는 금리입니다. 만약 앞으로 금리가 하락할 것 같다면 장기상품에 투자해야 합니다.

예를 들어 설명 하겠습니다. 지금 금리가 20%인데 앞으로 낮아질 것 같다면 무조건 장기확정금리 상품에 투자해야합니다. 이렇게 하면 장기에 걸쳐 20%의 수익을 올릴 수 있기 때문입니다.

만약 앞으로 금리가 낮아질 것 같은데 단기상품에 가입하면 어떻게 될까요? 처음에 몇 개월은 20%의 수익을 올릴 수 있지만 곧 만기가 되어 원금과 이자를 찾게 됩니다. 그런데 이때 이자는 15%로 낮아져 있습니다. 돈을 장롱 속에 넣어 놓을 수는 없는 것이고 은행에 또다시 단기상품에 가입합니다. 원금과 이자를 찾으면 이번에는 다시 금리가 10%로 낮아져 있습니다. 반면에 장기금융상품에 투자했던 사람은 여전히 20%의 고금리를 받으며 입이 쩍 벌어져 있습니다.

금리가 앞으로 오를 것 같다면 어떻게 해야 할까요? 당연히 단기 상품에 투자해야 합니다. 만약 금리가 오르는데 장기상품에 가입한다면 이것은 잘못된 선택입니다. 예를 들어 금리가 5%인데 3년짜리 상품에 가입했다고 생각해 보십시오. 3년 내내 5%의 수익밖에 얻지 못하게 됩니다. 하지만 단기상품에 가입하면 처음 몇 개월은 5%이지만 그 다음엔 10%, 그 다음엔 15% 하는 식으로 계속 고금리의 해택을 누릴 수 있게 됩니다.

그렇다면 금리가 앞으로 어떻게 될지 모르는 경우에는 어떻게 해야 할까요? 이때는 당연히 단기상품에 일단 돈을 맡겨 놓고 앞으로의 추이를 살펴보고 투자결정을 해야 합니다. 앞으로 금리가 오를 것 같으면 단기로 밀어붙이고, 금리가 하락할 것 같으면 장기상품으로 갈아타야 합니다.

금리가 어떻게 될지는 어떻게 아냐고요? 간단합니다. 열심히 경제뉴스를 보면 어느 날 갑자기 금리가 보이기 시작할겁니다.

금리 못지않게 물가의 향방도 금융상품을 선택하는데 중요한 영향을 미치게 됩니다. 물가가 천정부지로 뛴다면 돈을 가지고 있으면 무조건 손해입니다. 옛날에는 1,000원이 있으면 엿이 10개이었는데, 물가가 뛰면 똑같

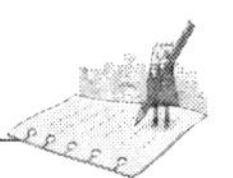

은 돈으로 엿을 5개 밖에 사지 못합니다. 물가가 뛰면 무조건 현물을 가지고 있어야 합니다. 땅이나 골동품, 금 덩어리를 가지고 있는 것 즉 현물이 최고입니다. 물가가 뛰는데 현금을 가지고 있는 것은 손해입니다. 금융상품을 가지고 있는 것도 마찬가지로 손해입니다. 물론 이론적으로는 물가가 뛰면 고객의 예금이 이탈하기 때문에 은행에서는 물가가 뛰는 만큼 금리를 높여준다고는 하지만 현실적으로 물가가 뛰는 속도만큼 금리가 높아지지는 않습니다.

물가가 계속 내리기만 한다면 어떻게 해야 할까요? 어제 1,000원 하든 양파 값이 오늘은 900원으로 뛰는 상황에서 실물을 가지고 있어서는 안 될 겁니다. 땅이든 골동품이든 무조건 팔고, 현금을 가지고 있어야 합니다. 그리고 현금과 같다고 볼 수 있는 금융상품을 보유해야 하는 겁니다.

3 금융상품 분류

입출금의 유무

금융상품을 분류하는 기준은 여러 가지가 있습니다. 하지만 여기서는 제 마음대로 수시 입출금식 상품, 거치식 상품, 적립식 상품으로 나누어 설명하겠습니다.

수시 입출금식 상품이런 글자 그대로 원하기만 하면 언제든지 돈을 맡기고 찾을 수 있는 상품을 이야기합니다. 보통예금, 저축예금, 자유저축예금이 가장 대표적인 예입니다.

보통예금은 1년 내내 맡겨 봤자 이자라고는 새 발에 피만큼도 안주는 예금입니다. 보통예금이 이자를 너무 적게 주자 고객들은 은행을 멀리하고 점점 투신사나 종합금융사의 금융상품으로 이동을 하게 되었습니다. 따라서 고객을 다시 은행으로 불러들이기 위해 개발한 것이 저축예금입니다. 성격은 보통예금과 같지만 이자는 3% 정도를 주게 됩니다.

자유저축예금은 저축예금이 다시 진일보 전진한 예금으로 예금기간에 따라 이자를 달리합니다. 예를 들어 6개월 이상 통장에 돈이 있으면 6%의 이자를 주고 1년 이상 넣어두면 더 높은 이자를 준다고 합니다. 하지만 이것은 은행의 장난입니다. 현실적으로 자유저축예금에 6개월 이상 돈이 있는 것이 불가능하기 때문입니다.

은행은 선입선출법이라는 것을 사용하는데 먼저 들어 온 돈이 먼저 나간다는 뜻입니다. 예를 들어 1월 1일에 300만원 저금하고 5월1일에 200만원을 저금했다고 합시다. 그리고 5월 15일 200만원을 찾았습니다. 이때 고객은 6월 1일 얼마의 이자를 받을 수 있을까요? 언뜻 생각하면 1월 1일에 저금한 300만원에 대한 이자 6%를 받을 것 같지만 사실은 다릅니다. 선입선출법에 따라 5월 15일 찾은 돈 200만원은 1월 1일에 저금한 돈 300만원에서 빼게 됩니다. 따라서 6월 1일 6%의 이자를 받을 수 있는 돈은 100만원밖에 되지 않는 것입니다.

보통예금, 저축예금, 자유저축예금 이외에도 수시로 돈을 입출금 시킬 수 있는 금융상품에는 MMDA, CMA, MMF 등이 있습니다. 이들에 대해서는 나중에 다시 살펴보겠습니다.

거치식 예금을 알기 위해서는 거치라는 낱말의 뜻의 알아야 합니다. 거치란 일정기간동안 돈을 상환하거나 지불을 하지 않는다는 뜻입니다. 따라서 거치식 예금이란 일정기간 돈을 은행에 맡겨 놓고 찾지 않는 예금입니다.

이러한 거치식 예금 중에서 가장 유명한 것이 정기예금입니다. 정기예금이란 글자그대로 정해지 기간 동안 돈을 은행에 맡겨 놓는 예금으로 1개월짜리 정기예금에서부터 몇 년짜리 정기예금까지 종류가 다양합니다. 일정기간 동안 예금을 찾지 않는 만큼 이자는 수시 입출금식 예금보다 높은 것은 당연한 이치입니다.

적립식 예금의 뜻을 알기 위해서는 적립이라는 단어의 뜻을 알아야 합니다. 적립이라는 낱말은 쌓는다는 뜻입니다. 따라서 적립식예금이란 일정한 날짜에 일정한 돈을 내는 예금입니다. 이러한 적립식예금의 대표적인 예는 정기적금입니다. 정기적금이외에도 적립신탁이니, 신종적립신탁이니 하는

여러 가지 적립상품이 있습니다.

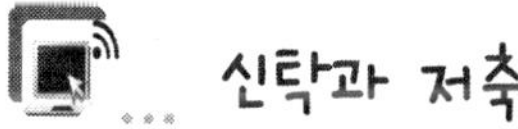

신탁과 저축

저축상품은 예금을 할 때 금리가 정해진 금융상품을 가리키는 말입니다. 대부분의 금융상품이 저축상품이라고 보면 무리가 없습니다.

신탁상품은 이름 끝에 근로자우대신탁, 신종적립신탁처럼 ○○○신탁이라는 말이 붙습니다. 신탁이란 믿고 맡긴다는 뜻입니다. 다시 말해서 은행을 100% 신뢰하고, 손해를 보든 이익을 보든 아무 말도 하지 않겠다는 뜻입니다.

은행은 고객이 맡기 돈을 재주껏 굴리고, 그 수익에 따라 고객에게 이자를 지급합니다. 은행이 돈 놀이를 잘해서 이익을 보면 이자는 그만큼 많아지게 되지만, 손실을 보면 이자는커녕 원금조차 까먹게 됩니다. 이때 원금을 까먹었다고 은행에게 달려들어도 아무런 소용이 없습니다. 또 법적으로도 은행은 아무런 책임이 없습니다.

세금우대

100만원을 저금해서 5만원의 이자를 받았다고 합시다. 그러면 이자 5만원을 모두 가질 수 있을까요? 천만의 말씀입니다. 이자 소득세라고 해서 이자의 15.4%를 세금으로 떼어 갑니다. 즉 5만원의 15.4%인 7,700원을 세금으로 징수 당한다는 이야기입니다. 세금을 주고 나면 순수하게 주머니에 떨어지는 돈은 겨우 4만 2,300원 밖에 되지 않는 겁니다.

그나마 고금리 시대에는 이자 소득세를 원청 징수 당하고도 상당한 정도의 이자를 받았을 수 있었지만 금리가 5%에서 왔다 갔다 하는 요즘에는 이자 소득세를 내고 나면 거의 남는 것이 없습니다.

100만원을 1년 꼬박 은행에 놓았는데 이자가 겨우 4만 2300원 밖에 되지 않는다면 어떤 친구가 저축을 하겠습니까? 더구나 열심히 땀 흘려 일 할 줄 밖에 모르고, 부동산이나 주식 등의 어쩌면 사치스러울지도 모르는 재테크 수단과는 거리가 많은 서민이라면 이들의 아픔은 더욱 커질 것입니다.

그래서 등장한 것이 비과세 저축이고, 세금우대 저축입니다. 비과세저축은 글자 그대로 이자에 대해서 전혀 세금을 때리지 않는 저축을 의미합니다. 비과세 저축 중에서 가장 유명 한 것에는 장기주택마련저축이 있습니다.

세금우대 저축이란 이자소득에 대해서 15.4%의 약 절반인 9.5%의 세금만 때리는 저축을 이야기 합니다. 흔히 은행에서 세금우대ㅇㅇ통장이라는 이름으로 판매되는 금융상품이 여기에 해당합니다.

4 목돈마련

목돈 마련

목돈마련이라고 하면 제일 먼저 생각나는 것이 적금입니다. 푼돈을 꼬박꼬박 저축해서 목돈을 만드는 재미는 적금을 부어본 사람이라면 누구나 알고 있을 겁니다.

하지만 무턱대고 아무 적금이나 부어서는 안 됩니다. 먼저 이자소득세가 없는 비과세상품을 선택해야 합니다. 비과세 상품 중에서 마음에 드는 것이 없다면 다음에는 세금우대상품을 살펴보아야 합니다. 세금우대 상품 중에서도 마음에 드는 것이 없다면 할 수 없습니다. 그때는 사채라도 하면 됩니다.

목돈 마련을 위해 서민이 가장 손쉽게 접근할 수 있는 비과세금융상품은 장기주택마련저축과 장기주택마련펀드입니다. 저축과 펀드의 차이는 "확정이자를 받느냐? 아니며 투자성과에 따라 다른 이자를 받느냐"가 다를 뿐입니다. 내용은 똑같다고 보면 됩니다.

장기주택마련저축에 대해서는 나중에 자세히 살펴보겠습니다. 장기주택

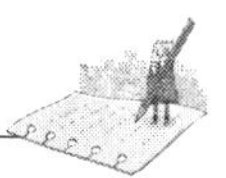

마련저축 외에도 여러 가지 비과세상품이 있습니다. 여러분이 직접 찾아서 공부해보세요.

비과세상품 중에 마음에 드는 게 없거나, 장기주택마련저축에 가입하고도 돈이 남아돈다면 나머지는 세금우대상품을 찾아서 가입 하는 게 좋습니다. 세금우대상품의 종류는 너무 많은 관계로 과감히 생략하도록 하겠습니다.

비과세상품과 세금우대상품에 가입하고도 돈이 많이 남은 분이라 주식이나 부동산에 얼굴을 한번 돌려 보세요.

5 목돈 굴리기

수시입출금

CMA

CMA는 Cash Management Account를 줄인 말입니다. 글자 그대로 어음(Cash) 관리(Management) 계좌(Account)로 번역해서 사용합니다.

어음관리계좌라고 해서 고객한테서 모은 돈을 모조리 어음에만 투자 한다고 생각하시면 잘못 생각을 하신 겁니다. 어음뿐만 아니라 돈이 되는 것이라면 어디든지 투자를 합니다.

주로 투자증권이나 종합금융사에서 판매하는데 가입금액에 제한이 있는 경우가 많습니다. 각 투자증권이나 종합금융사가 자사의 사정에 따라 한도를 정해놓고 있기 때문에 사전탐사를 하실 필요가 있습니다.

그렇다고 일일이 종합금융사를 찾아다닐 필요는 없고 경제뉴스나 종합일간지의 재테크면을 보면 심심치 않게 CMA에 관한 보도가 나오니깐 이것만 참조하셔도 충분하실 겁니다.

▷▶ MMF

MMF는 Money Market Fund를 줄인 말입니다. 우리말로 번역하면 단기 금융시장에 투자하는 뭉칫돈이라는 뜻입니다. 말은 굉장히 어렵지만 내용은 별 게 아닙니다. 고객이 맡긴 돈을 양도성 예금증서, 기업어음 같은 단기 금융상품에 투자하고, 돈을 벌면 수익금을 돌려준다는 이야기입니다. 물론 돈을 잘못 굴려서 낭떠러지로 추락하면 원금을 날릴 수도 있습니다. 주로 증권사에서 판매합니다.

MMF는 CMA가 등장하기 전까지만 해도 인기 초절정의 상품이었습니다. 그런데 언제부터인가 인기를 잃고 계속 추락했습니다. 지금은 CMA에 완전히 밀려버렸다고 해도 과언이 아닙니다.

MMF가 인기를 잃은 데는 많은 요인이 있습니다. 그리고 그 밑바탕에는 '원금 손실'에 대한 두려움이 있습니다. MMF는 이름 그대로 펀드입니다. 따라서 투자를 잘못하면 원금을 날릴 수도 있습니다. 실제로 그런 일들이 잊혀 질 만하면 발생했습니다. 그런데 CMA란 존재가 갑자기 출몰해 '나는 5,000만원까지 원금을 보장해준다'고 대대적인 광고를 한 것입니다. 사람들의 관심이 CMA로 옮겨갈 수밖에요.

바로 그때 결정적 타격이 날아왔습니다. MMF의 익일 입출금제도가 시작된 것입니다. 옛날에는 필요할 때 MMF에 맡긴 돈을 찾을 수 있었는데, 이제는 하루가 지난 다음날 돈을 찾을 수 있게 된 것입니다. 과거에 원금을 잃었던 아련한 기억과 필요한 돈을 다음날 찾을 수 있다는 이유 때문에 많은 이들이 MMF를 멀리하기 시작했습니다. 사람들은 5,000만원까지 원금을 보장해주고, 언제든지 돈을 찾을 수 있는 CMA로 떠나게 된 것입니다.

그런데 여기서 주의해야 할 것이 있습니다. 모든 CMA가 원금을 보장해주는 건 아닙니다. 종금사나 종금사에서 증권사로 변신한 동양종금증권의 CMA만 원금이 보장됩니다. 증권사의 CMA는 원금이 보장되지 않습니다. 행여나 이름만 보고 덥석 가입했다가는 낭패를 볼 수 있으니 꼭 주의하시기 바랍니다.

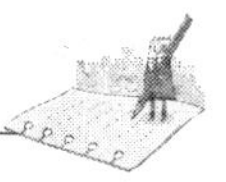

▷▶ MMDA

MMDA는 Money Market Deposit Account를 줄인 말입니다. MMF와 CMA에 대항하는 은행의 단기 금융상품인데 그렇게 인기는 없습니다. 보통예금처럼 언제든지 돈을 넣고 뺄 수 있고 자동이체도 가능합니다. MMDA의 가장 큰 특징은 예금금액에 따라 금리가 다르다는 것입니다. 예를 들어 500만원 이하는 연 1%, 500~1,000만원은 연 2%, 5,000만원 이상은 연 3%의 금리가 적용됩니다. 갑자기 생긴 큰돈이나, 조만간에 사용해야 할 큰돈을 예금하기에 좋은 상품입니다.

5,000만원 이상 예금해도 연 3%밖에 안 되는데 누가 예금하겠냐고 생각할 수도 있습니다. 하지만 목돈을 만지는 기업인이나 장사하는 사람들에게는 의외로 인기가 있습니다. 특히 1억원 이상의 목돈을 잠시 동안 굴릴 때는 CMA나 MMF에 결코 뒤지지 않는 성능을 자랑한다고 합니다.

일단 은행이라는 안정성이 있고, 1억원이 넘으면 지점장님 특별권한으로 거의 4%의 금리를 주는 경우도 있다고 합니다. 게다가 은행 예금이므로 최악의 경우 5,000까지 원금도 보장되니 이만저만 매력적인 게 아닙니다.

물론 평범한 직장인에게는 크게 별 볼일 없는 상품이라고 할 수 있습니다. 3%의 이자를 받으려면 5,000만원 이상 예금해야 하는데 직장인에게 그렇게 큰돈이 생기는 일은 흔치 않기 때문입니다. 하지만 혹시 압니까? 그날을 위해 MMDA의 이름 정도는 알아놓는 것이 현명합니다.

1년 이하

▷▶ 표지어음

표지란 책의 겉표지를 가리키는 말입니다. 책의 겉표지는 책의 내용을 상징한다고 볼 수 있습니다. 표지어음의 표지라는 뜻도 같은 의미입니다. 여러 가지 어음을 대표하는 어음이라는 뜻입니다. 쉽게 설명하겠습니다.

은행은 대출을 해주지도 하지만 각종 어음의 할인을 통해서 기업에 돈을 공급해 주기도 합니다. 그런데 어음의 종류가 너무 많고, 지급기일도 천차

만별이기 때문에 효과적인 자금관리가 어렵게 됩니다. 그래서 등장한 것입니다.

표지어음은 은행이 할인해준 수많은 어음을 근거로 해서 일반 시민에게 판매 하게 됩니다. 쉽게 말해서,

"내 이 만큼 받을 돈 많다. 그라니까 시민아! 내가 발행하는 표지어음을 좀 사주라! 그러면 니는 일반예금보다 높은 이자를 받아서 좋고, 나는 돈 모아서 좋고. 또 그 돈으로 일반기업의 어음을 할인해주면 국민경제에도 좋고……."

뭐 이런 게 표지 어음입니다. 여러 가지 어음을 재주껏 합쳐서 하나의 어음으로 만들어서 고객에게 판매해서 돈을 회수하는데 바로 이것을 표지어음이라고 합니다.

다른 어음과는 달리 은행이 발행한 어음인 만큼 부도날 염려도 없다고 봐도 될 겁니다. 주로 신용금고와 은행에서 판매를 합니다.

▷▶ CD

양도성 예금증서란 남들에게 줄 수 있는 예금통장을 말합니다. 이게 무슨 소리일까요? 우리가 은행에 저금을 하면 예금 통장을 줍니다. 그런데 예금통장에는 통장주인의 이름뿐만 아니라 주민등록번호, 주소 등이 적혀 있습니다. 따라서 이른 통장을 남들에게 선물(=뇌물로 줄 수는 없습니다.)할 수는 없습니다.

양도성 예금증서란 예금통장과는 달리 통장에 이름을 쓰지 않은 것입니다. 또 보통의 예금과는 달리 통장대신에 쪽지를 줍니다. 이름이 없으니 누구에게나 팔 수 있고, 막가는 세상이라면 뇌물로 줄 수가 있습니다.

양도성 예금증서가 처음에 등장한 이유도 사실은 검은 돈을 끌어 모으기 위해서였다고 합니다. 이름을 밝힐 수 없는 까만 돈을 은행으로 끌어들이기 위해서 발행하기 시작했고 금액도 몇 천 만원 단위입니다. 가난한 시민과는 별로 상관이 없죠.

양도성 예금증서가 발행되고 유통되는 과정은 다음과 같습니다. 쪽지에 1년 뒤에 1,000만원이라고 적고 기업이나 큰손들에게 약 900백 만원에 팝니

다. 돈이 남아도는 사람이라면 1년 뒤에 1,000만원을 받으면 되고, 약 10%의 수익을 올리게 됩니다. 만약 중간에 돈이 필요한 사람은 다른 사람에게 팔면 됩니다. 만약 우리나라에 돈이 남아돌게 되면 서루 살려고 할 거고 950만원 정도에 팔 수 있을 겁니다. 이때 양도성 예금증서를 산사람은 8%의 수익을 올릴 수 있게 됩니다. 만약 우리나라에 돈이 없으면 약 800만원에 팔리고, 양도성 예금증서를 산 사람은 20%의 수익을 올릴 수 있게 됩니다.

경제뉴스에 자주 나오는 양도성 예금 금리라는 게 바로 이 친구를 가리키는 겁니다. 주로 양도성예금증서는 3개월짜리가 발행되기 때문에 단기적인 시중의 자금 상태를 알 수 있는 중요한 지표가 됩니다.

▷▶ 발행어음(기업어음)

자발어음이라고도 부르는 발행어음은 종금사의 자체신용을 바탕으로 발행하는 어음이라는 뜻입니다. 1일~365일까지 고객의 마음대로 기간을 정 할 수 있지만 대체로 30, 60, 90일 물이 주종을 이룹니다. 또 종금사마다 투자할 수 있는 돈의 최저금액을 정해 놓고 있는데 최소한 몇 백 이상은 가지고 있어야 투자가 가능합니다.

종금사에 원한이 많이 맺힌 분들은 이친구가 부도를 내면 어쩌나 하고 걱정하시겠지만 정부에서 지급을 보장하니깐 염려는 붙들어 놓으셔도 될 것 같습니다.

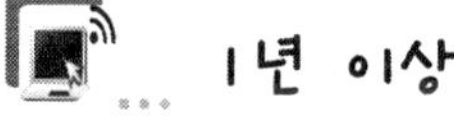

1년 이상

▷▶ 세금우대저축

세금우대저축은 세금을 우대해주는 저축입니다. 대부분의 저축은 이자의 15.4%를 세금으로 떼어갑니다. 하지만 세금우대저축은 9.5%만 떼어갑니다. 세금이 거의 절반정도 줄어든 느낌입니다. 하지만 구체적인 돈으로 표현하면 별게 아닙니다.

이자 10만원을 받으면 다른 저축은 세금 15,400원을 떼고, 84,600원을 줍니다. 만약 세금우대저축에 가입했다면 세금 9,500원을 떼고 90,500원을 줍니다. 84,600원이나 90,500원이나 … 사실 그게 그거입니다. 물론 몇 천만원을 저축했다면 달라지겠지만, 평범한 우리 소시민들이 그렇게 큰돈을 은행에 예금하는 것은 흔한 경우가 아닙니다.

세금우대저축이 우리에게 주는 실질적 의미는 다른 곳에 있을지도 모릅니다. 세금우대저축은 1년 이상 돈을 예금했을 때 혜택을 받을 수 있습니다. 여기서 '1년 이상'이라는 중요한 개념이 나옵니다. 세금우대저축의 진정한 의미는 1년 이상 돈을 모으는 데 있는 것입니다. 주식에, 펀드에 투자할 밑천을 '1년 이상의 적금으로 모으는 것'이 세금우대저축의 핵심인 것입니다.

물론 요즘 인기 있는 펀드를 이용해 목돈을 모을 수도 있습니다. 하지만 펀드로 목돈을 모으는 것은 생각만큼 쉽지 않습니다. 최악의 경우 펀드는 원금마저 날릴 수 있습니다. 지금은 세월이 좋아 모두 떼돈을 벌고 있지만, 언제 추락할지 모르는 것이 펀드입니다.

사실, 펀드만 목돈 만들기가 어려운 게 아닙니다. 세금우대저축으로 목돈을 만드는 것도 쉬운 일이 아닙니다. 중간에 일이 생겨, 꼭 해약을 하기 때문입니다.

제 후배님 중에 적금을 보험회사에 가서 드는 아주 특이한 분이 있습니다. 남들이 보면 거의 제정신 아닌 후배입니다. 보험회사 적금은 중간에 해약하면 원금도 못 찾습니다. 그런데 이 후배님은 악착같이 보험회사에 갑니다. 처음엔 저도 제정신 아닌 취급했는데 후배님의 이야기를 듣고 사실 따라하고 싶어질 정도였습니다.

후배님의 이야기에 따르면 지금까지 펀드에 투자하거나, 은행에 적금을 부어서 만기까지 간 경우는 단 한 번도 없었다고 합니다. 중간에 꼭 무슨 일이 생기고, 그걸 메우기 위해 펀드를, 적금을 해약했다고 합니다. 그런데 보험회사 적금은 절대로 해약을 못한다고 합니다. 중간에 해약하면 원금도 못 받기 때문입니다. 본전생각만큼 사람을 독하게 만드는 것도 없습니다. 어떤 식으로든 다른 방법을 찾고, 보험회사 적금은 만기까지 채운다고 합니다. 그렇게 꿋꿋하게 견디다보면 만기가 되어 목돈을 만질 수 있게 되는 것입니다.

그렇다고 보험회사에 가서 적금을 넣으라는 소리는 절대로 아닙니다. 세금우대저축의 진정한 의미는 세금혜택에 있는 것이 아니라, 목돈 만들기에 있다는 것을 강조하고 싶었던 것뿐입니다. 그냥 우스갯소리로 듣고 넘어 가시기 바랍니다.

▷▶ 장기주택마련저축

장기주택마련저축은 집 없는 서민들의 주택자금 마련을 위해 탄생한 금융상품입니다. 그렇다고 장기주택마련저축으로 모은 돈은 반드시 집을 사는 데만 사용해야 하는 것은 아닙니다. 그 취지가 그렇다는 뜻입니다.

장기주택마련저축에는 2가지 중요한 혜택이 있습니다. 첫 번째 혜택은 7년 이상 거래를 할 경우 받을 수 있는 비과세혜택입니다. 하지만 이건 장기주택마련저축의 핵심이 아닙니다. 장기주택마련저축의 엑기스는 소득공제 혜택입니다.

직장인이라면 소득공제의 의미에 대해 정확히 알고 계실 것입니다. 하지만 아직 직장생활을 해 본적이 없는 분들을 위해 간략하게 소득공제의 개념을 짚고 넘어 가겠습니다.

모든 소득에는 세금이 붙기 마련입니다. 하지만 모든 소득에 인정사정없이 세금을 매길 수는 없습니다. 극단적 예를 들겠습니다. 100만원을 월급으로 받아 그중에서 99만원을 불우이웃돕기 성금으로 내는 천사가 있다고 합시다. 이런 사람한테 "당신! 월급 100만원 받았으니, 세금 그만큼 내시오" 하고 달려들면 좀 거시기 합니다.

불우이웃돕기 성금으로 낸 99만원은 빼고, 나머지 1만원에 대해서만 세금을 매겨야 사회정의에 맞을 것 같은 느낌이 듭니다. 어려운 말로 전체소득에서 99만원을 공제하고 1만원에 대해서만 세금을 메겨야합니다.

그런데 월급을 받을 때마다 이런 것까지 계산해서 세금을 먹이는 것은 무리가 있습니다. 그래서 무조건 세금을 떼고, 연말에 다시 정산을 하는 과정을 채택하게 되었습니다. 예를 들어 불우이웃돕기성금같이 뜻있는 돈은 소득에서 공제하고 다시 세금을 계산하는 것입니다. 이렇게 계산을 해서 세금을 지나치게 많이 거두었다면 그만큼의 돈을 되돌려 주는 것입니다.

불우이웃돕기성금처럼 장기주택마련저축에 불입한 돈도 연말정산을 할 때 소득공제 혜택을 받을 수 있습니다. 예금전액을 공제받을 수 있는 것은 아니고 예금한 돈의 40%, 최고 300만원까지 소득공제 혜택을 받을 수 있습니다. 소득공제혜택을 최대한 받고 싶다면 매월 62만 5,000원, 1년에 750만원을 저축하면 됩니다. 소득공제혜택은 예금한 돈의 40%, 최대 300만원 한도니까 750만원을 예금하면 한도 300만원(750만원×40%)을 정확하게 맞출 수 있습니다.

300만원을 소득공제하면 연말정산 때 얼마를 돌려받을 수 있을까요? 자신의 연봉에 따라 다르지만 몇 십만원에서, 심하게 많이 받으면 100만원까지도 받을 수 있습니다.

그런데 주택마련자금의 소득공제혜택은 아무나 받을 수 있는 것이 아닙니다. 직장인들만 받을 수 있는 혜택입니다. 장사를 하시는 분은 받고 싶어도 받을 수가 없습니다.

하지만 주의 할게 있습니다. 중간에 해약을 하면 그동안 받아먹었던 돈을 뱉어 내야 합니다. 소득공제 혜택을 받고 1년이 안되어 해약하면 최대 60만원까지, 5년 이내에 해약하면 최대 30만원까지 뱉어내야 합니다.

그래서 장기주택마련저축은 하나의 통장에 모두 예금 할 것이 아니라 몇 개의 통장으로 나누어 가입하는 것이 좋다고 합니다. 하나는 해약하고 뱉어낼 거 뱉어내도 나머지는 살아있기 때문입니다.

▷▶ 새마을금고 정기예적금

새마을금고는 "우리마을 좋은마을"을 만들기 위해 1963년 경남의 어느 마을에서 시작되었다고 알려져 있습니다. 물론 처음부터 새마을금고라는 명칭을 사용하지는 않았습니다. 새마을금고라는 이름으로 우리 앞에 다가온 것은 1982년이라고 합니다.

새마을금고의 가장 큰 매력 포인트는 세금혜택입니다. 예를 들어 설명하겠습니다. 은행에 100만원을 예금했습니다. 그리고 10만원의 이자를 받았습니다. 이때, 이자 10만원을 모두 꿀꺽 할 수 있을까요? 아닙니다. 이자의 15.4%를 세금으로 떼고 나머지 돈만 줍니다.

하지만 새마을금고는 다릅니다. 새마을금고마다 다소 차이가 있지만 만원, 또는 만오천원의 출자금만 따로 내면 예적금 합계 2,000만원 한도 내에서 세금을 1.4%만 뗍니다. 영원히는 아니고 2009년 말까지만 한시적 적용입니다.

▷▶ 상호저축은행 금융상품

상호저축은행은 일정한 행정구역에 거주하는 서민을 위해 설립된 금융기관입니다. 서민을 위해 설립된 만큼 대출의 50%이상을 지역 내의 개인과 중소기업에 하게 되어있습니다.

상호저축은행의 매력은 일반은행보다 1~2% 높은 금리에 있습니다. 그래서 나름대로 똑똑하다고 생각하는 사람들은 상호저축은행을 사랑한다고 합니다.

▷▶ 수익증권

투신사는 고객을 대신해서 주식이나 회사채에 투자를 해주고 수수료를 먹고사는 곳입니다. 고객이 맡긴 돈으로 이익을 내면 수수료를 뺀 만큼 이익을 돌려주고, 손실을 보면 입을 닦습니다.

그런데 투신사에 예금을 하면 은행과는 다른 것이 있습니다. 은행에 돈을 맡기면 통장을 주는데 비하여 투신사는 수익증권이라는 것을 줍니다. 수익증권은 수익이 발행했을 때 이익을 나누어줄 것을 요구할 권리가 있는 증서를 줄인 말입니다. 수익증권을 얼마나 가지고 있느냐에 따라 이익에 대한 청구권이 달라집니다.

물론 수익증권을 실제로 주는 것은 아니고 통장에 보면 수익증권 몇 좌하는 식으로 표시를 해 놓습니다. 흔히들 투신사에 예금을 하는 것을 수익증권을 산다고 하고, 예금을 해약하는 것을 수익증권을 판다고 이야기 합니다.

은행의 금융상품에도 여러 가지가 있듯이 투신사에서 판매하는 수익증권에는 여러 가지 종류가 있습니다. 우선 공사채형수익증권과 주식형수익증권이 있는데 공사채형수수익증권으로 모집한 돈은 주로 주식에 투자하게 됩니다. 공사채형이라고 해서 100% 공사채에 투자하거나 주식형이라고 해서

100% 주식에 투자하는 것이 아닙니다. 상대적으로 비중이 높다는 뜻입니다. 안정된 투자를 원하는 분이라면 공사채형 수익증권을 사면되고, 아름다운 한탕을 하고 싶은 사람이라면 주식형수익증권을 사면 됩니다.

수익증권은 폐쇄형과 개방형으로 나누어지기도 하는데 폐쇄형은 맨 처음 수익증권을 판매해서 돈을 마련하면 더 이상 추가적으로 수익증권을 판매하지 않는 것입니다. 개방형은 언제든지 수익증권을 새로 발행해서 돈을 계속 끌어 모을 수 있습니다. 이밖에도 수익증권은 여러 가지 방식으로 구분할 수 있는데 나머지는 과감하게 생략하겠습니다.

한편 수익증권을 판매해서 끌어 모은 돈을 펀드라고 합니다. 그리고 돈을 운영하는 사람을 펀드 매니저라고 합니다.

6 예금자 보호

예금자보호

1억원을 저금해 놓았는데 은행이 망하면 어떻게 될까요? 1억원을 몽땅 날리게 될까요? 아니면 착한 정부가 대신해서 돈을 몽땅 돌려줄까요? 예금자보호법이라는 것이 있는데 이것에 따르면 어떤 금융상품에 돈을 넣어두었는가, 언제 망하느냐에 따라 지급되는 돈은 달라집니다. 예금자 보호법의 주요 내용에 대해서 살펴보겠습니다.

일단 금융상품에 신탁이라는 이름이 붙어 있으면 은행이 망하더라도 정부는 10원짜리 하나 지급해 주지 않습니다. 예를 들어 근로자 우대신탁이라는 금융상품에 들었는데 은행이 망하면 1억을 넣었던 1조를 넣었던 10원짜리 하나 건질 수가 없게 됩니다. 신탁이라는 글자가 말해는 대로 '믿고 맡긴' 만큼 정부에서는 신탁이라는 글자가 들어가는 상품은 은행이 망하더라도 입을 닦습니다.

예금자보호법은 금융기관이 파산 등의 사유로 예금을 지급할 수 없는 상황에 대처하기 위하여 예금보험제도 등을 효율적으로 운영함으로써 예금자를 보호하고 금융제도의 안정성을 유지하는 데 이바지함을 목적으로 하는 법률입니다. 이 법에 의한 예금보험제도 등을 효율적으로 운영하기 위하여 예금보험공사를 설립하여 운영하며, 5,000만 원까지 보호를 받을 수 있습니다.

7 보 험

누구나가 죽을 날을 정확히 알 수 있다면 얼마나 좋을까요? 아니면 고통스러울까요? 마음의 준비를 할 수도 있고, 우리가 떠난 뒤 남겨질 가족을 위해 대비책을 세울 수도 있을 것입니다.

어느 날 내가 갑자기 사랑하는 사람들을 남겨두고 떠나도, 내가 없어져 생긴 빈자리에서 사랑하는 사람들을 지켜줄 무언가가 있다면, 혹시나 갑작스럽게 내가 떠난 그 자리에서 남아 있는 사랑하는 이를 위한 후원자가 있다면 얼마나 좋겠습니까? 그래서 결심했습니다. 바로 보험입니다.

지금부터 우리는 이제 우리는 보험이 무엇인지 공부해 나갈 것입니다. 보험이란 질병 · 상해 · 사망 등 세상 속 우리의 삶에서 일어나는 위험으로부터 우리를 지키는 방패막인 셈입니다. 우리가 공부할 보험부분은 류대현씨의 직장인들 가장 궁금해 하는 금융상식의 부분을 주요 재인용 참조하였음을 밝힙니다.

생명보험과 손해보험

보험에는 크게 생명보험과 손해보험으로 나뉩니다.(잘 아시죠?^^)

생명보험은 정액보상을 해줍니다. 여러 개의 생명보험에 똑같은 보장을

가입하셔도. 모두 다 정해진 보험금을 받을 수 있습니다. (중복보장가능)

손해보험은 비례보상을 해줍니다. 여러 개의 손해보험에 똑같은 보장을 현재는 가입할 수 없습니다.

과거에는 똑같은 보장을 가지고 있다면 비례보상으로 1000만원의 보험금이라면 1000만원이 나누어져 나오는 거죠.

생명보험은 주계약이 일반사망입니다. 피보험자가 사망시 보험금을 지급하거나 생존시 보험금을 지급하는 보험입니다. 거기에 특약으로 암진단, 수술, 입원 및 질병치료비등이 보장되죠.

손해보험은 실제 손해를 보상해주는 보험입니다. 대부분 상해/질병/치료/검사에 대한 부분을 보장합니다.

병원에서 치료를 목적으로 검사(x－ray, CT, MRI등)비와 약제비(약값) 등 실제 드는 병원비를 국민건강의료보험을 공제한 본인부담금의 90%를 5000만원 한도 내에서 보상해 줍니다. 이 부분은 생명보험에서는 보장하지 않는 부분이죠.

따라서 생명보험과 손해보험을 각각 준비해서 상호보완의 보장을 받으라고 하는 겁니다.

만약 화재로 집을 잃게 된다면, 손해 보험회사는 집 지을 돈을 건네 줍니다. 한번 씩은 보셨지요.'ㅇㅇ화재'하는 이름으로 끝나는 회사가 바로 손해보험회사입니다.

생명보험은 우리의 생명과 건강을 위협하는 나쁜 무리들을 쳐부수는 것을 임무로 합니다. 주로 'ㅇㅇ생명'이라는 이름을 가지고 있습니다.

정액보험과 실손보험 그리고 변액보험

보험금액이 어떻게 정해지는가에 따른 구분입니다.

특정 사건이 발생했을 때 얼마를 주기로 미리 정해진 것이 정액보험입니다.

계약자가 실제 입은 손실(지급된 의료비 등)을 보험금으로 주는 것이 실손보험입니다.

변액보험은 내는 보험료의 일부가 펀드 등에 투자되기 때문에 받는 보험금이 변하는 것입니다.

투자를 잘하면 보험금이 많아지지만 잘못될 경우 보험금이 보험시기 최저로 보장하는 금액에 그친다는 점에서 '고위험, 고수익' 상품입니다. 좀 구체적으로 살펴보면 다음과 같습니다.

사람이 생명보험회사의 보험은 10개가 되든, 20개가 되든 보험에 가입한 만큼 돈을 받을 수 있습니다. 예를 들어 보겠습니다. 죽을 때 1억원을 받는 보험을 4개의 보험회사에 가입했다고 합시다. 보험 가입 후에 실제로 죽게 되면 각 보험회사로부터 1억원씩, 총4억원을 받을 수 있습니다.사전에 정한 액수만큼 돈을 모두 받을 수 있는 것입니다. 이러한 보험을 정액보험이라고 합니다.

이번엔 화재로 집이 완전히 소실 되었습니다. 이때 재산상의 손해는 얼마일까요? 소방서 피해추산 ㅇㅇ원 하면서 뉴스에 나오는 것 들어보셨습니까? 이외 여러 방법으로 손해액을 산정해서, 손해를 입은 정도를 정확히 계산하고, 손해가 난 만큼만 보상합니다. 1억원짜리 화재보험을 2개의 보험회사에서 들었다고 합시다. 집에 불이 나서 1000만원의 손해를 봤다면 얼마짜리 보험에 들었든 상관없이 1000만원만 받을 수 있는 것입니다. 실제로 손해가 발생한 만큼만 주는 보험을 가리켜 실손보험이라고 부릅니다.

그렇다고 해서 생명보험회사에서는 정액보험만 팔고, 손해보험회사에서는 실손보험만 판매하는 것은 아닙니다. 손해보험회사에서도 정액보험을 판매하고 있습니다. 보통의 경우에는 생명보험회사는 정액보험, 손해보험회사는 실손보험을 판매한다고 이해하면 좋을 것 같습니다.

순수보장형과 만기환급형

우리는 보험에 가입하게 되면 당연히 보험료를 지불해야만 합니다. 이렇게 열심히 보험료를 납입하다가 이제 보험계약기간 만기가 되었을 때 그런데 만기가 되었을 때 보험에 따라 원금을 돌려주는 보험이 있고 원금에서 1

원도 안돌려주는 보험이 있습니다. 바로 원금을 돌려주는 보험을 만기환급형이라고 하고 이 있고, 1원도 돌려주지 않는 보험을 순수보장형이라고 합니다. 예를 들어서 암보험에 가입한다고 합시다. 이때 순수보장형으로 가입하면 만기가 되었을 때 1원짜리 하나도 받지 못합니다. 반면에 만기환급형 보험은 나중에 원금을 돌려받습니다. 대신 보험료가 비쌉니다. 예를 들어 순수보장형 보험이 한 달에 1만원의 보험료를 요구한다면, 만기환급형 보험은 한 달에 2만원을 요구합니다. 언뜻 생각하면 원금을 돌려주는 만기환급형 보험이 나을 것 같지만, 꼭 그렇지도 않습니다. 참고하세요. 그리고 보험은 어디까지나 우리 삶의 방패막이지 금융투자상품으로 보기에는 무리가 있다는 것도 꼭 기억해 두세요.

보장성보험과 저축성보험

보장성보험은 글자 그대로 보장을 주된 목적으로 하는 보험입니다. 암보험, 자동차보험 같은 보험이 대표적인 보장성보험입니다.

이와 달리 저축성보험은 위험으로부터 우리를 보호하는 데 의의가 있는 보험이 아닙니다. 저축이나 투자가 목적인 보험입니다. 노후를 대비해 가입하는 연금보험이나 펀드투자를 하는 변액보험이 대표적인 저축성보험입니다. 연금보험이나 변액보험은 나중에 자세히 다룰 테니, 듣도 보도 못한 놈들이 나타났다고 긴장할 필요는 없습니다.

약관과 보험증권

우리가 보험에 가입하면 서류를 내보입니다. 바로 약관을 줍니다. 그런데 이 약관의 첫 페이지를 펼치는 순간 그 깨알 같은 글자에 깜짝 놀라게 됩니다. 게다가 읽어가다 보면 거의 정신적 충격 상태에 빠지게 됩니다, 글자의 생김새는 분명 한글인데 읽을 수가 없기 때문입니다. 아무리 독하게 마

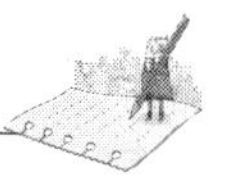

음을 먹어도 읽기가 무척 어렵습니다. 그렇게 '읽어봐야지. 읽어봐야지' 하고 시간을 보내고 있으면 보험증권이라는 것이 날아옵니다.

그런데 이 보험증권 또한 만만치 않습니다. '보험자, 피보험자, 보험료, 보험금…' 어려운 말들로 구성되어 있습니다. 그래서 대부분 사람들이'보험설계사가 다 알아서 잘했겠지…'그렇지만 이런 무관심이 훗날 분쟁의 원인이 됩니다.

"이것봐요, 2,000만원까지 보장된다고 해놓고, 이제와서 다른 소리를 하면 어떻게 해요?"

"잠깐 만요 여기 보세요. 분명히 약관에 1,000만원이라고 나와 있습니다.."

이제 우리는 약관까지는 몰라도 최소한 보험증권의 내용은 읽을 줄 알아야 합니다. 그래야 설계사의 실수로 또는 자신의 착각으로 계약이 잘못된 것을 고칠 수 있기 때문입니다. 약관이나 보험 증권에 자주 나오는, 그러나 그 생김새가 너무 비슷해 헷갈릴 수밖에 없는 내용을 살펴보겠습니다.

먼저 가장 분명한 개념의 정의가 필요한 것이 보험료와 보험금입니다. 보험에 가입하고 우리가 보험회사에 매월 내는 돈을 보험료라고 합니다. 보험요금을 줄인 말이라고 생각하십시오.

그리고 보험금은 나중에 사고가 발생했을 때 우리가 받는 돈입니다.

또하나 우리는 보험자와 피보험자라는 용어도 무척 헷갈립니다. 보험자는 보험회사를 가리키는 말입니다. 흔히 보험자를 보험에 가입하는 사람으로 착각하는 경우가 많습니다. 하지만 보험자는 절대로 우리 일반 시민을 가리키는 말이 아닙니다. 보험자는 보험회사입니다.

피보험자에서 피는 객체가 되는 것이라는 의미인데, 흔히 피보는 사람이라고 합니다. 피보험자가 바로보험에 가입하는 우리를 가리키는 말입니다.

지금부터 예를 들어 보험 관련 용어를 설명하면 다음과 같습니다. 여우같은 아내가 남편이 암에 걸릴 것에 대비해 암보험에 가입했습니다. 간암에 걸리면 5,000만원을 받고 다름 암에 걸리면 3,000만원을 받는 보험입니다. 배달12만원씩 10년간 꼬박 내면 70세까지 혜택을 볼 수 있다고 합시다.

이때 돈을 내는 아내를 계약자, 남편을 피보험자라고 합니다. 즉, 피보는 사람이라는 뜻입니다. 암에 걸렸을 때 받는 돈간암5,000만원 다른암 3,000

만원을 보험금이라고 하고, 매달 내는 12만원을 보험료라고 합니다. 또 돈을 주는 보험회사를 보험자라고 합니다. 위험으로부터 계약자를 보호하는 존재라는 뜻이죠. 또 70세까지의 기간을 보험기간이라고 합니다.

여기에 하나 더 고지의무와 책임개시일이라는 개념도 중요합니다. 고지는 보험회사에 미리미리 알려야 하는 내용입니다. '옛날에 아팠던 경험이 있는지, 가입한 보험이 또 있는지, 오토바이를 운전하는지…"내가 거짓말 한다고 보험회사가 어떻게 알겠어?' 하는 마음을 먹으면 안 됩니다. 보험회사의 정보력은 우리가 상상하는 것 이상이며 보험회사는 만만한 상대가 아닙니다. 책임개시일은 책임이 개시되는 날이라는 뜻입니다. 어떤 사람이 암에 걸렸다는 사실을 안 뒤에야 암보험에 가입하는 무모한 용기를 발휘하는 사람들이 있을 수 있습니다. 만약 그런 사람이 있어서 보험금을 지불하게 된다면 보험회사 입장에서는 손해가 발생할 수 잇겠지요. 이것 때문에 등장한 것이 책임개시일이라는 개념입니다. 이런 경우 대개는 암과 관련된 보험의 책임개시일은 90일입니다. 만약 보험가입 후 90일이 되기 전에 암에 걸리면 보험회사는 보험금을 주지 않습니다. 일종의 보험사기입니다.

종신보험

생명보험 중 사망보험에 속하는 보험입니다. 정기보험과 같이 보험기간을 한정하지 않고 전생애, 즉 피보험자가 사망할 때까지를 보험기간으로 하고 있습니다. 보험금은 사망하였을 때에만 지급되므로, 주로 피보험자가 사망한 후의 유족의 생활보장을 목적으로 합니다. 보험료 불입기간은 종신불 ·유한불(有限拂) ·일시불 등으로 나누어집니다. 참고하세요. 보험이라는 영역 또한 다루고자 하면 공부할 부분이 넘 많아요. 다음에 더 공부하기로 여기서 줄이겠습니다.

채권과 주식지식

제 9 장
채권과 주식지식

1 채권투자

유가증권

사람들은 돈이 없을 때 주변사람에게 돈을 빌리게 됩니다. 물론 담보물이 있으면 금융기관 등에서 담보대출을 하거나 신용대출이란 것을 하면 되지만 절차상의 복잡함과 비용 등의 이유로 가까이에 있는 지인에게 돈을 융통할 때가 있습니다.

예를 들어 홍길동이 김유신에게 500만원을 빌리면서 홍길동은 김유신에게 차용금액과 상환기간 그리고 이자 등을 기입한 증서를 써 주게 됩니다. 흔히 차용증서란 것입니다. 이 차용증서는 김유신이 홍길동에게 500만원을 빌려준 사실과 함께 돌려받을 수 있는 권리가 있음을 증명하는 문서의 역할

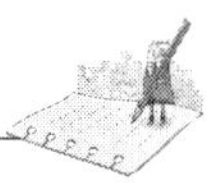

을 합니다.

김유신이 받은 이 차용증서는 채권과 채무관계의 사실을 증명하는 증서로서 이를 증거증권이라고도 합니다. 김유신이 갖고 있는 이 증서를 가지고 있는 사람이면 누구에게도 홍길동이 500만원을 지급한다고 합시다. 그리하여 김유신은 이 증서를 계백에게 팔수도 있을 것입니다. 이 증서를 통해 김유신에게 계백이 채권을 양도 받는다면 김유신이 갖고 있는 이증서는 재산상의 가치를 지니고 사회에서 통용되는 증서인 유가증권이 되는 것입니다.

유가증권은 화폐증권과 자본증권으로 나눌 수 있습니다. 수표와 어음처럼 화폐를 대신하여 사용하는 화폐증권과 회사의 자본으로 사용되는 주식과 채권을 일컫는 자본증권이 그 대표적인 예입니다.

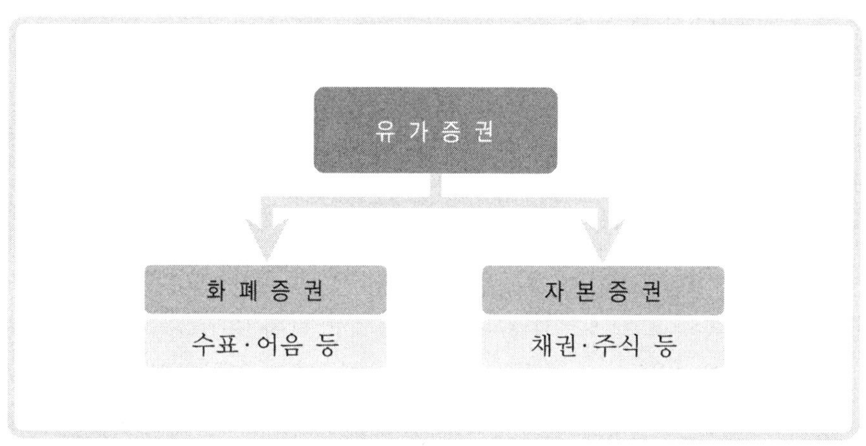

┃그림┃ 유가증권의 종류

채권의 종류

채권과 어음은 사용용도나 지급방법 그리고 유통하는 방법의 차이는 있으나 일종의 차용증서라는 점에서 유사점을 지닙니다.

채권이란 기업뿐만 아니라 정부나 금융기관 등에서도 자금이 필요할 때 채권을 발행하여 돈을 구하게 된다면 어떻게 될까요? 정부에서 큰 규모의 국책사업 등을 할 때 세금만으로 공사를 진행한다면 아마 엄청난 시간이 소요될 것입니다. 막대한 돈을 일시에 조달하여 대규모공사 등을 진행시키기 위해 정부는 채권을 발행합니다. 이때 발행된 채권을 구입하는 쪽은 채권의 정해진 날짜에 원금과 이자를 함께 돌려받을 수 있어 경제적 이익을 얻을 수 있습니다.

정부에서 발행하는 채권을 국채(國債)라고 부르고, 회사에서 발행하는 채권은 회사채라 하며 흔히 이를 사채(社債)라고 합니다. 그리고 금융기관에서 발행하는 채권을 금융채(金融債)라고 합니다. 여기서 주의할 점은 회사채의 사채(社債)를 흔히 개인의 채권인 사채(私債)와 구분하지 못하는 사람들이 종종 있습니다.

앞서도 언급했듯이 차용증서라고 하는 것은 어떤 이가 돈이 필요하여 다른 이에게 돈을 빌리게 될 때 누구에게 얼마를 빌렸으며 언제까지 갚겠다는 내용을 문서로 적어주는 것입니다. 이 차용증서의 경우 금융기관에 채권사실을 담보로 자금을 융통할 수도 없고, 채권을 다른 제3자에게 양도도 할 수 없는 성질을 가지고 있습니다. 그래서 자금을 융통해 준 일반투자자끼리 차용증서의 성격을 가지면서 서로 사고 팔 수 있도록 만들어 놓은 유가증권이 채권입니다.

채권의 경우 다른 이에게서 자금을 빌려오기 위해 발행을 합니다. 따라서 자금을 빌려온 쪽은 그 자금으로 사업을 할 수 있으나 돈을 빌려준 쪽은 돈에 대한 위험부담과 시간의 가치를 인정받아야만 하므로 채권을 발행할 때에는 원금의 상환일자와 이자를 정해 놓게 된답니다. 채권을 발행한 자는 채권 상환 만기일이 되면 채권을 사서 투자한 사람에게 약속한 원금과 정해진 이율과 기간에 따른 이자를 지급해야만 합니다.

채권의 종류로는 누가 발행했느냐에 따라 국채·지방채·특수채·금융채·회사채 등으로 구분할 수 있습니다.

▷▶ 국채(국채, 지방채)

국가는 대규모의 국책사업 등을 수행할 자금조달을 위해 또는 긴급한 자금을 조달하기 위해 또는 중앙정부가 사용할 자금을 조달할 목적 등으로 채

권을 발행하는데 이를 국채라 하고 국고채라 하기도 합니다. 의미상 약간의 차이는 있지만 이런 것까지 구분하여 외우고 하면 경제공부가 미워져요.

이 국채의 경우 발행자가 국가이므로 국가가 재정의 파산이 있지 않는 한 원금과 이자에 대해 보장 받을 수 있어 가장 신용도가 높은 채권으로 뽑습니다. 안정성이 가장 높기 때문에 채권 이자는 비교적 낮다는 것 이해하시죠.

만약 국채를 자금조달이 용이하다는 이유로 국가정부에서 많이 발행하게 되면 국채의 채무자가 정부이고 이는 국민의 세금으로 갚아 나가야하는 자금이므로 국가 재정에 막대한 악영향을 줄 수도 있다는 것을 명심하여야 합니다. 따라서 국채가 얼마나 발행되었는가 여부가 앞으로의 국가 재정에 어떠한 영향을 미치고 경제에 어떻게 작용할 것인가를 살펴보는 중요한 근거가 된답니다.

대표적인 국채로는 공공용지보상채권, 외평채(외국환평형기금채권), 국고채권, 국민주택채권 등이 있습니다.

또한 지방채라는 것이 있는데 국채와 더불어 공공사업에 사용할 자금에 사용하는 채권이라 하여 국채와 지방채를 공채(公債)라고 합니다. 지방채의 경우 지방자치 정부와 단체 그리고 공공기관에서 채권을 발행합니다. 대표적인 지방채로는 지하철채권, 도로채권, 지역개발채권, 상수도채권 등이 있어요.

▷▶ 특수채

특별법에 의해 설립된 한국토지공사, 한국도로공사와 같은 법인을 특수법인이라 합니다. 이 특별법인이 자금조달을 목적으로 발행하는 채권을 특수채라고 말하는데요. 특별법에 의해 발행된다는 점에서 특정 금융기관이 장기융자를 위한 자금을 흡수할 목적으로 발행하는 채권인 금융채도 특수채에 포함된답니다.

정부가 원금과 이자 즉 원리금을 보증하는 정부보증 채권으로 공채와 회사채의 성격을 모두 지니고 있다는 것이 특징이 있습니다. 수익률이 국채에 비해 높은 편이면서도 회사채보다 안정성을 확보하였다는 장점이 있습니다.

대표적인 특수채로는 토지개발채권, 한국가스공사채권, 한국도로공사채권, 한국전력공사채권, 한국수자원공사채권, 기술개발금융채권, 예금보험공사채권 등이 있습니다. 이 밖에도 리스회사가 자금조달을 위해 발행하는 무보증 리스채, 신용카드회사가 발행하는 카드채, 벤처캐피털회사가 발행하는 캐피털채권·할부금융채권 등 여신전문 금융기관이 발행하는 채권도 특수채에 속한다고 하네요. 특별법에 따라 설립된 은행에서 발행하는 금융채에는 한국은행의 통화안정기금, 기업은행의 중소기업금융채권, 산업은행의 산업금융채권 등이 있고요.

▷▶ 회사채

주식회사가 일반투자자에게 자금을 모집하려고 발행하는 채권을 회사채(會社債) 줄여서 사채(社債)라고 부른답니다. 균일한 금액으로 분할된 유가증권(회사채)이 발행되는데 이 증권을 가지고 있으면 누구라도 권리행사를 할 수 있도록 법적인 제도가 마련되어 있어서 주식과 더불어 투자증권회사에서 활발히 매매된답니다.

주식회사가 증권시장에서 장기자금을 조달하기 위해서는 먼저 회사채와 주식의 장점과 단점을 비교하게 되는데요.

주식발행의 경우는 원금을 갚을 의무도 없고 배당도 형편이 나쁘면 안 줄 수 있는 가장 좋은 조건의 돈이지만 시세가 높지 않으면 팔리지 않고 회사를 지배하는 대주주가 자기 몫을 인수할 자금을 마련해야 하는 어려움이 있습니다. 반면 회사채에 대한 이자는 경비로 처리되어 세금을 안 내지만 주식에 대한 배당을 주려면 우선 이익에 대한 법인세부터 내야 하므로 실질적인 자금조달비용이 채권보다 훨씬 높습니다.

이에 비해 회사채의 경우는 일정한 이자만 제 때에 갚으면 될 뿐, 증권시세에 구애받지 않고 지배주주가 필요한 지분을 유지하기 위해 자금을 마련할 필요도 없습니다. 원금상환의 경우도 장기에 걸쳐 나누어 하거나 만기에 가서 같은 금액의 회사채를 다시 발행(차환발행)하여 갚을 수도 있으므로 실제로 큰 부담이 되지 않는다고 하네요.

다만, 회사채발행이 자기자본의 일정 한도를 넘지 못하도록 법으로 정해

져 있어서 부득이 주식도 발행하게 됩니다. 회사채발행은 발행회사가 직접 살 사람을 찾아서 처분할 수도 있지만(직접 발행), 일반적으로 전문적인 증권회사나 종합금융회사 등 인수업자에게 일정한 보수를 주고 위탁합니다(간접 발행). 인수업자는 혼자하기보다 몇 명이 힘을 합쳐 하는데, 이 인수업자 모임을 인수단(引受團)이라 하고, 여기에 참가하는 각 인수업자는 맡은 역할에 따라 주간사(主幹事)·공동간사·인수 및 매출회사 등이 있습니다. 인수단은 몇 사람의 큰 고객을 찾아 개별적으로 팔수도 있지만(私募), 우리나라에서는 공개모집 방법을 택하고 있습니다. 일반 투자자에게 사 달라고 권유하기 위해 먼저 사채를 발행하겠다는 유가증권신고서를 증권감독원에 제출하여 발행일자를 지정받아야 한답니다.

회사채는 회사가 해산할 때 잔여 재산에 대해 주식보다 우선해서 분배를 받을 수 있는 권리가 있어요. 회사채는 공채나 특수채에 비해서는 이자가 높지만 발행회사가 파산을 한다든지 하는 문제가 생길 땐 원금도 못 받을 수 있기 때문에 안정성은 떨어지는 편입니다. 이 안정성의 문제 때문에 금융기관으로부터 발행회사가 약속한 원리금을 갚지 못하는 경우 금융기관이 대신하여 원리금을 지급보증하는 보증사채를 발행합니다.

만약 경제상태가 좋지 않아 기업들의 부도가 많아지고 시장상황 또한 좋지 않게 전망되는 경기 침체상태에서는 은행·보증보험·증권회사와 같은 회사채 보증업무를 해주는 금융기관이 지급보증을 회피하게 되는데요. 이렇게 되면 시중 보증사채는 줄게 되고 금융기관의 지급보증을 받지 못한 무보증사채는 늘어나게 됩니다. 무보증사채의 경우 보증사채에 비해 안정성이 많이 떨어지므로 채권투자자에게 상대적으로 잘 팔리지 않을 뿐더러 무보증사채가 늘어났다는 것은 기업이 자금난을 겪고 있으며 경제상태가 나쁘다는 것을 말해줍니다.

무보증사채의 경우 회사채발행기업의 신용이 투자의 첫째조건이 됩니다. 따라서 신용도가 좋은 기업들만이 무보증사채를 발행하게 되겠지요. 흔히들 금융기관에서 지급보증을 하는 여부에 의해서 보증사채와 무보증사채라고 하는데 이를 합쳐서 보통사채라고 부르는데요. 한편, 이 보통사채와는 조금 구분되는 특수사채라는 것이 있습니다. 특수사채는 발행하는 목적과 방법은 보통사채와 비슷하나 미리 정한 일정조건에 따라서 전환사채, 신주인수권부사채, 이익첨가부사채, 교환사채 등의 다양한 특수사채가 있습니다.

| 표 | 회사채의 종류

보통사채	보증사채와 무보증사채
특수사채 (처음에는 사채로 발행일정조건 후)	주식으로 바꿀 수 있음(전환사채)
	발행회사가 증자시 새주식을 인수할 권리를 줌(신주인수권부사채)
	채권자가 회사채의 이율에 따라 이자 외에 이익배당도 받을 수 있음(이익참가부사채)
	발생회사의 상장유가증권과 회사채를 바꿔달라고 청구할 수 있음(교환사채)

채권투자 알기

증권시장을 구성하는 가장 중요한 2대 요소가 바로 채권과 주식입니다. 채권시장은 기채시장과 유통시장으로 나눌 수 있습니다.

기채(起債)시장이란 채권을 일으킨 시장 즉 채권발생시장을 말하고요. 채권의 유통시장은 상장채권인 경우 증권거래소(장내시장)와 장외시장을 말합니다.

이때 채권의 경우 주식과는 달리 장외시장(은행, 신탁회사, 증권사 등 금융기관)에서 더 많이 거래되는 특징이 있습니다. 대부분의 국공채는 시중은행에서 주로 거래되며, 금융채인 경우 은행과 증권회사에서 거래되며, 회사채의 경우는 증권회사에서 판매합니다.

같은 회사가 채권을 발행한 경우라도 채권의 경우는 발행시기가 다르면 거래조건이 달라지 게 됩니다. 즉 회사, 시기, 가격, 이율 등 거래조건에 따라 발행조건이 다양하다는 것이지요.

제2장 금융경제에서도 말했었는데 다시 한번 말하죠. 좀 더 깊이 있는 복습차원에서요.

채권의 수익률을 말할 때 알아야 하는 사항을 정리하면 다음과 같습니다.

채권의 경우에는 액면가와 시기 그리고 표면이율이 적혀있는데, 액면가는 채권금액란에 표시하는 금액입니다. 회사채 경우에 액면가를 1만원 이상 하도록 되어 있고요. 시기는 1년 만기·3년 만기·5년 만기 등 만기기한이 적혀 있어 언제 채권의 원리금을 상환할 것인가가 명시되어 있습니다.

표면이율이란 매 년마다 또는 반년마다 지급해야 할 이자의 비율을 채권발행자가 채권발행가에 따라 밝혀 놓은 것을 말하는데요. 대부분의 경우 채권은 액면가보다 싼 발행가로 시장에서 유통되게 됩니다. 예를 들어, 액면가 50만원인 채권이 유통될 땐 발행가 45만원 정도로 유통되는 것입니다. 이것을 할인채라 하며 채권을 액면가보다 싸게 유통시키는 할인발행을 말한답니다.

채권투자자가 할인채를 구입한 경우는 액면가와 발행가의 차이금액과 표면이율로 표시된 이자를 합쳐 채권수익률이라 합니다. 이 액면가와 발행가의 차이금액과 표면이율을 발행가의 얼마나 되는지를 백분위로 나타낸 것을 채권의 유통수익률이라고도 합니다.

채권 중 특수채인 금융채의 경우에는 만약 은행에서 거래를 하게 되면 표면금리기준으로 발행하는데 반면 증권사에서는 채권유통수익률 기준으로 발행하게 된답니다. 따라서 보통의 경우 채권유통수익률이 표면금리보다 많으므로 채권은 증권사에서 사는 게 싸다고 할 수 있습니다.

보통의 경우 채권수익률(=유통수익률)은 채권값과 반대방향으로 움직이며, 채권표면이율과는 같은 방향으로 움직인다고 볼 수 있습니다. 예를 들어, 시중의 금리가 낮아질 것으로 예상한다면 채권을 사는 게 유리할 것입니다. 왜냐하면 채권값의 경우 보통 금리와 반대방향으로 움직이므로 금리가 낮아질 것을 예상하다면 채권은 표면금리이므로 채권값이 오를 가능성이 높다고 볼 수 있기 때문입니다. 채권투자에서 중요한 득실의 포인트는 금리의 예측이라 할 수 있습니다.

한 가지 더 말하면 시중의 경기상황에도 채권수익률은 밀접한 영향이 있습니다. 대개의 경우 경기가 좋아지면 채권수익률이 올라갑니다. 경기가 좋아지게 되면 기업에서는 투자확대를 할 것이고 이때 기업의 자금수요가 늘어나 자금이 부족해지면 채권발행을 통해 기업의 자금을 늘리려고 할 것입니다. 기업투자를 위한 채권의 공급이 시장의 채권투자자의 수요보다 많아지므로 채권값이 떨어져 채권수익률이 올라가게 되는 거죠. 경기호황국면이 과열되어 만약 인플레이션 등으로 고조되면 금융긴축 대응이 나타나면서 채권수익률 오름세가 정지됩니다.

경제상태가 좋지 않을 때에는 시중의 자금이 원활히 유통되지 않아 기업의 자금마련이 어렵게 되는데요. 기업은 부족한 자금을 마련하기 위해 채권발행을 통한 자금마련을 하려고 합니다. 그러면 채권의 공급량이 채권의 수요량보다 많아지게 되고 채권값은 떨어지고 채권수익률은 올라가게 되는 거죠. 이러한 채권값의 내림세 현상이 계속되어 기업의 자금이 압박을 받게 되면 한국은행이 금융완화정책을 통해 시중에 자금 압박을 풀게하고 자금부족이 덜해지면 채권값 하락도 멈추게 한답니다.

참고

- 할인채의 채권수익률 = [(채권액면가－채권발행가)+(표면금리*채권발행가)] /채권발행가(=할인채의 유통수익률)

- 채권수익률 중 3년 만기 회사채의 유통수익률은 전통적으로 장기금리의 대표격이자, 시중 실세금리를 나타내는 기준금리로 통한다.

- 강제성채권 － 개인이 부동산 담보대출 또는 주택매매하고 소유권이전 등기 할 때 의무적으로 국채인 국민주택채권(1종)을 사야한다. 차를 구입해 등록할 때 5년 또는 9년 만기 지방채인 도시철도채권을 사야만 한다. 이들 채권은 의무적으로 사야하므로 ‘강제채권’이라한다. 원해서 사는 게 아닌 또 다른 명목으로 세금을 내는 셈이다.

자료 : 곽해선(2004)

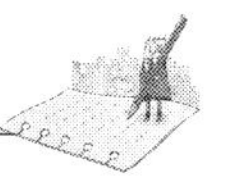

반면 정부와 기업의 자금사정이 여유가 있을 때는 채권의 발행을 줄일 것입니다. 그러나 채권의 발행을 줄여 채권공급이 낮아진 것에 반해 시중의 넉넉한 자금은 오히려 채권에 투자하고자 하는 채권수요에 몰리게 됩니다. 이 경우에는 채권시장 전반에 채권공급보다 채권수요가 많아져 채권값이 오르고 채권수익률은 낮아지게 됩니다.

이처럼 채권수익률은 시중의 금리와 시중의 자금에 따라 아주 밀접한 관계가 있음을 알 수 있죠. 그러므로 채권수익률이 실세금리의 기준으로 사용되고 있는 중요한 이유가 여기에 있습니다.

2 주식투자

증권시장과 주식시장

▷▶ 증권시장이란

증권이란 용어를 일반인들 중 상당수가 주식과 같은 용어로 생각을 하는 분도 많습니다. 그러나 엄밀히 말해 이것은 크게 잘못된 생각입니다. 증권이란 말에는 주식뿐만 아니라 채권과 선물 등이 포함된 개념이기 때문이죠.

증권이 전체집합이라면 주식은 증권의 부분집합에 해당된다고 보십시오. 증권시장은 기업의 자금을 융통하게 하고 증권에 투자한 투자자의 수익을 창출할 수 있는 자금시장이라 할 수 있습니다.

기업이나 금융기관 그리고 정부투자기관과 같은 자금이 필요로 하는 쪽에서 주식이나 채권 등을 발행하고 이 주식과 채권을 일반투자자나 기관투자자가 청약하여 채권과 주식에 투자할 수 있는 시장이 증권시장인 것입니다. 발행시장을 통해 발행된 주식과 채권은 증권투자자간에 원활한 거래를 할 수 있도록 주식시장, 채권시장, 코스닥시장 등의 유통시장에서 연결해 준답니다.

▷▶ 주식시장이란

주식시장을 통해 주식이 거래될 수 있게 하려면 주식거래를 원하는 기업이 일반인과 기관투자자를 대상으로 기업을 공개하는 절차를 걸쳐야 합니다. 이후 주식시장의 일정기준에 맞춰 상장을 할 수 있습니다.

이렇게 상장을 한 주식회사의 주식은 일반투자자와 기관투자자에게 주식시장을 통해 거래할 수 있게 됩니다. 거래는 증권회사를 통해 주문이 이루어지지만 엄밀히 말해 주식의 거래주문이 증권회사에서 처리되어 지는 것은 아닙니다. 주문한 주식의 거래는 증권거래소에서 모여 체결이 이루어지는데 원래 증권거래소에 가서 해야 할 일을 증권사들이 수수료를 받고 이를 대행해 주는 것입니다. 증권거래법상으로 발행자나 투자자 모두가 증권회사를 통해서만 발행과 청약 그리고 매매를 할 수 있도록 되어있습니다.

▷▶ 기업의 상장

주식회사란 사업을 해서 돈을 벌 목적으로 여러 명이 사업의 밑천을 내서 운영하는 회사를 말합니다. 이 밑천을 우리는 자본금이라 합니다. 이 자본금은 일정금액을 한 단위로 표시한 여러 장의 유가증권으로 나누게 됩니다. 이 증권을 바로 주식이라 하고 자본금을 내어 주식을 소유한 사람을 주주라 합니다.

주식회사는 얼마나 많은 자본금을 내었는가에 따라 즉, 얼마나 많은 주식을 보유하였는가에 따라 영향력과 책임이 결정됩니다. 보통의 주식회사인 경우 가장 많은 주식을 소유하고 있는 사람이 대표이사를 하고 주식회사 경영자로서의 권리를 행사하는 것을 흔히 볼 수 있습니다. 주식회사는 보유주식에 비례해서 이익이 나면 배당이익분배를 손해가 나면 보유주식만큼 책임을 지게 되지요.

이러한 주식회사가 경영을 잘하여 일정규모 이상으로 커지게 되면 관련법에 따라 주식시장에서 주식을 유통시킬 수 있는 상장을 할 수 있습니다.

상장을 통해 주식시장에서 주식을 유통시킬 수 있게 된 주식회사는 증권거래소를 통해 주식이 유통되면서 회사의 주식을 불특정 다수의 많은 주주들에게 팔 수 있게 되는 것입니다. 이렇게 되면 이 주식회사는 자금마련이

쉬워지게 되어 자본금규모가 커지게 된답니다. 여기에 더불어 주식시장에서 투자자사이의 거래를 통해 주가가 오르면 기존주주들의 주식보유액도 늘어나고 주식회사는 쉽게 막대한 사업자금을 모으고 늘릴 수 있게 됩니다.

참고 상장의 조건

회사 설립 후 5년이 경과해야하고 주식을 발행하여 모은 돈 자본금이 30억원 이상이고 여기에 사업활동을 영위하면서 모은 자기자본이 50억원 이상이어야 하며 발행주식 수는 30만주 이상이어야 하고 최근 사업연도의 매출액이 200억원 이상이어야 한다. 최근 사업연도말 현재 부채비율이 동업종 평균부채비율의 1.5배 미만이어야 하고 자본잠식상태가 아니어야 한다.

자료 : 한성수 외(2005)

모든 주식회사의 주식을 증권거래소에서 매매할 수는 없습니다. 상장을 해야 하기 때문입니다. 그럼 상장을 통해 많은 주식회사가 쉽게 막대한 자본금을 늘릴 수 있게 하면 좋지 않겠습니까? 절대 그렇지 않습니다. 건실하고 튼튼한 기업이 아닌 기업이 주식을 발행하고 난 후 회사가 경영이 부실해져 부도를 낸다면 그 주식을 사는 수요자들이 모든 위험을 감수해야 합니다. 따라서 수요자 즉, 주식 투자자를 보호하는 차원에서 상장은 매우 까다롭게 증권거래소에서 자격심사를 통과해야만 주어진답니다.

기업은 상장심사 전에 기업공개를 해야 하며 회사의 주식을 불특정 다수의 투자자에게 공개해 분산 소유시켜 증권회사를 통해 정해진 절차를 밟아 공개된 주식회사 즉 공개법인을 만들어야 합니다.

과거에는 주식회사의 자본금 규모, 주주 수 등을 기준으로 1부·2부로 나누고 관리종목이 있었으나 2000년 5월부터 일반종목과 관리종목으로만 구분하고 증권거래소에 상장되었다 하더라도 기업의 경영상태가 나쁘다고 판정되면 기업의 상장을 취소당할 수 있습니다. 이를 상장폐지라고 합니다.

주식투자 알기

계좌만들기

먼저 주식을 거래하기 위해서는 은행에 예금을 하기 위해 통장(계좌)을 만들어야하는 것처럼 주식계좌를 만들어야 합니다. 주식계좌를 만들려면 통장을 만드는 것과 같이 신분증과 도장(혹은 서명)을 가지고 본인이 거래하고 싶은 증권사 영업창구에서 계좌개설 신청을 하면 됩니다. 주식계좌가 만들어지면 주식투자하고자 하는 만큼의 돈을 주식계좌에 입금해 두면 주식투자를 위한 준비가 되는 것입니다. 이렇게 예치한 돈으로 주식을 살 수 있습니다. 만약 이 계좌에서 돈을 찾고 싶을 때는 은행예금통장에서 돈을 인출하는 것처럼 증권사에 가서 찾으면 됩니다. 요즘은 주식 계좌 개설할 때 은행이체 서비스를 신청하여 전화나 인터넷으로도 쉽게 은행에 이체할 수 있습니다.

주식의 매매

주식계좌에 입금된 투자자금을 이용해 이제 주식을 살 수 있게 되었지요. 그러면 언제 거래를 할 있는지 시간을 알아볼까요. 장전시간외, 장중 거래, 장후시간외, 시간외단일가 등으로 거래가 가능합니다.

주문방법은 여러 가지가 있는데 증권사에 직접 가서 객장에서 주문표를 작성해서 하는 방법이 기본적인 방법입니다. 요즘은 전화주문, 홈트레이딩(PC를 이용), 전용단말기 그리고 서비스 지원여부에 따라 휴대폰으로도 주문거래가 가능합니다.

주식시장도 경제의 기본원리인 수요와 공급의 원리로 주가에 적용됩니다. 당연히 주식을 사고자하는 사람이 많으면 주가가 오를 것이고 주식을 팔고자하는 사람이 많을 때 주가는 내릴 것입니다.

참고 **주식거래시간**

- 장전시간외 : AM 7:30 ~ AM 8:30
  (전일 종가로 시간 우선 원칙에 의해 거래 된다.)
- 장중 거래 : AM 9:00 ~ PM 3:00
  (주문은 7시 50분부터 넣을 수 있다.)
- 장후시간외 : PM 3:10 ~ PM 3:30
  (금일 종가로 시간 우선 원칙에 의해 거래 된다.)
- 시간외단일가 : PM 3:30 ~ PM 6:00
  (금일 종가를 기준으로 상하 5% 범위에서 30분 단위로 거래가 체결된다.)

자료 : 증권정보채널

주식을 사기 위해 주문하는 것을 '사자주문 또는 매수주문'이라 합니다. 주식을 팔기 위해 주문하는 것을 '팔자주문 또는 매도주문'이라 합니다. 매매주문을 낼 때는 주식수량과 값을 함께 지정하여야 하는데요(사자주문 : 매수수량·매수가, 팔자주문 : 매도수량·매도가). 수량을 지정해 주문할 때 주식거래는 10주 단위로 이루어지는 것을 원칙으로 합니다. 호가단위란 시장에서 가격표시의 최소단위를 말하는 동시에 시세변동의 측정에 관한 기준역할을 합니다.

참고 **호가 가격단위**

1주 가격이 5,000원 미만이면 (5)원 단위로
1주 가격이 5,000원에서 1만원 미만이면 (10)원 단위로
1주 가격이 1만원에서 5만원 미만이면 (50)원 단위로
1주 가격이 5만원에서 10만원 미만이면 (100)원 단위로
1주 가격이 10만원에서 50만원 미만이면 (500)원 단위로
1주 가격이 50만원 이상이면 (1,000)원 단위로 값을 부른다.

주식주문은 장이 열리는 당일에만 유효합니다. 사자 또는 팔자 주문을 냈으나 가격이나 주문량 등이 맞지 않아 사거나 팔 수 없다고 해도 오늘 낸 주문은 오늘장이 끝나면 효력을 잃어버립니다. 따라서 당일거래 하지 못하고 다시 거래를 원할 때는 주문을 다시 해야만 주문이 유효해집니다.

만약 여러 주문자가 동시에 주문을 해서 여러 주문이 겹치게 될 때에는 어떻게 할까요? 몇 가지 원칙을 정해 놓았습니다.

가격우선의 원칙(사자주문은 값을 높게 부르는 것부터 팔자주문은 값을 싸게 부르는 것부터 주문이 성립), 시간우선의 원칙(만약 같은 값의 주문이 여러 개 나오면 먼저 주문 낸 쪽부터 거래성립), 수량우선의 원칙(같은 가격의 주문이 동시에 여러 개 나오면 주문수량이 많은 쪽부터 먼저 매매)등 증권거래소 매매원칙에 의해 결정됩니다. 하루거래 시작되기 10분전 또는 매매중단 됐다가 다시 시작될 때 어느 쪽이 먼저 나온 주문인지 분명하지 않을 때 동시호가 주문으로 간주 가격과 수량만을 따져 주문이 성립되기도 합니다.

매수자와 매도자의 주문에 의한 주식매매가 성립된 후 주식과 현금이 교환되는 과정을 결제라고 합니다.

결제과정에서 주식은 증권회사에서 보관된 채 실제로는 오고가지 않습니다. 주식 매매대금 결제는 매매계약이 성립한 날을 포함해 거래일 기준 3일째(거래당일, 익일, 결제일) 이루어져요. 예를 들어 월요일에 매수주문을 내서 채결이 됐을 경우 매입이 확인은 되지만 실제 주식과 현금의 거래는 수요일에 체결된다는 것이지요. 이때 이 기간이 3일 걸린다 해서 3일 결제라고도 합니다.

그런데 현금이 이틀 늦게 빠져나가기 때문에 그 사이에 원금의 40%(증권사마다 약간의 차이가 있음)에 해당하는 증거금을 제외한 나머지 금액으로 또 주식을 살 수 있습니다. 예를 들어 주식투자자가 100만원 어치의 주식을 매수할 때 매수당시에 40만원만 있으면 100만원어치를 살 수 있다는 말입니다. 그러나 만약에 원금과의 차이를 결제일까지 확보해 놓지 못하면 미수금이 발생하게 되고 그 다음날 자동으로 반대매매가 발생합니다.

참고 **반대매매와 미수금**

■ 반대매매

투자자의 의사와는 상관없이 증권회사에서 자동적으로 매도해서 현금을 확보하는 것

■ 미수금

증권사에서 투자자 주식을 매수하면서 매수대금을 완납하지 않아 발생한 대금이다. 만일 미수금이 발생하면 다음날 하한가로 자동 반대매매되고 연 19%의 연체 이자가 납부된다.

주식투자자가 주식을 사고 팔 때 마다 증권사에 거래 대금 중에서 일부를 수수료로 내야합니다. 또 주식을 팔 때는 수수료에 더해 판매대금의 0.15%를 증권거래세로 내야하구요. 여기에 농특세로 판매대금의 0.15%가 더 붙어 실질적인 거래세는 판매대금의 0.3%입니다(코스닥은 농특세 없이 증권거래세만 0.3%). 만약 증권회사가 수수료를 0.5%라면 매매 당시 주식 값을 기준으로 살 때는 0.5%의 거래수수료를 팔 때는 0.8%(거래수수료+거래세)에 해당하는 금액을 수수료와 세금을 내야해요.

주식매매자의 경우 세금은 원천징수되기 때문에, 실제 납부는 증권회사에서 매달 10일 관할 세무서에 납부하니까 주식매매자는 세금납부를 신경 쓸 필요가 없습니다.

▷▶ 주식시세표

매일 TV의 뉴스라든지 신문을 보게 되면 그날의 증권시세를 알려주는 부분이 있습니다. 직접 주식투자를 하지 않는 사람이라면 암호와 같은 표시와 숫자조합을 보면서 모든 것을 이해하기란 쉽지 않습니다. 여기서는 신문마다 차이가 있지만 주식시세표에 나타나 있는 보편적인 내용들을 살펴보겠습니다.

일반종목(또는 관리종목)										
시세=원, 거래량=십주, ◉권리락, H올해신고가, L신저가, ▲상승, ▽하락, N신형우선주, ×기세, ◆이상급등종목(감리), ★배당락, ↑ 상한가, ↓ 하한가 액면가구분 : A=100, B=200, C=500, D=1,000, E=2,500, 무표시=5,000원										
20일		종목	종목코드	시가	고가	저가	종가	등락	거래량	20일등락
고가	저가									
《업종구분 - 어업, 광업, 음식료품, 전기, 전자, 건설 등》										
12,000	9,000	(주)백두	12345	10,000	10,500	9,500	10,300	▲500	1,230	800
5,460	3,980	L(주)한라	23456	4,500	4,500	3,980	3,980	↓700	10,846	−620
5,660	3,920	(주)지리	34567	4,550	4,550	3,920	3,975	▽635	26,957	−595
9,000	2,955	〃 1우	45678	4,485	4,485	3,820	3,620	↓670	16,632	360

☞ 종목 : 주식시세표는 업종별로 회사명별로 나열합니다. 종목은 회사명

☞ 종목코드 : 각 회사에 부여된 번호

☞ 시가 : 당일 중 처음 형성된 가격

☞ 고가 : 당일 중에 체결되었던 가격 중 가장 높은 가격

☞ 저가 : 당일 중에 체결되었던 가격 중 가장 낮은 가격

☞ 종가 : 당일의 최종가격

☞ 등락 : 전일에 비하여 가격이 올랐거나 내린 정도(증권사 영업장의 주식시세 전광판에는 상승은 붉은색불로, 하락은 녹색불로, 시세 변화 없는 상태인 보합은 주황색불로 표시)

☞ 20일고가·저가·등락 : 20일 동안 가격의 고가·저가·등락

☞ 거래량 : 당일중의 거래량

☞ ▲상승 : 주가가 오른 것

☞ ▽하락 : 주가가 내린 것

☞ ↑상한가 : 주가가 전일종가에 비해 가격제한폭(현재15%)까지 오른 것

☞ ↓하한가 : 주가가 전일종가에 비해 가격제한폭(현재15%)까지 내린 것

☞ X 기세 : 증권 시장에서, 실제 거래는 없으면서 값만 형성되는 일. 매

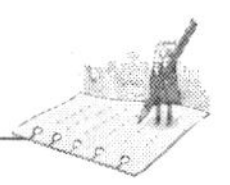

도 호가(呼價)의 경우에는 전일의 시세에 비하여 가장 낮은 호가가 기세가 되며, 매수 호가의 경우에는 전일의 시세에 비하여 가장 높은 호가가 기세

☞ ◆이상급등(감리)종목 : 최근 6일간의 주가 상승폭이 가격제한폭의 5배를 초과하거나 최근 12일간의 주가 상승폭이 상한가의 8배를 넘는 상태가 3일간 계속된 경우에는 이상급등(감리)종목으로 지정됩니다. 다만 이러한 종목 중에서 마지막 3일째 되는 날의 종가(終價)가 최근 30일간의 최고치에 미달하는 주식은 제외되며, 주가상승폭이 동종업종지수나 종합주가지수 상승폭의 1.5배 미만인 경우에도 제외됩니다. 이상급등(감리)종목은 이상급등(감리)지정일 후 최근 6일간의 주가 상승일수가 2일 이하이며, 6일째 되는 날의 종가가 전일 종가 이하일 때는 이상급등(감리)종목지정이 해제됩니다.

☞ ⊙권리락 : 신주 또는 다른 회사주의 취득권리가 없어진 주식

☞ ★배당락 : 당해회사가 지정한 날짜에 배당수령 권리확정을 위한 명의개서(名義改書) 정리를 실시하는데 이 날을 지나서 주주가 된 자는 배당금을 받을 권리가 없으며, 따라서 결산일 다음날의 주가는 전날보다 배당에 상당한 몫만큼 하락하여 시작됩니다.

☞ 관리종목 : 일반투자자의 주의를 환기시키고 투자에 참고하도록 하기 위해 증권거래소가 지정. 관리대상종목으로 지정되면 일정기간 매매거래를 정지시킬 수 있으며, 신용거래가 금지되고 대용유가증권으로도 사용할 수 없음. 또한 매매계약 체결방법도 전·후장 별로 매매거래 시간 내에서 접수된 호가는 동시호가로 보며, 그 가격결정은 단일가격에 의한 개별 경쟁매매를 적용됩니다.

☞ H 신고가L 신저가 : 종목명에 H나 L이 붙으면 당일종가가 연초 이래 가장 높은 가격 또는 가장 낮은 가격을 기록했다는 것을 나타냅니다.

☞ 액면가 구분 : A=100원, B=200원, C=500원, D=1,000원, E=2,500원, 무표시=5,000원 주식은 한 장의 종이에 발행회사이름, 발행매수, 금액 등을 표시해 발행. 주식 금액면에 적는 가격을 액면가라하고요. 예전 상법에는 1주당 5,000원 이상이었으나 지금은 100원 이상이면 된답니다.

보통의 경우 5,000원이 대부분입니다. 이미 발행된 주식의 액면가를 나눠 1주당 가격을 낮출 수도 있습니다. 예를 들어 5,000원인 액면가를 10분의 1로 1주당 500원으로 낮추면 주식 1주가 10주로 나눌 수 있습니다. 이처럼 한 장의 주식을 여러 장의 소액주식으로 나누는 것을 액면분할이라 합니다. 액면분할하면 발행주식수가 많아지고 한 주당 주식 값은 낮아지는 효과가 있습니다. 투자자가 보기에는 주식시세가 낮아진 것처럼 보이므로 투자자들이 더 쉽게 사들여 거래가 활발해지겠지요. 액면가로 발행한 주식은 주식시장에서 매매되면 해당종목의 시장가격인 곧 시가(市價)가 형성됩니다.

☞ 우선주 : 주식시세표 종목란에 1우 또는 2우라는 종목으로 보통주와 조금 차이가 있는 주식입니다. 보통주의 경우 몇 가지 권리가 있는데 먼저 주주총회에 참가해 회사의 주요결정에 참가할 권리가 있습니다. 그리고 회사가 한 해 동안 올린 이익 중 다음 사업을 위해 남겨 놓은 부분을 제외하고 주주들 각자의 지분만큼 이익을 배당 받을 권리가 있습니다. 그리고 회사가 해산했을 때 남은 재산을 나눠 가질 권리가 있고 회사가 새로운 주식을 발행할 때 유리한 조건으로 나눠 가지거나 사들일 수 있는 권리가 있습니다. 이런 보통주의 권리에 비해 우선주의 경우 회사의 이익을 배당 받을 때 보통주보다 우선해서 배당을 받고 회사가 해산해 남은 재산을 나눠 가질 때 보통주 보다 우선순위를 준답니다. 그 대신 우선주는 주주총회에서 의결에 참여할 권리 즉 의결권이 없다는 특징입니다. 그리고 '우N'의 경우 우선주 중에서도 신형우선주라는 것인데 이는 주식회사가 자본금을 늘리면 새로 발행하는 보통주를 주는 조건이 있는 우선주입니다.

▷▶ 주식지표들

종합주가지수(KOSPI)란 증권시장에서 주식가격의 변동을 나타내는 종합적인 지표입니다. 증권거래소에서 산출 발표하는 종합주가지수(KOSPI)는 증권거래소에 상장된 전 종목을 대상으로 산출 발표하는 지수로 1980년 1월

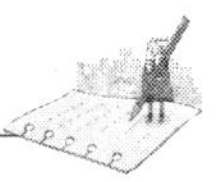

4일의 시가총액을 100으로 하고 비교시점의 시가총액과 비교하여 산출하는 지수입니다.

따라서 예를 들어 KOSPI가 1,000포인트라 하면 1980년 1월 4일에 비해 주가가 10배 올랐다는 뜻입니다. 또 KOSPI 200 지수는 상장 전 종목 중에서 시장을 대표할 수 있는 우량주 200종목만을 선정하여 1990년 1월 3일을 기준 100으로 하여 산출하는 지수입니다.

주가지수 계산법에는 크게 다우존스방식과 시가총액방식이 있습니다.

다우존스 방식은 거래가 활발하고 개별주가 동향을 잘 반영하는 상장종목 중 몇 종목만 선정 이들 종목을 단순 평균 내어 기준시점과 비교시점의 주가를 비교하는 방식이고요. 미국의 다우존스공업평균지수나 일본의 닛케이지수 등이 대표적인 예입니다. 우리나라에서도 초기에는 다우존스식을 사용하였습니다.

시가총액방식은 우리나라에서 지금 사용하고 있는 방식으로 몇 종목만을 평균 내는 다우존스식과는 달리 주식시장에 상장된 모든 종목의 시가총액(각 종목별 시장가격 × 해당종목의 발행주식수)을 이용합니다. 예를 들면, KOSPI = (비교시점의 시가총액 / 기준시점의 시가총액) × 100 되지요. 그러나 이 방식은 자본금이 많고 주가가 높은 대형주에 영향을 많이 받는다는 단점이 있습니다.

주가평균은 전 종목의 주가 합계를 전 종목수로 나눈 전 종목 주가의 평균으로 이는 전 종목을 1주씩 보유한 투자자의 평균주가와도 같습니다.

거래량은 당일중 증권시장에서 주식의 수를 표시합니다. 거래량 산출시 매도 또는 매수측의 한 쪽만을 계산합니다. 주식의 액면가가 5,000원으로 동일하였을 때는 거래량이 주식시장의 판단지표로 중요한 의미가 있었으나 최근에는 액면가가 100원에서부터 5,000원까지 다양하므로 개별주식간의 거래량을 비교할 때는 우선 동주식들의 액면가가 얼마인가를 알아야 합니다.

거래대금은 당일 중 증권시장에서 거래된 주식의 거래대금으로 거래량과 마찬가지로 매도 또는 매수측의 한쪽만을 계산합니다. 최근에는 거래량보다 거래대금이 주식시장의 판단지표로 보다 의미가 있습니다.

고객예탁금은 증권회사가 유가증권의 매매거래 등과 관련하여 고객으로

부터 받아 일시 보관중인 금전입니다. 예를 들어 거래량·거래대금·고객예탁금이 모두 올라간다면 주식거래가 활발하다는 것을 의미하고 향후 주가가 올라갈 가능성이 높은 장세로 판단하는 유용한 지표이기도 합니다.

주식은 권리의 내용과 자본의 크기에 따라 나눌 수 있는데 권리의 내용으로는 이미 설명한 보통주와 우선주가 있으며 자본금의 크기에 따라서는 대형주와 중형주, 소형주로 나눌 수 있습니다. 대형주는 자본금이 750억 이상인 기업이며 중형주는 자본금이 350억 이상 ~ 750억 미만인 기업, 소형주는 자본금이 350억 미만인 기업의 주식을 말합니다. 또한 상장되어 있는 주식중에 회사규모가 크고, 이익도 많이 창출하는 회사를 가리켜 블루칩이라고 하는데 삼성전자, 포스코, 한국전력 등이 대표적인 블루칩입니다.

▷▶ 재무제표

가정에서 가계부를 작성하듯 기업도 돈의 흐름과 재산상태를 나타내 주는 장부가 있습니다. 이것이 재무제표입니다. 재무제표의 중요한 요소로는 기업의 자산·부채·자본을 나타내 주는 대차대조표와 기업의 수익과 비용을 나타내주는 손익계산서 그리고 기업의 현금유출입을 나타내 기업자금을 설명해 주는 현금흐름표 등이 중요한 요소들로 이를 모두 합하여 재무제표라고 합니다. 참고로 매년 3월과 9월말에 증권사에서 무료로 나눠주는 상장기업분석에 자세히 나와 있습니다.

▷▶ 주가수익비율(PER : Price Earning Ratio)

주가를 1주당 당기순이익으로 나눈 것으로 1주당 세후순이익의 몇 배인가를 표시하며 주가수익비율이라고 합니다. 보통의 경우 PER의 비율이 높으면 주가가 높은 것이고, PER의 비율이 낮으면 주가가 낮은 것이라고 볼 수 있지만 절대적인 기준은 아닙니다. 주식에서 PER의 크기는 주가가 내재가치에 비해 고평가 또는 저평가 되었는가를 판단하는 기준으로 사용되지만 일부회사의 경우 필요에 따라 여러 방법을 이용하여 이익을 늘리거나 줄여 실적을 발표하기 때문에 동일업종 상대회사의 PER과 비교해서 판단해야 합니다.

보통 PER이 25이상인 경우는 조사를 해봐야 하고, PER이 10에서 25이면 다른 지표와 비교검토해서 매수를 고려해 보고, PER이 10이하인 경우는 매수를 적극적으로 검토해 보아야 한다는 말이 되죠.

▷▶ 배당수익률

지금시점에서 주식을 매입해서 현재가격의 주가가 결산기말까지 보유한다면 배당수익을 얼마나 얻을 수 있는지를 측정하는 지표입니다.

▷▶ 자기자본이익률(ROE : Return On Equity)

기업에서 일 년 동안 얻은 순이익을 자기자본으로 나눈 것입니다. ROE가 높은 기업은 효율적으로 사용하여 이익을 많이 내는 기업으로 주가도 높게 형성되는 경향이 있어 투자지표로 활용됩니다. 주식투자자 입장에서 볼 때 ROE가 시중금리와 비교해서 높아야 자금의 조달비용을 넘어서는 순이익을 낼 수 있는 기업이라는 의미가 있습니다. 반대로 시중금리보다 낮으면 이 기업에 대한 주식투자보다 은행예금이 유리하다고 봅니다.

▷▶ 주가순자산율(PBR : Price Book-value Ratio)

PBR은 주가를 1주당 순자산으로 나눈 것입니다. 순자산이란 대차대조표의 자산에서 부채를 차감한 후의 자산을 의미합니다. 재무내용면에서 주가를 판단하는 PBR은 어느 기업의 PBR이 1이상이라면 주가가 자산가치에 비해 높은 것이고 PBR이 1이라면 주가가 한 주당 자산가치와 같다는 것을 의미합니다. 만약 PBR이 1미만인 경우라면 자산가치에 비해 주가가 저평가 되었다는 것입니다.

| 표 | 기본분석수식

■ PER = (주가 / 주당순이익) × 100	■ 배당수익률 = (1주당배당액 / 주가) × 100
■ ROE = (순이익 / 자기자본) × 100	■ PBR = 주가 / 주당순자산

▷▶ 기관투자자

주식시장에서 주식투자자는 크게 개인투자가·기관투자가·외국투자가로 나눕니다. 개인투자가는 앞서 언급하였듯이 증권사에서 주식계좌를 개설하여 본인의 판단에 따라 주식을 매매하는 투자자를 말합니다.

기관투자가란 주식, 채권 등에 투자하는 일을 주업무로 하는 증권회사·보험회사·은행·투자신탁·종합금융사·사업법인체 등 투자규모가 큰 기관을 말합니다. 대부분의 기관투자가는 주식을 매매하는데 사용하는 자금규모는 개인투자자와는 비교가 안 됩니다. 따라서 기관투자자들이 특정 종목 주식을 매매하느냐에 따라서 주가에 큰 영향을 미칩니다. 예를 들어 기관투자가가 일시에 몇 개 종목만 골라서 매매한다면 해당 종목들의 가격 폭등 혹은 폭락을 부를 수 있기 때문이지요. 외국인 투자가의 경우도 대부분 기관투자가들로 외국인은 1998년 6월부터 한국 주식시장에서 무제한 투자할 수 있도록 되었습니다. 특히 자금의 규모가 큰 외국인투자의 비중이 늘어나고 투자제한이 없어지면서 주식시장에서 외국투자자들이 미치는 영향은 아주 굉장합니다.

보통의 경우 기관투자가는 개인투자가보다 자금력이 풍부하므로 자본금이 750억 이상 되는 대형주에 투자해 이익을 노리는 경향이 강합니다. 대형주가 대폭 상승하는 경우에는 기관투자가가 투자에 적극 나섰다고 보면 틀림없습니다. 반대로 자본금 350억 이하인 소형주가 상승하는 경우에는 기관투자가 보다 개인투자가들이 나선 장세라고 생각할 수 있겠지요.

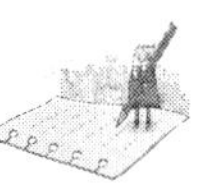

▷▶ 증권 간접투자

투자증권회사 등 투자전문회사에 고객이 돈을 맡겨 주식과 채권 등에 대신 투자하고 수익을 투자전문회사와 고객이 나눠 갖는 투자방식을 간접투자라 합니다.

대개의 경우 투자전문회사 중 투자신탁회사(투신사)는 일반투자자로부터 직접 돈을 모아서 증권 등에 투자하고, 자산운용회사(자산운용사)와 신탁운용회사(투신운용사)의 경우는 투자자로 부터 직접 돈을 모으지 않고 모아진 자금(펀드)을 증권 등에 투자운용만 합니다.

공사채형 수익증권은 투자신탁회사들이 판매하는 공사채형 수익증권으로 간접투자의 원조에 해당합니다. 고객이 맡긴 돈을 모아 투자자금(펀드 fund)을 만들고 이를 국채·공채·우량회사채 등에 투자하여 이익을 투자신탁회사와 고객이 나누어 가지는 것입니다. 이중 펀드는 채권에 투자하면 채권형펀드, 주식에 투자하면 주식형펀드라 합니다. 공사채형수익증권은 채권형펀드로서 투자에 안정성이 높다는 것이 장점입니다.

주식형 수익증권은 고객이 맡긴 돈을 주식과 채권에 분산투자합니다. 이때 투자자금(펀드 fund)을 주식과 채권에 어떠한 비율에 따라 투자하느냐에 따라 안정형(채권과 주식 중 주식에 30%이하로 투자)·안정성장형(채권과 주식 중 주식에 31%에서 70% 미만으로 투자)·성장형(채권과 주식 중 주식에 70%이상으로 투자) 등으로 구분하기도 합니다. 이 밖에 주식펀드 가운데 코스닥펀드는 코스닥 상장(등록)주식에 투자하는 비율이 높은 펀드를 말하고요. 그리고 주식형 수익증권 중 스팟펀드(spot fund)라는 것이 있습니다. 이것은 주식투자를 통해 단기간에 고수익을 노리는 상품으로 3개월 내에 10%, 6개월 내에 15%, 9개월 내에 18%, 1년 내에 20%, 2년 내에 35% 등으로 목표수익률을 미리 정해 놓고 수익률이 달성되면 만기일 전이라도 바로 원리금을 찾을 수 있습니다.

수익증권투자는 고객이 투신사에 돈을 주고 수익증권을 산다는 의미를 지닙니다. 따라서 투신사로부터 매입한 수익증권을 만기전에 투신사에 돈을 찾기 위해 다시 팔게 되면 이를 환매라 하고 이때 세금을 떼고 환매수수료도 내야만 합니다.

뮤추얼 펀드란 펀드 자체가 증권투자를 목적으로 설립된 회사가 되고 주식을 발행하여 투자자금을 모집합니다. 즉 유가증권투자를 목적으로 한 회사의 주식을 투자가가 갖는 형태로 회사형(會社型)을 택하여, 투자가는 수익자인 동시에 주주가 되는 것이지요. 투자자들은 회사의 주주가 되고 투자한 금액만큼 주식보유를 합니다. 결산 후 회사가 벌어들인 돈을 각각 투자비율에 따라 배당소득형태로 돌려받습니다. 만약 주식형수익증권은 환매수수료만 부담하면 만기 전이라도 중도에 돈을 찾을 수 있으나 뮤추얼 펀드는 결산기(1년)전에는 돈을 찾지 못합니다. 그러나 펀드가 코스닥이나 증권거래소에 등록되어 있으면 기간전이라도 자금회수가 가능합니다.

간접투자방식의 경우 펀드를 직접 운영하는 펀드매니저 능력과 상품의 주식투자비율, 투자시점과 투자기간, 펀드수수료 등 제각기 다릅니다. 따라서 개인투자 때와 마찬가지로 신중한 투자선택과 투자시기 선정이 무엇보다 중요합니다. 예를 들어 지금의 주가가 낮아서 앞으로 오를 가능성이 있다든지 주식시장의 시세가 전반적인 조정기 일 때나 상승 국면이 초읽기일 때는 간접투자상품의 투자가 좋을 때라고 볼 수 있습니다. 여기에 현재의 주식시세가 많이 올랐다 하더라도 시중금리가 많이 낮다면 투자를 적극 고려해 볼 만 합니다.

| 표 | 간접투자상품 특성비교

구 분	단위형 금전신탁	투신사 주식형 수익증권	뮤추얼 펀드
운용대상	주식, 채권, 대출 등	주식, 채권 등	주식, 채권 등
투자기간	1년	다양	1년
중도환매	불가능	상품마다 다름	불가능 (단 거래소사앙, 코스닥등록 등으로 환금성 보장)
최저가 입금액	최소 10만원에서 100만원으로 은행마다 다름	제한 없음	300만원에서 500만원 이상

자료 : 곽해선(2004)

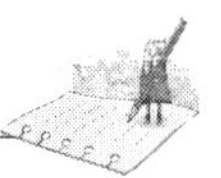

그 밖에도 펀드는 너무나 종류가 많기 때문에 여기서는 이쯤해서 생략 하겠습니다. 여러분이 더 많이 찾아보세요.

▷▶ 코스닥

불과 몇 년 전만 하더라도 우리가 증권투자를 한다고 하면 증권거래소에서 거래하는 상장주식을 사고파는 것을 말했습니다. 그러나 1999년부터 시작된 코스닥시장의 활성화에 힘입어 이제는 코스닥시장이 더 이상 장외시장이 아닌 코스닥 그 자체로서 인정받고 있고, 한창 붐일 때는 주식 투자가 곧 코스닥 투자라는 생각이 들 정도로 급성장했습니다. 그렇다면 코스닥은 무엇일까요? 코스닥시장은 KOSDAQ으로서 KOrea Securities Dealers Automated Quotation의 약자로서 미국의 나스닥(NASDAQ), 일본의 JASDAQ, 유럽의 EASDAQ과 같은 시장이라고 할 수 있고 그 중에서 가장 성공적이라 평가받는 NASDAQ을 모델로 만든 시장입니다.

증권거래소에 상장되지 않은 주식들을 증권회사 창구나 통신망을 이용해 매매할 수 있습니다. 이처럼 증권회사 창구에서 이루어지는 증권거래를 장외거래라 하고 이 시장을 장외시장이라 말합니다. 1996년 7월 기존의 장외시장을 개편하면서 코스닥(KOSDAQ)이라고 부르기 시작 했습니다. 한국의 장외시장인 코스닥이라고 상장하지 못한 아무 기업이나 등록해 주지는 않습니다. 증권거래소 상장조건을 못 갖추었으나 유망한 기업의 주식을 등록하여 거래해 줍니다. 예전에는 증권거래소 상장회사를 상장법인, 코스닥 등록된 회사를 등록법인이라고 했으나 최근 선물, 코스닥, 거래소가 모두 통합거래소로 되어 상장이란 의미로 굳어져 거래소시장이나 코스닥이나 모두 상장이라는 용어를 사용합니다.

코스닥시장에서는 증권거래소에 상장하지 않은 주식과 상장주식 가운데에서도 단주라고 부르는 10주 미만 단위의 주식만을 거래하는 것을 원칙으로 합니다. 증권거래소는 10주 단위로 매매가 이루어지지만 코스닥에서는 1주 단위로 거래할 수 있습니다. 투자자가 종목, 수량, 가격을 정해서 100원 단위로 주문을 합니다. 가격제한등락폭은 2005년 3월부터는 15%로 거래소 상장법인과 동일해 졌습니다(이전에는 12%).

코스닥의 경우 유망한 중소기업과 벤처기업주식이 대부분이므로 이익을 많이 볼 수 있다는 장점이 있으나, 중소기업과 벤처기업의 한계인 기술력과 시장 경쟁력 등 검증 안 된 부분이 있고 유통되지 않는 정보가 많아서 주가를 조작하는 일명 작전이 쉽다는 여러 단점이 있어 신중한 투자가 요구됩니다.

▷▶ 파생상품

우리가 살면서 많은 물건들이 필요합니다. 세상에 이렇게 수많은 물건들 중 남에게 팔려고 만든 물건을 우리는 특별히 상품이라고 합니다. 이러한 상품은 백화점, 할인마트에만 있는 게 아닙니다. 동네 수퍼마켙, 재래시장에도 있겠죠. 만약 어떤 물건을 은행에서 팔려고 만든 물건이라면 이를 우리는 은행 상품이라고 불러야겠죠. 이 상품은 다른 상품과 달리 은행에서 판매하는 상품이므로 조금 고급스럽게 금융상품이라고 합니다.

돈을 융통하는 것을 금융이라고 했지요. 그럼 돈을 융통하는 시장은? 맞습니다. 바로 금융시장이죠. 은행에서 물건을 판다는 말이 쉽게 이해가 되는지요. 다시 한 번 생각해 보십시오. 은행에 예금을 우리가 하면 통장이라는 것을 받습니다. 그런데 우리는 아무 생각도 없이 ㅇㅇ 은행, ㅇㅇ 예금이나 가입하는 것은 아닙니다. 바로 신뢰가 가는 은행, 내 예금에 대해 많은 이자를 주는 예금에 가입을 합니다. 시장에서 물건을 선택 할 때처럼 은행에서 판매하는 통장이라는 상품을 신중하게 생각하여 선택하는 것이라고 할 수 있습니다.

우리 입장에서는 예금을 하고 통장을 받는 것이지만, 은행의 입장에서 보면 고객의 돈을 끌어오기 위해 예금통장이라는 상품을 판매하는 것입니다. 삼성전자가 반도체라는 상품을 잘 만들어서 떼돈을 벌었듯이 은행이 떼돈을 벌려면 새로운 상품, 즉 통장을 개발해야합니다. 이자도 남들보다 많이 주고, 각종 부가서비스도 충실한 통장을 개발해서 팔아야 고객이 몰려오게 됩니다.

이제 우리는 금융상품의 의미를 충분히 이해할 수 있습니다. 금융상품은 돈의 융통을 위해서 만들어 파는 물건, 즉 은행 통장을 유식하게 표현한 말

입니다.

그런데 파생이라는 말이 붙게 되면 또 어렵게 느껴지는 것은 나만의 착각일까요. 아닙니다. 어렵게 느껴지는 게 당연합니다. 쉽게 설명할 테니 잘 따라오세요. 이제까지 왔는데 포기란 없다. 금융상품은 금융상품인데 파생금융상품이란?

혹시 선물과 옵션 들어 보셨나요? 바로 파생금융상품 중에서 제일 유명한 분들입니다.

▷▶ 파생금융상품과 선물

양파농사를 하시는 농부할아버지가 있습니다. 열심히 농사를 지으셔서 수확의 시기가 되었습니다. 그런데 농부할아버지는 고민에 빠지게 되었습니다. 이만저만 걱정이 아닙니다. 올해는 양파 값이 한 개당 10원으로 폭락할 것만 같습니다. 뚜렷한 과학적 근거는 없지만 왠지 불안합니다. 이 때 농산물 수집상 아저씨가 있습니다. 이제 몇 달 후면 본격적인 양파 수확 시기인데 큰 고민이 생겼습니다. 올해는 왠지 양파 값이 폭등할 것만 같은 불안감이 잠 못 들게 합니다. 양파 한 개가 1000원, 2000원이 아니라 최소한 만원까지 뛰어 오를 것 같습니다. 물론 과학적 근거는 전혀 없는 느낌상으로 말입니다.

얼마 후 있을 양파 수확 때까지 농부 할아버지와 농산물 수집상 아저씨는 근거 없는 불안감으로 긴 밤 지새우며 고민만 해야 할까요? 다른 방법이 있으면 좋을 것 같은데 없는 것일까요? 왜 없겠습니까? 방법이 있지요. 바로 농부 할아버지와 농산물수집상 아저씨가 미리 계약을 하는 것입니다. 어떻습니까? 이를 유식하고 고급스러운 어려운 말로 선물거래를 하는 것입니다. 올해 가을에 양파 값이 어떻게 되든지 무조건 1000원에 매매하기로 계약을 하는 것입니다. 설사 양파 값이 폭등해서 하늘로 치솟든, 저 깊은 나락으로 폭락을 하던 무조건 1000원에 매매하기로 미리 계약을 하는 것입니다.

이렇게 계약을 미리하면 농부 할아버지는 '혹시나 양파 값이 폭락하면 어쩌나' 하는 걱정을 하지 않아도 됩니다. 또 농산물 수집상은 '양파 값이 폭등하면 어쩌나' 염려하지 않아도 됩니다. 서로 서로 상부상조 하는 것이 됩니다.

수확 때 물론 양파 값이 어떻게 되는냐에 따라서 마음의 상처는 입을 수 있습니다. 예를 들어 양파 값이 만원으로 폭등했다고 어떻게 될까요. 그렇게 되면 농부 할아버지 입장에서는 너무 가슴이 아플 겁니다. 아픈게 사실입니다. 이웃집 농부 할아버지가 양파 한 개에 만원씩 파는데, 자신은 1000원에 판다고 생각해 보십시오. 얼마나 가슴이 터질 것 같을까요? 반면에 농산물 수집상은 로또에 당첨이라도 된 것 같은 기분일 것입니다. 다른 수집상 들은 만원 주고 사야하는 양파를 1000원에 사는 기분! 날아갈 것 같겠죠.

이제 반대의 경우를 생각해 봅시다. 양파 값이 폭락하면 어떻게 될까요? 양파 값이 개당 10원으로 폭락하면 농부 할아버지는 로또에 당첨된 것 같은 기분이 됩니다. 이웃 농부 할아버지들은 한 개당 10원에 판매하는데 1000원씩 받고 파는 상황이 날아갈듯 한 기분이겠죠. 하지만 농산물 수집상은 기분은 우울하고도 참혹할 것입니다. 10원짜리 양파를 1000원에 사는 기분이 어떠할지 충분히 이해가 되시죠.

하지만 근심걱정으로 가을이 올 때까지 긴밤 지세우는 것 보다는 1000원에 사고팔기로 미리 계약해 놓는 것이 좋습니다. 농부 할아버지 입장에서도, 농산물수집상의 입장에서도 마음이 편하기 때문입니다. 크게 손해를 보지도, 크게 돈을 벌지도 못하지만 안정적으로 양파를 사고, 파는게 차라리 마음 편합니다.

선물거래가 나온 가장 근원적 이유는 원자재나, 농산물의 가격의 변동에 대비하기 위해서라고 합니다. 그리고 석유나, 양파와 관련된 선물은 눈에 보이는 상품의 거래에서 파생되어 나왔기 때문에 상품선물이라고 합니다. 그런데 선물 중에는 외국돈이나 금리, 주가지수처럼 돈의 융통과 관련된 것을 사고파는 거래가 있습니다. 예를 들어 1년 뒤에 미국 돈을 1달러에 무조건 900원에 사고 판다고 거래를 하는 것입니다. 보통의 거래라면 그 자리에서 1달러와 우리 돈을 바꾸는 것이 정상입니다. 하지만 외국과 거래를 많이 하는 사람은 미리 이런 계약을 하는 것이 좋을 수도 있습니다. 환율이 어떻게 바뀔지 모르기 때문입니다. 이처럼 돈의 융통과 관련된 금리, 환율, 주가지수를 미리 사고팔기로 계약한 것을 금융선물이라고 합니다.

그리고 이러한 금융선물은 보통의 금융상품의 거래 방식에서 파생되어

나왔기 때문에 파생금융상품이라고 부릅니다.

▷▶ 옵 션

선물거래에 대해 앞서 우리는 농부 할아버지와 농산물 수집상이 1000원에 무조건 양파를 사고팔기로 했습니다. 그런데 수확시기가 되자말자 양파 값이 폭락해 한 개당 10원까지 떨어졌습니다. 어떤 일이 일어날까요?

농부 할아버지의 입장에서는 로또 당첨의 기쁨을 잡았습니다. 10원밖에 안하는 양파를 2000원에 팔수 있기 때문입니다. 하지만 농산물 수집상의 입장에서는 하늘이 무너지고 피눈물이 납니다. 10원짜리 양파를 1000원에 사는 기분이 어떻겠습니까? 하지만 계약을 했기 때문에 무조건 1000원에 양파를 사야합니다.

시간이 지나 다음해가 되었습니다. 올해도 농부 할아버지와 농산물 수집상은 작년과 똑같은 걱정에 사로잡혀 있습니다. 농부 할아버지는 '양파 값이 폭락하지 않을까'걱정이고, 농산물수집상은 '양파 값이 폭등하지 않을까' 걱정입니다. 이 문제를 해결할 수 있는 방법은 간단합니다. 가을에 양파 값이 어떻게 되든지 무조건 2000원에 사고팔기로 하면 됩니다. 그런데 문제가 있습니다. 농산물 수집상이 작년에 엄청난 손해를 봤기 때문입니다. 바보가 아닌 이상 작년의 실수를 다시 할 수는 없습니다. 농산물 수집상은 열심히 생각했고, 드디어 아주 괜찮은 아이디어를 찾아냈습니다. 농부 할아버지와 농산물 수집상이 작년과 똑같은 계약을 맺는데, 아주 특별한 조건을 하나 붙이기로 한 것입니다. 계약조건은 다음과 같습니다.

"작년과 마찬가지로 한 개당 1000원씩, 1만개를 사고 팔기로 합시다. 그런데 조건이 있습니다. 저는 사고 싶으면 사고, 사기 싫으면 안사도 됩니다. 하지만 농부 할아버지는 제가 양파를 팔라고 하면 무조건 팔아야 합니다. 물론 제 마음대로 하는 대신에 특별보너스로 200만원을 드리겠습니다."농부 할아버지의 입장에서는 절대로 이런 계약을 하면 불리할 것 같지만 올 가을에 양파 값이 한 개당 10원으로 폭락할 것이 확실히 예상된다면 기꺼이 계약을 할 수도 있습니다. 농부 할아버지가 계약서에 도장을 찍었다고 합시다.

자 이제 양파 수확시기가 되었습니다. 만약 양파 한 개의 가격이 10원으로 폭락 했다면 어떤 일이 일어날까요? 농산물 수집상은 깨끗하게 200만원을 주면 됩니다. 물론 200만원이라는 돈을 날려야 하는 아픔이 있지만 10원짜리 양파를 1000원에, 그것도 1만 개나 사야하는데 비하면 아무것 도 아니죠. 반면에 양파 한 개의 가격이 10000원으로 폭등했다면 어떻게 될까요? 계약서에 따라서 한 개당 1000원에 양파를 살 수 있는 권리를 행사하면 됩니다. 다른 농산물 수집상은 양파 한 개를 10000원에 사야 하지만, 이 농산물 수집상은 1000원에 살 수 있으니 이 기분을 어찌 말하겠습니까? 대박이 터진 것이라 할 수 있습니다.

지금 농산물 수집상이 가진 권리, 즉 양파를 1000원에 사고 싶으면 살 수 있고 사기 싫어지면 사지 않아도 되는 권리를 유식하고 고급스럽고 어려운 말로 옵션이라고 합니다. 다른 말로 선택권이라고 할 수 있습니다. 자신에게 유리하면 권리를 행사해 큰돈을 벌면 되고, 상황이 자신에게 불리하면 보너스로 지불된 200만원을 깨끗하게 포기하면 됩니다. 이때, 농부 할아버지는 아무런 권리가 없습니다. 200만원을 받았기 때문이지요. 농산물 수집상이 하자는 대로 무조건 해야 합니다.

▷▶ 콜옵션과 풋옵션

이제 옵션을 이해하셨나요. 그럼 조금 더 진도를 나가보도록 합시다.콜옵션은 '살 수 있는 권리'라는 말입니다. 좀 어렵게 표현하면 매입선택권이죠. 예를 들어 설명해드리겠습니다. 따스한 봄날에 나들이를 하던 농산물 수집상은 걱정거리가 하나 있었습니다. 올해 가을에 양파 값이 폭등할 것 같았기 때문이죠. 한 개에 최소한 만원은 할 것 같습니다. 이때 농산물수집상은 농부 할아버지와 이렇게 계약을 합니다.

"농부 할아버지! 올해 가을에 양파 한 개에 1000원씩, 총 1만 개를 사고 싶어요. 하지만 조건이 있어요. 제는 사기 싫으면 안사도 되는 걸로 해요. 제 마음대로 하는 대신에 특별히 보너스 200만원을 드리겠습니다."양파 값이 폭등해 한 개당 1만원이 되면 어떤 일이 일어날까요? 콜옵션, 쉽게 말해 '살 수 있는 권리'를 행사하면 됩니다. 양파 한 개에 1000원에 살 수 있는 권리를 행사해 1만 개를 사는 것이지요. 물론 양파 값이 폭락하면 특별보너스

200만원을 깨끗이 포기하면 됩니다.

풋옵션은 '팔 수 있는 권리'라는 뜻입니다. 좀 유식하게 표현하면 매도선택권이죠. 예를 들어 여러분이 농부라고 가정해 봅시다. 봄에 농사를 시작하면서 이만저만 걱정이 아닙니다. 열심히 농사를 지었는데 가을에 양파 값이 폭락하면 큰일이기 때문입니다. 그동안의 경험으로 볼 때 올해는 틀림없이 한 개당 10원까지 갈 것 같은 불길한 느낌이 있습니다. 이때 농부는 농산물 수입상과 이렇게 계약을 합니다.

"농산물 수집상 아저씨 이번 가을에 양파 한 개에 1000원, 총 1만개를 팔고 싶어요. 하지만 조건이 있어요. 제는 팔기 싫으면 안 팔아도 되는 걸로 해요. 제 마음대로 하는 대신에 특별보너스로 200만원을 드리겠습니다."드디어 시간은 수확시기가 되었고 농부의 예상대로 양파 값이 폭락해 한 개당 10원이 되었다고 합시다. 어떤 일이 일어날까요? 농부는 풋옵션, 즉 '팔 수 있는 권리'를 행사하면 됩니다. 이웃 농부들이 차마 10원에 양파를 팔 수 없어 밭에서 울고 있을 때 양파 1개에 1000원씩, 총 1만개를 팔아 돈을 벌면 됩니다. 만약 양파가격이 폭등해 한 개당 만원이 되었다면 어떻게 할까요? 그냥 계약을 파기하고, 시장에서 한 개당 만원을 받고 팔면 됩니다. 농부 아저씨에게는 농산물 수집상한테 '팔고 싶으면 팔고, 팔기 싫으면 안 팔아도 되는 권리'가 있기 때문입니다. 물론 이러한 권리는 농부가 지불한 200만원의 보너스 때문에 생기는 권리입니다. 이해되세요.

▷▶ 프로그램매매

컴퓨터 프로그램을 이용해 한꺼번에 수십 종목의 주문을 내는 것을 프로그램매매라고 합니다. 프로그램매매에는 차익거래와 비차익거래가 있습니다.

차익거래 : 선물과 현물의 가격 차이를 이용해 돈을 버는 것을 차익거래라고 합니다. 예를 들어 3일 뒤에 양파를 사고팔기로 한 양파선물의 가격이 1개당 10만원이라고 합시다. 그런데 현재 시장에서 사고 팔리는 양파의 가격이 1개당 1,000원이면 어떤 일이 일어날까요?

아무리 양파 값이 폭등한다고 해도 3일 만에 1,000원짜리가 10만원이 될 가능성은 없습니다. 이때 돈을 버는 방법은 간단합니다. 지금 시장에서 양파를 사고 3일 뒤에 양파 한 개를 10만원에 파는 선물계약을 하면 됩니다. 오늘 1,000원을 투자하고 3일 뒤에 10만원에 팔면 가뿐하게 9만 9,000원을 벌 수 있습니다.

증권시장에도 주식의 선물가격과 현재가격이 크게 벌어질 수 있는데, 이때 차익거래가 이루어집니다. 컴퓨터 프로그램에 적당한 값을 입력해 놓고, 그 범위 이상 가격 차이가 나면 자동으로 수십 종목의 주문이 나가게 하는 것이죠.

비차익거래 : 차익거래와 아무 상관없는 거래라는 뜻입니다. 컴퓨터로 한꺼번에 수십 종목의 주문을 내지만 차익거래와는 상관없는 거래입니다. 단순히 한꺼번에 수십 종목을 주문한 것일 뿐입니다.

▷▶ 사이드카

우리가 목적지를 운전을 하고 가다 너무 피곤하면 잠시 차를 세우고 쉬었다 가지요. 이와 마찬가지로 주식시장에서도 선물가격이 폭등하거나 폭락하면, 잠시 차를 도로가에 세우고 쉬는 것처럼 여유를 가질 필요가 있습니다. 그래서 도입된 제도가 사이드카(sidecar)입니다. 도로가(side)에 차(car)를 세우고 잠시 휴식을 하는 것입니다. '사이드 카'는 선물시장의 급등락이 현물시장에 과도하게 파급되는 것을 막기 위한 장치입니다. 즉, 선물의 가격이 급격하게 오르거나 떨어질 때 현물시장에 미치는 충격을 완화하기 위해 일시적으로 현물 프로그램매매 체결을 지연시켜 시장을 진정시키고자 하는 것이 사이드카 조치의 목적입니다. 사이드카는 선물가격이 폭등, 폭락 할 때 발동됩니다. 일단 '사이드카'가 발동되면 프로그램매매가 5분간 정지됩니다. 프로그램매매가 뭔지 모르시는 분들은 프로그램매매를 좀 더 이해하시면 개념을 잡을 수 있을 겁니다.

쉽게 생각하십시요. "사이드카는 프로그램매매를 다루는 사람들의 이야기다. 우리처럼 일반적으로 주식을 사고파는 사람들과는 관련이 없다'

그런데 사이드카와 비슷한 제도 중에 '서킷브레이커'라는게 있습니다. 서킷브레이커는 (선물가격의 폭등?폭락이 아니라) 코스피가 폭락을 할 때 발동됩니다. 그리고 서킷브레이크가 발동되면 주식시장전체가 완전히 멈추게

됩니다. 우리가 하는 일반적인 주식거래조차 완전히 중단되는것입니다.

신호등에서 사이드카가 노란불이 깜빡깜빡거리는 것이라면, 서킷브레이커는 빨간불 그 자체라고 생각하시면 이해가 쉬습니다.

	서킷브레이커	사이드카
발동조건	▷ 코스피(코스닥은 코스닥지수)가 10%이상 변동후 1분간 지속,하루에 1번만 발동가능, 2시 20분 이후에는 발동 안됨	▷ 유가증권시장 : 코스피200지수선물이 5%이상 변동후 1분간 지속 ▷ 코스닥시장 : 스타지수선물가격이 6%이상 변동하고, 스타지수가 3%이상 변동후 1분간 지속 하루에 1번만 발동가능
발동효과	▷ 주식거래 및 주식과 관련된 선물,옵션매매가 20분간 중단	▷ 프로그램매매가 5분동안 정지
발동해제	▷ 매매중단 20분후부터 거래가 다시 재개	▷ 프래그램매매 정지 5분 후, 장종료 40분전

▷▶ 키 코

환율이 일정 범위 안에서 변동할 경우, 미리 약정한 환율에 약정금액을 팔 수 있도록 한 파생금융상품을 키코라고 합니다. 환율이 계약한 범위 안에서 움직이면 돈을 벌지만, 계약범위 이상으로 상승하면 엄청난 손해를 보는 옵션상품입니다.

쉽게 설명해 보면 만약 매월 수출대금으로 1달러를 버는 기업이 있습니나. 이 기업이 [계약금액 : 1달러, 계약환율 : 900원 ~ 1100원, 권리행사가격 : 1000원]인 키코에 가입했다고 합시다.

계약한 기업이 수출대금 1달러를 바꾸려고 은행에 갔는데, 그날의 환율이 1달러에 901원입니다. 다른 업체라면 901원을 받아야 하지만, 키코에 가입한 업체는 1달러를 1000원에 팔 수 있는 권리가 있습니다. 남들은 901원 받는데, 1000원이나 받으니 얼마나 기분 좋겠습니까? 만약환율이 1달러 1099

원이라면 어떻게 할까요? 1달러를 1000원에 팔 수 있는 권리를 포기하면 됩니다. 권리를 포기하고, 그냥 시장에서 1달러를 1099원에 팔면 됩니다. 지금까지는 너무나 좋은 제도인 것 같습니다. 그렇지만 세상이 모든 것을 가지도록 해주지는 않지요.

문제의 시작은 만약 환율이 계약한 범위를 넘어설 때 발생합니다. 만약 환율이 900원 이하로 떨어지면 키코 계약은 무효가 됩니다. 이건 그렇게 문제가 아닙니다. 진짜 심각한 문제는 환율이 1100원 이상으로 뛰는 경우입니다. 환율이 1100원 이상으로 상승하면, 1달러를 무조건 1000원에 팔아야할 의무가 발생합니다. 계약서에 그런 조항이 있기 때문이죠. 1달러에 1500원이 되든, 2000원이 되든 무조건 1000원에 팔아야합니다. 다른 기업들은 수출대금 1달러를 환율에 따라 1500원이 되면 1500원에 2000원이 되면 2000원이나 받고 파는데, 1000원에 팔아야하는 것입니다. 설상가상으로 문제는 여기서 끝나지 않습니다. 환율이 1100원 이상으로 뛰면 계약한 1달러만 팔아야하는 게 아니라 계약금액의 두 배, 즉 2달러를 무조건 1000원에 팔아야합니다. 매월 수출대금이 1달러밖에 안 들어온다면 다른 곳에서 능력을 발휘해 1달러를 추가로 더 구해서, 총 2달러를 1000원씩 받고 은행에 팔아야만 합니다. 간단히 말해 키코는 환율이 오르면 기업입장에선 피눈물 흘린다고 생각하시면 됩니다.

경제원론정리

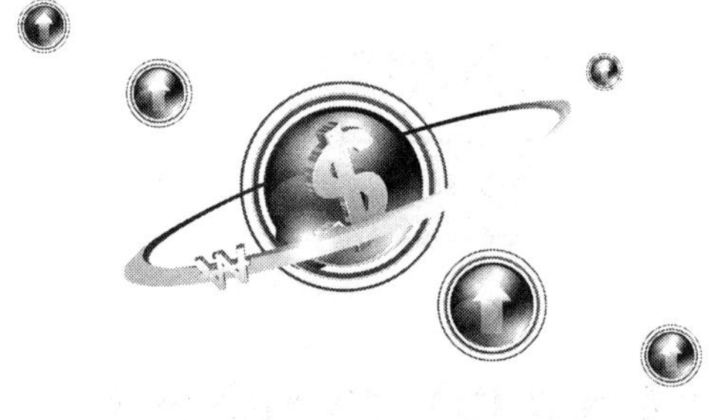

경제원론정리

1

희소성의 법칙 때문에 선택의 문제가 일어나고 「경제하려는 의지」가 생긴다. 주어진 자원 또는 비용으로 최대의 효과를 얻고자 하는 것을 최대효과의 원칙이라 한다. 일정한 효과를 얻는 데에 소요되는 비용을 최소로 하고자 하는 것을 최소비용의 원칙이라 한다. 이 두 원칙을 합쳐 경제적 효율성, 경제적 합리주의 또는 경제원칙이라 한다. 경제적 효율성이 이루어지는 자원배분을 효율적인 자원배분이라 한다.

2

경제문제의 핵심인 선택의 문제와 희소한 자원의 효율적인 배분에 관한 문제를 평면에서 그림으로 보여 주는 분석도구가 생산가능곡선이다. 생산가능곡선이란 한 사회의 자원과 기술이 주어져 있을 때 그 사회가 모든 부존자원을 효율적으로 사용하여 생산할 수 있는 두 생산물의 여러 가지 조합을 나타내주는 곡선이다. 생산가능곡선이 우하향한다는 점에서 희소성의 법칙

이 나타난다.

3...

어떤 활동의 기회비용이란 그 활동을 함으로써 포기해야 하는 다른 활동의 가치를 말한다. 현실세계에서는 일반적으로 한 생산물의 생산량을 증가시킴에 따라 그 생산물의 기회비용이 증가한다. 이를 기회비용체증의 법칙이라고 한다. 기회비용의 체증의 법칙 때문에 생산가능곡선은 원점에 대하여 오목하게 우하향한다.

4...

어느 시대, 어느 사회건 ① 무엇을 얼마나 ② 어떻게 ③ 누구를 위하여 생산할 것인가 하는 세 가지 기본적인 경제문제 혹은 ④ 언제 생산할 것인가까지 포함한 네 가지 기본적인 경제문제를 해결해야 한다. 기본적인 경제문제를 해결하는 사회의 제도적 양식을 경제체제 혹은 단순히 경제라 한다. 경제는 서구에서 원시공산제→고대노예제→중세봉건제→근세자본주의경제→현대혼합경제로 발달해 왔다.

5...

수요의 탄력도는 ① 대체제가 많을수록, ② 상품의 가격이 소득에서 차지하는 비중이 클수록, ③ 상품이 일상생활에서 차지하는 중요도가 작을수록, ④ 기간이 길어질수록 크다

6...

수요의 소득탄력도란 엥겔곡선의 각 점에서 수요량의 변화율을 소득의 변화율로 나눈 값을 말한다. 수요의 소득탄력도가 양의 값을 갖는 상품을 정상재라고 하며, 음의 값을 갖는 상품을 열등재라고 한다. 엥겔곡선은 화폐소득과 한 재화의 수요량과의 대응관계를 표시한 곡선으로서 정상재의 경

우 우상향하고 열등재의 경우 좌상향한다.

7

수요의 교차탄력도란 한 상품의 수요량의 변화율은 다른 연관상품가격의 변화율로 나눈 값을 말한다. 수요의 교차탄력도가 양의 값을 가지면 두 상품은 서로 대체관계, 음의 값을 가지면 보완관계, 0 이면 독립관계에 있다고 한다. 수요의 교차탄력도는 독점시장에서 독점의 정도를 측정하는 척도로 사용된다.

8

한 상품에 세금을 매길 때 그 세금을 누가 실질적으로 부담하느냐 하는 것을 조세의 귀착이라 한다. 소비세가 부과될 때 정상적인 수요·공급곡선하에서는 생산자와 수요자 양쪽에 조세가 귀착된다. 조세부담의 크기는 가격탄력도가 큰 쪽을수록 작아진다. 즉 수요의 탄력도와 소비자부담, 공급의 탄력도와 생산자부담은 각각 반비례한다. 수요가 탄력적일수록(공급이 비탄력적일수록) 소비세의 소비자부담은 작아지고 생산자부담은 커지며, 반대로 공급이 탄력적일수록(수요가 비탄력적일수록) 소비세의 생산자부담은 작아지고 소비자 부담은 커진다.

9

소비자주권이란 희소한 자원의 배분에 소비자의 선호가 존중되고 반영되는 현상을 말한다. 자유시장기구가 작동하는 자본주의사회는 소비자주권의 사회이다. 시장기구에서는 일반적으로 소비자의 선호도가 큰 쪽으로 자원이 많이 배분된다.

10

가격통제란 어떤 특수한 목적을 달성하기 위하여 정부가 직접적으로 가

격형성에 간섭하는 것을 말한다. 가격통제의 대표적인 예로서 최고가격제와 최저가격제가 있다.

11

생활필수품 등이 절대적으로 부족한 경우 정부가 물가를 안정시키고 소비자를 보호할 목적으로 가격상한을 설정하여 상한가격 이하에서만 거래하도록 통제하는 제도를 최고가격제라 한다. 최고가격제하에서는 물자부족현상(초과수요)이 발생하기 때문에 소비자들이 최고가격보다 높은 가격을 주고서라도 상품을 구입하고자 하여 암시장이 형성된다. 초과수요가 있을 때 부족한 물자의 배분방식으로 선착순방식과 배급제도가 있다.

12

상품생산자의 이익을 보호하기 위하여 정부가 하한가격 또는 최저가격을 설정하여 그 이하로 가격이 내려가지 못하도록 하는 제도를 최저가격제도라 하며 그 대표적인 예로는 농산물가격지지제도와 최저임금제도가 있다. 최저가격제도는 지속적인 물자과잉현상(초과공급)이 발생한다.

13

소비자선택이론이란 주어진 소득으로 최대효용을 얻고자 하는 소비자의 행동원리를 연구하는 이론이다. 이러한 소비자선택이론에는 한계효용이론, 무차별곡선이론, 그리고 현시선호이론이 있다. 한계효용이론은 기수적 효용을 전제로 하고 무차별곡선이론은 서수적 효용을 전제로 한다. 효용은 기수적으로든 서수적으로든 측정할 수 없는 것이라고 보는 현시선호이론은 소비자가 시장에서 나타내 보이는 소비행위를 합리적이라고 보고 이로부터 소비자의 최적소비를 연구하는 이론이다.

14

가치의 역설(물과 다이아몬드)

① 개념 : 사용가치와 교환가치가 일치하지 않고 동떨어져 있는 현상

② Smith : 물은 사용가치는 크지만 교환가치가 작아서 가격 낮고 다이아몬드는 교환가치가 커서 가격이 높다 (Smith's Paradox) – 스미스의 해명 : 노동가치설

③ 스미스의 사용가치는 오늘날의 총효용으로 통하고 교환 가치는 시장가격과 연관되는 개념이다. 스미스의 역설은 한계효용이론에 의하여 비로소 만족스럽게 설명되어 역설적 현상이 아니라 합리적 현상이라는 것이 밝혀졌다.

④ 한계효용 : 재화가격은 한계효용이 결정. 물은 한계효용가치 낮고(교환가치가 낮다) 다이아몬드는 한계효용가치가 높다.(교환가치가 높다)

⑤ 사막에서 조난을 당하여 물을 구할 수 없다면, 이 때 물 한 컵이 주는 한계효용가치는 다이아몬드의 가격보다 훨씬 높다.

15

무차별곡선의 특징

① 원점에서 멀수록 큰 만족수준을 표시한다.

② 무차별곡선은 우하향한다.

③ 무차별곡선은 서로 겹치거나 교차할 수 없다.

④ 무차별곡선은 원점에 대하여 볼록하다.(한계대체율체감의 법칙 때문)

16

한계대체율은 「X재 한 단위를 증가시킬 때 종전과 같은 만족을 유지하기 위하여 감소시켜야 하는 Y재 수량」을 의미하며 「X재 1 단위에 대한 Y재의 주관적인 교환비율」이다.

17...

한계효용이론에서 한계효용체감의 법칙이 수행하는 역할을 무차별곡선이론에서는 한계대체율체감의 법칙이 수행한다. 한계대체율체감의 법칙이란 동일한 효용수준을 유지하면서 Y재를 X재로 대체해 감에 따라 한계대체율이 점점 감소하는 현상을 말한다. 한계대체율체감의 법칙은 어떤 상품이 풍부해질수록 소비자가 이를 상대적으로 덜 중요하게 평가하는 것을 의미한다. 한계대체율체감의 법칙은 원점에 대하여 볼록한 무차별곡선으로 표시된다.

18...

예산선이란 주어진 소득 또는 예산을 다 사용해서 구입할 수 있는 상품의 여러 가지 조합을 나타내는 직선으로서 가격선이라고도 한다. 소득의 증가는 예산선을 오른쪽으로 평행이동시키고 소득의 감소는 예산선을 왼쪽으로 평행이동시킨다. 소득과 한 상품의 가격이 일정하고 다른 한 상품의 가격만 변하면 두 상품의 가격비가 변화하고 따라서 예산선은 그 기울기가 변한다.

19...

주어진 소득과 가격의 제약조건하에서 소비자에게 극대만족을 주는 균형점은 예산선과 무차별곡선이 접하는 점으로써 이 점에서 두 상품의 가격비와 두 상품의 한계대체율이 같다.

20...

소득이 증가(감소)하면 예산선이 오른쪽(왼쪽)으로 평행이동하여 각 상품의 소비량이 변하게 되는데 이것을 소득효과라 한다. 두 상품의 소비량을 양축으로 하는 평면에서 소득효과를 나타낸 곡선을 소득소비곡선이라 한다. 소득소비곡선에서 엥겔곡선이 도출된다. 엥겔곡선은 소득의 변화와 한 상품의 수요량과의 관계를 나타내는 곡선이다.

21

가격변동에 따른 수요량의 변동을 가격효과라 한다. 가격효과는 이론적으로 소득효과와 대체효과로 구분할 수 있다. 가격하락으로 소득이 늘어날 때처럼 종전보다 상품을 더 많이 사게 되는 효과를 소득효과라 한다. 가격변동으로 상대가격이 변하여 상대적으로 더 싸진 상품을 더 많이 수요하고, 상대적으로 비싸진 상품을 더 적게 수요하는 효과를 대체효과라 한다.

22

대체효과는 항상 가격과 수요량의 변동방향이 반대로 작용해서 음(−)으로 나타난다. 소득효과는 음일수도 있고 양일 수도 있다. 기펜재는 열등재 중에서 소득효과가 대체효과보다 커야한다.

23

비기능적(비이성적) 수요 : 갑작스런 변동 충동에 따른 소비

① 편승효과 : 한 소비자의 수요가 다른 소비자들의 소비에 편승하여 이루어지는 경우이다. 남들이 사는 상품을 덩달아 소비한다. 이에 대한 한 가지 좋은 예는 여성들의 의상수요이다. 어떤 스타일의 의상이 유행하게 되면 여성들은 유행에 뒤질세라 그 의상을 수요하는 것을 흔히 볼 수 있다. 편승효과가 있을 때의 시장수요가 없을 때의 그것보다 가격에 대하여 더 탄력적이다.

② 백로효과 : 편승효과와는 정반대되는 것으로서 다른 사람들이 어떤 상품을 많이 소비하고 있기 때문에 자기는 그 재화의 소비를 중단하거나 줄이는 경우이다. 소비자는 개성과 독자성을 중시한다. 청바지가 일반화되어 너도 나도 청바지를 입게 되면 이제 청바지는 격이 낮은 옷이라 생각하고 청바지를 입지 않는 경우가 그 예이다. 백로효과가 있을 때의 시장수요가 없을 때의 그것보다 가격에 대하여 덜 탄력적이다.

③ 베블렌 효과 : 소비자들이 돋보이고 싶어서 소비하는 경우에 나타난다.

가격이 오르면 수요량이 늘어난다. 수요곡선이 우상향한다(사치품). 명동의 한 상점에서 고급의상에 30만원 가격표를 붙여 내놓았는데 하나도 팔리지 않아 무턱대고 가격표를 1백만원으로 바꿔 붙였더니 잘 팔리더라는 일화가 있는데 이것이 베블렌효과의 한 예이다. 외제자동차·다이아반지·외제가구 등 값비싼 상품을 구입할 수 있는 능력을 과시하기 위해 소비하는 경우도 베블렌효과에 속한다.

④ 가수요 : 어떤 상품의 가격상승이 예상되면 그 상품을 꼭 필요한 수량보다 훨씬 많이 구입하여 저장해 두는 현상을 말하는데 흔히 「사재기」라고도 표현된다. 「사재기」가 심하게 일어나면 물품이 귀해지고 해당 품목의 가격이 폭등하여 경제의 안정기조를 해칠 우려가 있기 때문에 국민경제적으로 해롭다. 사재기는 대개 사재기한 사람은 이득을 보지만 다른 많은 사람들은 그만큼 손해를 보는 零合게임(zero－sum game)이고 경제의 불안정성을 부추긴다는 점에서 「구성의 모순」의 한 예이다.

⑤ 의존효과 : 소비자들의 자주적인 판단으로 상품을 구매하지 않고, 기업의 광고, 선전에 따라 구매하는 것을 말한다.

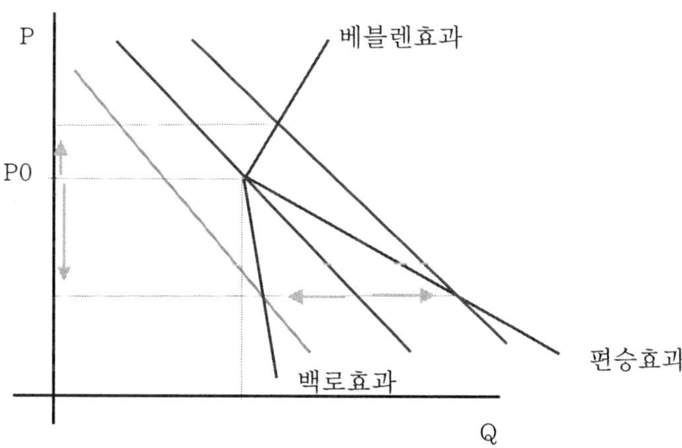

24...

사람들이 미래에 일어날 수 있는 불확실한 대안에 대한 의사결정을 할 때 선택의 기준으로 삼는 것은 기대소득이 아니라 기대효용이다. 기대소득은 어떤 사건이 일어날 확률에다가 그 사건이 일어났을 때 받게 되는 상금=소득을 곱하여 구한다. 당첨될 확률이 $\frac{2}{10}$이고 상금이 100만원인 복권을 예로 들어보자. 당첨될 확률이 $\frac{2}{10}$이기 때문에 낙첨될 확률은 $\frac{8}{10}$이다. 따라서 이 복권에 대한 기대소득은 기대소득 $=\frac{2}{10}\times$100만원$+\frac{8}{10}\times$ 0원 = 20만원으로 구해진다.

25...

등량곡선은 어떤 상품을 생산하는데 있어서 동일수준의 산출량을 생산해 낼 수 있는 두 생산요소의 여러 가지 조합을 표시해 주는 곡선이다. 등량곡선은 원점에서 멀리 떨어질수록 높은 산출량을 나타내고 우하향하며 서로 교차하지 않고 원점에 대해 볼록한 성질을 갖는다.

26...

한계기술대체율(MRTS)이란 동일한 생산수준을 유지하면서 수평축 생산요소(노동)를 한 단위 더(덜) 고용할 때 포기(추가)해야 하는 수직축 생산요소(자본)의 양을 말한다. 한계기술대체율 체감의 법칙이란 동일한 생산량을 유지하면서 수직축 생산요소(자본)를 수평축 생산요소(노동)로 계속 대체해 감에 따라 한계기술대체율이 체감하는 것을 말한다. 노동의 추가단위가 점점 소량의 자본을 대신하게 되는 현상인 한계기술대체율 체감의 법칙은 원점에 대하여 볼록한 등량곡선으로 표시된다. 기술진보가 일어나면 종전과 똑같은 산출량을 생산하기 위해 필요한 생산요소 투입량은 감소하게 되어 등량곡선이 원점을 향하여 안으로 이동한다.

27

생산의 규모가 커질수록 생산단가가 낮아질 때 규모의 경제가 있다고 말한다. 각 상품을 서로 다른 기업이 생산하는 것보다 한 기업이 여러 가지 상품을 동시에 생산하는 것이 비용의 측면에서 더 유리할 때 생산기술에 범위의 경제가 있다고 말한다.

28

생산비용은 회계적 비용과 경제적 비용으로 나눌 수 있다. 회계적 비용은 화폐의 지출이 실제로 일어나는 비용, 즉 명시적인 비용을 말하고, 경제적 비용은 이러한 명시적인 비용에 잠재적인 비용을 포함시킨 개념이다. 잠재적 비용이란 생산에 투입된 기업가 소유의 생산요소에 대한 기회비용을 말한다. 즉 기업인이 소유하는 노동·자본·토지·기업경영 등의 생산요소를 현재의 생산활동에 사용하지 않고 다른 용도에 사용했을 때 얻을 수 있는 최대소득이 잠재적 비용이다. 잠재적 비용은 귀속임금·귀속이자·귀속지대·정상이윤으로 구성된다. 경제적 이윤은 총수입에서 경제적 비용을 뺀 것이다. 경제적 이윤이 양(陽)일 때 초과이윤이 있다고 말한다.

29

한계비용이란 생산량을 한 단위 증가시킬 때 추가적으로 증가하는 비용으로 총가변비용의 증가분을 생산량의 증가분으로 나눈 값이다. 가변요소가 하나뿐이라고 가정하면 한계생산물이 증가할 때 한계비용은 감소하고, 한계생산물이 최대일 때 한계비용은 최소이며, 한계생산물이 감소할 때 한계비용은 증가한다. 따라서 한계비용곡선은 궁극적인 수확체감의 법칙을 반영하여 U자형을 갖는다. 총비용곡선에서 평균비용곡선과 한계비용곡선을 도출할 수 있다. 각 생산량에 대응하는 총비용곡선상의 점과 원점을 연결한 직선의 기울기 값이 그 생산량 수준에서의 평균비용이다. 총비용곡선상의 각 점에서 그은 접선의 기울기가 그 생산량 수준에서의 한계비용이다.

30…

한계비용곡선과 평균비용곡선은 모두 U자형이다. 한계비용곡선은 평균비용이 감소할 때 평균비용곡선 아래에 위치하며, 평균비용이 증가할 때는 평균비용곡선 위에 위치한다. 한계비용곡선과 평균비용곡선은 평균비용곡선의 최저점에서 만난다.

31…

등비용선이란 일정한 지출액으로 기업이 구입할 수 있는 자본과 노동의 모든 가능한 조합들을 연결한 직선을 말한다. 한 등비용선 위의 모든 점들은 요소의 결합비율은 다르지만 동일한 총비용을 나타낸다.

32…

최소비용의 원칙이란 주어진 산출량을 생산하는 데에 어떠한 요소배합이 비용을 최소로 하는가를 보여주는 조건이다. 최대산출량의 원칙은 주어진 비용으로 산출량을 극대화시키는 요소배합조건이다. 최소비용의 원칙과 최대산출량의 원칙은 화폐 1원으로 살 수 있는 각 투입요소의 한계생산물이 같아지는 한계생산물 균등의 법칙(노동의 한계생산성=자본의 한계생산성)이 달성될 때 충족된다. 바꾸어 표현하면 등비용선과 등량곡선이 접하여 생산요소가격비와 한계기술대체율이 같아야 한다는 것이 최소비용의 원칙이자 최대산출량의 원칙이다.

33…

장기평균비용곡선의 최저점과 접하는 단기평균비용곡선을 가지는 시설규모를 최적시설규모라고 한다. 단기평균비용곡선의 최저점에 대응하는 산출량수준을 최적산출량이라고 한다. 단기평균비용곡선의 최저점이 장기평균비용곡선과 접하는 경우는 장기평균비용곡선의 최저점에서만 가능하다. 따라서 장기평균비용의 최저점과 대응하는 생산량은 장기에 최적규모의 생산

시설이 최적산출량수준으로 가동될 때 산출되는 가장 효율적인 생산량 수준이다.

34

개별수요자나 생산자가 시장가격을 단독으로 변경시킬 수 없기 때문에 시장가격을 주어진 그대로 수용하는 것을 가격수용행태라 한다. 가격수용행태가 완전경쟁시장의 가장 두드러진 특징이다.

35

평균수입곡선은 개별기업이 직면하는 수요곡선이 된다. 완전경쟁시장이든 불완전경쟁시장이든 간에 한 기업의 평균수입곡선이 그 기업의 생산물에 대한 수요곡선이다. 이는 평균수입이 시장가격과 같은 데에 기인한다.

36

완전경쟁시장은 시장에 참여하는 개별기업이나 소비자가 시장전체에 비해 原子처럼 미미하여 시장가격을 주어진 그대로 받아들여 행동하는 시장으로서 ① 대다수의 판매자(=기업)과 구매자(=소비자), ② 상품의 동질성, ③ 기업의 자유로운 퇴거, ④ 완전한 시장정보의 네 가지 특성을 갖는다. ①②③ 중 어느 하나라도 완전히 성립하지 않는 시장을 불완전경쟁시장이라 한다. 불완전경쟁시장은 기업(공급자)이 하나인가, 소수인가, 다수인가에 따라 독점시장·과점시장·독점적 경쟁시장으로 구분된다. 불완전경쟁기업은 시장가격을 주어진 그대로 받아들이지 않고 독자적으로 결정할 수 있는 시장지배력을 가진다.

37

완전경쟁시장에서는 P=AR=MR의 관계가 성립된다. 생산물시장가격수준에서 그은 수평선이 완전경쟁기업의 AR곡선이자 MR곡선이며 동시에 소비자들의 그 기업 생산물에 대한 수요곡선을 나타낸다.

38

기업은 총수입(TR)과 총비용(TC)의 차로 정의되는 이윤을 극대화하고자 한다. 이윤극대화조건은 MR=MC이다. 이 때 MC곡선이 MR곡선보다 기울기가 큰 부분에서 MR=MC이어야 한다. MR>MC이면 생산량을 증가시킴으로써 이윤을 증대시킬 수 있고, MR<MC이면 생산량을 감소시킴으로써 이윤을 증대시킬 수 있다. 완전경쟁시장에서는 P=AR=MR이기 때문에 완전경쟁기업의 이윤극대화 조건은 P=MC로도 나타낼 수 있다.

39

완전경쟁기업은 단기에 가격이 평균비용(AC) 이하로 하락하여 손실이 발생하더라도 가격이 평균가변비용보다는 높아 고정비용의 일부를 회수할 수 있으면 손실을 극소화하기 위하여 생산을 계속한다. 그러나 가격이 평균가변비용(AVC) 이하로 하락할 때에는 생산을 중단하게 된다. 따라서 P=MC의 균형조건을 갖는 완전경쟁기업의 단기공급곡선은 생산요소가격이 일정할 경우 평균가변비용곡선 윗부분의 단기한계비용곡선이다.

40

완전경쟁하에서는 단기에는 초과이윤이나 손실이 존재할 수 있다. 그러나 장기에는 초과이윤을 향유하는 산업에 새로운 기업이 진입하여 초과이윤이 없어지고 손실이 발생하는 경우에는 일부기업들이 퇴거하여 정상이윤만을 얻게 된다. 완전경쟁기업의 장기균형은 P=SMC=LMC=LAC=SAC일 때 달성된다.

41

독점이 생성·유지되게 하는 진입장벽에는 ① 규모의 경제, ② 상품 원재

료에 대한 독점적 소유, ③ 정부에 의한 법적 권한(판매권, 특허권, 인·허가) 부여, ④ 정부가 특수한 목적을 위하여 직접 독점력을 행사하는 경우 등이 있다.

42...

독점기업은 그 자체가 산업이므로 우하향의 수요곡선을 가진다. 수평의 수요곡선을 가지는 완전경쟁의 경우에는 P=AR=MR이지만 독점기업의 경우에는 P=AR>MR이다. 기업의 평균수입곡선이 그 기업이 직면한 수요곡선이므로 완전경쟁의 경우 수요곡선이 곧 한계수입곡선이지만 독점의 경우 한계수입곡선이 수요곡선 아래에 위치한다.

43...

독점기업 역시 다른 시장형태에서의 기업과 마찬가지로 MR=MC에서 이윤극대화를 달성한다. 그러나 우하향의 수요곡선을 갖기 때문에 P>MC여서 단기에 초과이윤을 얻을 수 있고, 진입장벽이 존재하기 때문에 이러한 초과이윤을 장기에도 얻을 수 있다.

44...

독점기업은 각각의 시장가격에 대응하여 공급량을 유일하게 결정하는 것이 아니라 그때 시장수요의 크기에 따라 이윤극대화공급량을 결정하기 때문에 공급곡선이 없다. 독점기업은 수요의 가격탄력도가 1인 점에서 한계수입이 0이 되며 총수입은 극대가 된다. 즉, 한계수입=0 일 때 총수입은 극대이다.

45...

독점은 대체로 대규모이어서 기술개발과 생산방법 혁신에 연구 개발 투자여력이 충분하다는 긍정적 측면이 있다. 독점에서는 자원배분이 비효율적일 뿐 아니라 완전경쟁시장보다 대개 시장가격이 높고 시장거래량은 적으며 균등한 소득분배를 저해한다는 부정적 측면이 있다. 독점이 정당화될 수 있는 유일한 근거는 규모의 경제이다. 그러나 일반적으로 독점의 사회적 비용을 상쇄할 수 있을 정도로 규모의 경제가 크지는 않은 것으로 보인다. 독과점의 규제방법에는 ① 독과점 기업의 이윤 일부를 조세로 징수, ② 가격통제를 실시함으로써 가격이 낮추고 생산량을 증가시킴, ③ 공기업화하여 가격과 생산량을 통제하거나 새로운 기업 육성, ④ 수입 자유화로 공급 확대, ⑤ 독점 규제 및 공정거래에 관한 법률 등이 있다.

46

독점에 따른 자원배분의 비효율성을 제거하고자 P=MC를 부과하면 자연독점의 경우 지속적인 적자가 발생하는 문제점이 있다. 이를 독점규제의 딜레머라 한다. 이러한 딜레마를 타개하고자 부분적으로 P=MC를 포기하는 이중가격제도를 실시한다.

47

독점적 경쟁은 완전경쟁과 독점의 성격을 나누어 가지고 있는 시장조직이다. 독점적 경쟁의 특징으로는 ① 다수의 기업, ② 상품차별화, ③ 기업의 자유로운 진입과 퇴거, ④ 비가격경쟁의 존재를 들 수 있다.

48

독점적 경쟁기업은 우하향의 수요곡선을 가진다. 따라서 단기균형은 독점기업과 기본적으로 같다. 즉 MR=MC인 생산량을 기업이 공급하면 수요곡선에 의하여 시장가격이 결정된다. 독점적 경쟁기업이 단기에 항상 이윤을 누리는 것이 아니라는 것, 공급곡선이 존재하지 않는다는 것, 가격차별을 할 수 있다는 것 등도 독점의 경우와 같다.

49

과점이란 소수의 대기업에 의하여 지배되는 시장조직 형태로서 ① 기업간의 상호의존관계, ② 치열한 비가격경쟁과 가격의 경직성, ③ 담합과 같은 비경쟁행위, ④ 상당한 진입장벽 등을 특징으로 한다. 과점에서는 자원배분이 비효율적이지만 기술혁신을 촉진시키는 장점이 있다.

50

공정거래법(독점규제 및 공정거래에 관한 법률)은 독과점과 경제력 집중의 폐해를 규제하고 자유로운 경쟁을 촉진하여 소비자를 보호하는 것을 목적으로 1981년부터 시행되었다. 공정거래법은 ① 시장지배적 지위의 남용금지, ② 기업결합의 제한, ③ 경제력 집중 억제, ④ 부당한 공동행위의 제한, ⑤ 불공정거래행위의 금지 등을 주요 내용으로 하고 있다.

51

계층별 소득분배는 전통사회에서 경제발전이 진행됨에 따라 그 불균등도가 점점 커지다가 경제발전이 성숙한 단계에 이르러서 불균등도가 작아지는 현상을 쿠즈네츠가 선진자본주의국가에서 발견하였다. 이를 쿠즈네츠의 U자가설이라 한다.

52

노동은 ① 저장했다가 팔거나 살 수 없다. ② 근로자의 인격으로부터 완전히 분리해서 매매되지 않는다. ③ 질의 향상에 장시간이 소요된다. ④ 매매관계형성에 노사관계가 수반된다는 특성을 갖는다.

53

인플레이션이 없을 때의 이자율을 실질이자율이라고 하고, 인플레이션을 고려한 이자율을 명목이자율이라고 한다. 명목이자율=실질이자율+예상인플레이션율이다. 실질이자율은 자본의 한계생산력에 가장 큰 영향을 받는다.

54...

노동공급곡선은 우상향하다가 왼쪽으로 휘어지는 모양을 가진다. 이와 같은 노동공급곡선을 노동의 후방굴절공급곡선이라 한다. 이것은 임금율의 상승과 대체효과, 소득효과 때문이다. 노동자는 주어진 가용시간 중 얼마만큼을 노동하고 얼마만큼을 여가로 즐길 것인가를 선택한다. 이는 소비자이론에서 주어진 소득을 가지고 두 가지 상품을 구입할 때 어떤 상품조합을 선택하는가 하는 문제와 다를 것이 없다. 노동자가 주어진 가용시간을 노동과 여가에 얼마만큼씩 배분하느냐 하는 문제는 노동자가 가지는 노동과 여가 사이의 예산선과 무차별 곡선에 의해서 결정될 것이다.

임금률의 상승은 여가의 기회비용을 상대적으로 높이는 결과를 초래한다. 대체효과는 상대적으로 더 비싸진 상품을 적게 수요하는 쪽으로 작용하여 여가의 소비를 줄이고 그 대신 노동의 공급을 더 크게 만든다. 반면 임금률의 상승은 소비자의 실질소득을 높여 소득효과(여가의 소비를 늘리고 노동공급을 줄임)를 발생하게 한다. 즉, 노동공급을 증가시키는 대체효과보다 노동공급을 감소시키는 소득효과가 더 크기 때문에 노동공급곡선은 후방굴절한다.

55...

한 배분상태가 실현가능하고 다른 모든 실현가능한 배분상태와 비교해 볼 때 이보다 파레토우위인 배분상태가 없으면 이 배분상태를 파레토 최적이라 한다. 즉 사회 내의 어떤 사람의 후생을 감소시키지 않고서는 다른 사람의 후생을 증대시킬 수 없는 실현가능한 배분상태를 파레토최적이라 하는 것이다.

56...

어떤 두 배분상태를 비교할 때 한 배분상태가 다른 배분상태보다 구성원 누구하나도 후생이 감소되지 않으면서 적어도 한 사람의 후생이 증가되면 그 배분상태는 다른 배분상태보다 파레토우위라고 부른다. 현재의 상태에서 누이도 좋고 매부도 좋아지는 쪽으로의 변화가 가능하다면 현재의 상태는 파레토열위인 것이다.

57...

교환의 최적성이란 사회 내의 어떤 사람의 후생을 감소시키지 않고서는 다른 누구의 후생도 증대시킬 수 없게 배분해야 한다는 것을 말한다. 임의의 두 사람 간에 임의의 두 생산물에 대한 한계대체율이 같아야 한다는 것이 교환의 최적성의 조건이다.

58...

경제 내의 모든 시장이 완전경쟁시장이면 그 결과 이루어지는 자원배분은 파레토 최적이다. 이것을 후생경제학의 제 1 정리라고 한다. 한 시장이라도 불완전경쟁시장이면 파레토최적배분이 이루어진다는 보장이 없다.

59...

생산물 구성의 최적성이란 사회구성원들이 원하는 소비행태에 상응하도록 생산하여야 한다는 것을 말한다. 한 생산물 한 단위를 더 생산하기 위하여 희생되어야 하는 다른 생산물의 수량을 한계전환율이라 한다. 한계전환율은 생산가능곡선상의 각 점에서 그은 접선의 기울기의 절대값으로 표시된다. 임의의 두 생산물간의 한계전환율과 한계대체율이 같을 때 생산물구성의 최적성이 달성된다.

60...

시장실패란 경제활동을 시장기구에 맡길 때 최적의 자원배분 및 균등한 소득분배를 실현하지 못하는 상황을 총칭한다. 시장의 실패의 유형에는 시장의 불완전성과 규모의 경제, 공공재, 소득분배의 불공평, 불확실성 등이 있다.

61...

정부의 실패란 시장의 실패를 교정하기 위한 정부개입이 오히려 효율적인 자원배분을 더 저해하는 상황을 말한다. 정부의 실패가 일어나는 원인으로는 규제자의 불완전한 지식·정보, 규제수단의 불완전성, 규제의 경직성, 근시안적인 규제, 규제자의 개인적 편견이나 권한확보욕구, 정치적 제약 등을 들 수 있다.

62...

외부효과란 어떤 경제활동과 관련하여 다른 사람에게 의도하지 않은 혜택이나 손해를 가져다 주면서도 이에 대한 대가를 받지도 지불하지도 않는 상태를 말한다. 외부효과에는 외부경제와 외부비경제가 있다. 외부경제란 쌍방이 아닌 제 3자에게 혜택을 주고도 이에 대한 보상을 받지 못하는 것이고, 외부비경제란 제 3자에게 손해를 입히고도 이에 대한 대가를 지불하지 않는 것을 말한다. 시장기구에 맡기면 외부경제를 낳는 상품은 필요 이하로 적게 생산되고 외부비경제를 낳는 상품은 필요 이상으로 많이 생산된다.

63...

국방·치안·공원·일기예보 등과 같이 한 개인의 소비가 다른 사람들의 소비를 감소시키지 않는 특성(비경합성)과 대가를 지불하지 않아도 그 재화와 서비스의 소비를 못하게 할 수 없는 특성(비배제성)을 동시에 가질 때 이를 공공재라 한다. 공공재의 공급을 시장기구에 맡길 때 무임승차의 문제가

발생하기 때문에 시장의 실패가 발생한다.

64

공공선택이론은 후생경제학의 한 분야로서 자원의 배분문제에 대하여 시장경제의 순수경제이론적 접근방법에서 탈피하여 비시장적 의사결정의 과정을 통하여 경제적 후생의 우열을 분석하려고 하는 이론이다. 공공선택이론의 핵심적 과제는 사회구성원의 다양한 선호를 집계하여 사회적·집단적 선호로 옮길 수 있는 가장 합리적인 방법이 무엇인가를 연구하는 데 있다.

65

암표상의 경제적 기능

암표상은 다급한 수요를 충족시켜 주고 자발적인 교환이 일어나게 한다는 점에서 긍정적 기능을 갖는다. 그러나 암표행위는 일종의 매점매석 행위로서 부당하게 높은 가격을 받음은 물론 일정수량의 수요를 선점함으로써 불특정다수의 선의의 수요자를 불리하게 하는 등 역기능도 많다.

66

의료보험제도가 도덕적 해이를 초래할 수 있음을 설명하시오.

의료보험제하에서는 의료서비스를 소비하든 안하든 일정비용(의료보험료)을 지출해야 하기 때문에 병원에 자주 갈수록 이익이라는 생각으로 의료서비스에 대한 불요불급한 수요가 발생하고, 이료수가가 낮아 부담 없이 의료서비스를 받을 수 있다는 생각에 평소 건강관리를 소홀히 하는 등 도덕적 해이가 나타난다.

67

잠재GNP란 한 나라에 존재하는 모든 생산자원을 정상적으로 고용할 경우 생산가능한 모든 최종생산물의 시장가치를 말한다. 이용가능한 모든 생산요소가 정상적으로 고용되는 상태를 완전고용이라 한다. 따라서 잠재GNP는 완전고용GNP 혹은 완전고용국민소득이라 불리기도 한다. 잠재 GNP와 실제GNP와의 차이를 GNP갭이라고 한다. 생산활동이 저조하고 경제가 침체될수록 GNP갭은 커지고 생산활동이 활발할수록 GNP갭은 작아진다.

68

부가가치란 생산자가 생산과정에서 새로 산출한 가치로서 총산출로부터 중간소비와 자본재의 감가상각을 공제한 금액이다. 부가가치는 노동·토지·자본·기업활동 등 생산요소의 이용에 대한 보수로서 임금·지대·이자·이윤으로 분배된다.

부가가치 = 총산출－중간소비－감가상각
= 임금 + 지대 + 이자 + 이윤

69

정부의 이전지출은 실업수당이나 재해보상금, 사회보장기부금과 같이 정부가 당기의 생산활동과 무관한 사람에게 반대급부 없이 지급하는 것을 말한다.

70

국민소득이론 주요 공식

① GNP = GDP + (대외수취요소소득－대외지불요소소득)
= GDP + 대외순수취요소소득

② NNP(국민순생산) = GNP－감가상각

③ NI(국민소득) = NNP－간접세 + 정부보조금

④ PI(개인소득) = NI－사회보장부담금－법인세－사내유보 이윤 + 이전지출

⑤ DI(가처분소득) = PI－소득세 = 저축 + 소비

⑥ GNP디플레이터 = 명목GNP/실질GNP × 100

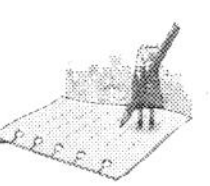

71

국민총생산의 한계

① 시상에서 거래되는 상품의 가치만이 포함된다는 점(비시장성 재화, 용역 불포함)

② 여가와 인간비용(정신적 갈등, 스트레스) 제외

③ 생산활동의 증가와 더불어 일어나는 환경오염 같은 부작용을 전혀 고려하지 않는다. (공해제거 작업은 GNP에 가산된다)

④ 소득분배 및 생산물의 질적구성 등이 계산되지 않는다.

⑤ 지하경제는 포함되지 않음(불법거래는 GNP에 포함되지 않는다),

⑥ 시장가격이 그것의 진정한 가치를 제대로 반영하지 못할 수 있다(정부의 가격 규제)

72

GNP개념의 한계를 보완하여 진정한 의미에서의 경제적인 후생을 측정하기 위해 미국의 경제학자 토빈과 노드하우스가 경제후생지표(MEW)라는 개념을 만들어냈다. 경제후생지표는 GNP에 가정주부의 서비스와 여가의 가치를 더하고 공해비용을 뺀 것이다. 새무얼슨은 이를 순경제후생(NEW)라 불렀다.

73

어떤 해의 국민총생산을 알고자 할 때 어느 해의 가격에 기초하여 상품들의 시장가치를 평가할 것인지의 문제가 제기된다. 당해연도 최종생산물에 당해연도 가격을 곱해서 측정한 것을 명목 국민총생산이라 하며, 당해연도 최종생산물에 기준년도 가격을 측정한 것을 실질 국민총생산이라고 한다. 명목 국민총생산에는 생산량의 변화뿐 아니라 물가의 변화까지 반영되어 있다. 실질 국민총생산은 물가상승으로 인한 과대평가를 상쇄해주는 기능을 가진다.

74...

물가지수는 상품의 종류와 수량을 고정시켜 놓고, 기준년도의 물가수준을 100으로 하여 비교년도 물가의 상대적 변화를 수치로 나타낸 것이다. 물가지수를 구할 때는 각 상품의 거래량에 따라 다른 가중치를 적용하여 평균적인 가격동향을 파악하게 된다. 그런데 가중치는 고정된 것일 수도 있고 변화하는 것일 수도 있다. 고정된 가중치를 적용하여 구한 것을 라스파이레스 지수라고 하는데, 소비자물가지수, 생산자물가지수, 수출입 물가지수가 그 예다. 반면에 변화하는 가중치를 적용한 것을 파셰지수라 하며, GNP디플레이터가 이것의 대표적 예다.

75...

경제활동이 상당한 규칙성을 보이며 변동하는 것을 경기변동이라 한다. 경기변동은 호황·후퇴·불황·회복의 4국면을 되풀이하는 양상으로 나타나기 때문에 경기순환이라고도 한다. 경기후퇴가 너무 급격·극심하게 진행되어 회복의 능력을 상실한 상태를 공황이라 한다. 경기변동의 종류로는 1회의 순환에 소요되는 주기의 장단에 따라서 단기파동·중기파동·장기파동 등이 있다.

76...

고전학파란 중상주의 이후 케인즈 이전의 경제학자들을 말하는데 이들은 세이의 법칙을 신봉하고 「보이지 않는 손」의 역할을 믿어 「작은 정부」를 주장하였다. 세이의 법칙이란 「공급은 스스로 수요를 창출한다」라는 명제로 표시된다.

77...

고전학파의 국민소득결정모형은 ① 노동시장에서 노동에 대한 수요와 공급이 일치하는 완전고용수준으로 고용량이 결정된다. 이 고용량이 단기총생

산함수와 결합하여 단기에 총공급수준을 결정한다. ② 이렇게 결정된 총공급수준은 세이의 법칙에 의하여 모두 수요됨으로써 균형국민소득수준이 된다. 이 때의 균형국민소득은 완전고용국민소득이다. ③ 공급에 애로가 있는 국민경제를 설명하기에 적합한 모형으로서 장기적으로 국민소득을 증대시키기 위하여는 공급능력을 제고시켜야 한다는 정책적인 시사점을 가지고 있다.

78

케인즈는 세이의 법칙을 부정하고 「보이지 않는 손」의 역할에 한계가 있다고 보아 「큰 정부」, 즉 정부의 적극적인 개입이 필요하다고 주장하였다.

79

케인즈의 국민소득결정의 단순모형은 ① 총수요가 총공급을 결정함으로써 총고용량과 국민소득을 결정한다. 민간경제모형에서 총수요=총생산 혹은 투자수요=저축일 때 국민경제가 균형에 도달하여 균형국민소득과 총고용량이 결정된다. ② 균형국민소득에 대응하는 총고용량은 통상 완전고용수준에 미치지 못한다. 따라서 케인즈 모형에서 균형국민소득은 과소고용국민소득 또는 불완전고용국민소득이 된다. ③ 수요측면에 애로가 있는 국민경제에 적합한 모형이며, 국민경제의 안정적인 성장을 위해서는 강력한 총수요관리가 필요하다는 정책적 시사점을 가지고 있다. ④ 완전고용수준에서 총수요가 총공급보다 클 때 이 초과수요의 크기를 인플레이션 갭이라 하고, 반대로 총공급이 총수요보다 커서 발생하는 초과공급을 디플레이션 갭이라고 한다. 디플레이션 갭은 유효수요의 부족으로 비자발적 실업이 존재함을 의미한다. ⑤ 케인즈단순모형에서 독립지출이 증가하면 국민소득은 단지 독립지출의 증가분 만큼만 증가하는 것이 아니라 그 이상 몇 배수로 증가하게 되는데 이를 승수효과라고 한다. 승수$=\frac{\text{균형국민소득증가분}}{\text{최초의총수요증가분}}$으로 정의

된다. 승수는 $\frac{1}{1-\text{한계소비성향}}$로 표시되기 때문에 한계소비성향이 클(한계저축성향이 작을)수록 커진다. ⑥ 개인이 절약하여 저축을 늘리고자 하면 총수요가 감소하여 국민소득이 감소하고, 그 결과 국민경제 전체적으로 총저축이 늘어나지 않거나 오히려 감소한다. 케인즈 모형에서 이러한 현상을 절약의 역설이라고 한다. 고전학파모형에서는 절약의 역설이 일어나지 일어나지 않으며 저축은 미덕이 된다.

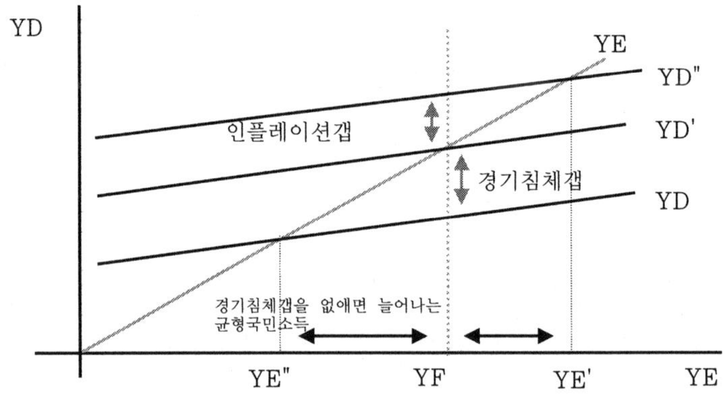

80

절대소득가설

케인즈는 소비의 크기가 주로 소득의 절대적 크기에 의존한다는 이른바 절대소득가설을 주장한다. 여기서 절대소득이란 일정기간에 취득한 소득, 혹은 當期所得(current income)이다. 케인즈 소비함수의 특성은 평균소비성향(APC)이 한계소비성향(MPC)보다 항상 크다는 것과 한계소비성향은 0보다는 크지만 1보다는 작다는 것으로 요약된다. 소비가 당기의 소득에 의존한다는 사실은 케인즈의 국민소득결정모형에서 중요한 의미를 갖는다. 케인즈 모형에서 소비가 변하면 유효수요가 변하고 이에 따라 국민소득이 변한다.

81

항상소득가설(permanent income hypothesis)

케인즈와는 달리 프리드만은 소비가 당기의 절대소득의 크기에 의존하는 것이 아니라 장기적인 항상소득의 크기에 의존한다고 주장하였다. 프리드만은 실제로 측정되는 소득을 실제소득이라고 하고, 실제소득은 항상소득과 임시소득으로 구성된다고 보았다. 항상소득이란 평생 동안 벌어들일 것으로 기대되는 소득의 평균규모 또는 장기적 평균소득이다. 임시소늑은 장기적으로 예견되지 않은 일시적인 소득으로서 陽일 수도, 0 일 수도 있고, 陰일 수도 있다. 프리드만은 소비가 임시소득과는 아무런 상관관계가 없고 오직 항상소득에만 의존한다고 본다. 항상소득가설에 따르면 케인즈가 매우 효과적이라고 주장한 단기의 재정정책 특히 조세정책은 무력하다. 정부가 단기적으로 세율을 변경시키면 임시소득을 변화시킬 뿐 항상소득을 별로 변화시키지 않기 때문에 소비와 총수요에는 별다른 영향을 주지 못하는 것이다. 항상소득가설에서 가장 문제가 되는 부분은 항상소득의 측정문제이다.

82

생애주기가설(모딜리아니)

생애주기가설에 의하면 사람들은 대체로 남은 평생을 염두해 두고 현재의 소비를 결정한다. 사람들의 소득수준은 장년기에 비하여 청년기와 노년기에 상대적으로 낮다. 사람들은 일생을 통하여 대개 청년기에는 소득수준이 낮아서 부채를 지다가 장년이 되면 소득수준이 높아 이 부채를 갚고 저축을 하며, 노년기에는 다시 소득이 낮아 저축을 소비한다. 생애주기가설은 소비의 결정요인으로서 단기소득개념이 아닌 장기소득개념을 사용하고 있다는 점에서 앞에서 설명한 항상소득가설과 맥락을 같이한다. 따라서 생애주기가설도 항상소득가설과 유사한 거시경제학적 시사점을 갖는다.

83

상대소득가설

미국의 경제학자 두젠베리는 소비에 영향을 주는 요인으로서 소비자 본인의 현재소득은 물론 비교대상이 되는 타인의 소득과 본인의 과거소득을 중요시하였다. 소비와 타인의 소득과의 관계는 소비행동의 상호의존성에 의해 설명할 수 있다. 소비행동의 상호의존성이란 소비자는 항상 「자기가 속해 있는 사회적 계층의 사람들과 비교하면서 생활하기 때문에 개인의 소비는 타인의 소비형태와 타인의 소득수준에 의해 영향을 받게 된다는 것이다. 듀젠베리는 이와 같은 소비행동의 상호의존관계를 전시효과(展示效果)라고 불렀다. 한편 소비와 과거소득의 관계는 소비행동의 비가역성으로 설명할 수 있다. 비가역성이란 소득이 증가함에 따라 일단 높아진 소비수준은 소득이 감소해도 쉽게 낮아지지 않는다는 것이다. 부자가 소득이 감소해도 지난날에 쓰던 버릇이 남아서 지출을 많이 하게 되는 것은 비가역성의 한 예이다. 비가역성에 의해 현재의 소비가 과거의 최고소비수준, 나아가 과거의 최고소득수준으로부터 영향을 받게 되는 현상을 듀젠베리는 톱니효과라고 하였다. 이와 같이 듀젠베리의 이론은 소비가 본인과 타인, 또는 현재와 과거 사이에서 성립하는 상대소득의 함수라고 보는 것이다. 그러므로 듀젠베리의 소비함수를 상대소득가설이라고 부른다.

84

정부가 의도적으로 정부지출이나 조세를 변화시켜 국민소득의 변화 및 경제안정을 이룩하고자 하는 정책을 재량적 재정정책이라 한다.

85

케인즈모형에서 경기침체의 경우 정부지출 증가 혹은 조세감면의 확대재정정책으로 총수요를 증가시켜 소득을 증가시키고, 경기 과열일 때 정부지출 감소 혹은 조세수입 증가의 긴축재정정책으로 총수요를 억제하여 경기

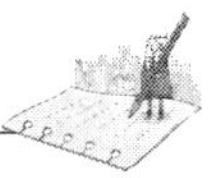

를 진정시킬 수 있다. 이에 따라 케인즈는 경제를 안정시키는 재량적 재정정책을 단기에 적극 실시할 것을 주장한다.

86

고전학파는 재정정책의 무력성을 주장한다. 재정지출의 증가는 동일한 금액의 민간소비지출과 민간투자수요를 감소시켜 총수요와 소득에 전혀 영향을 주지 못한다는 것이다. 확대재정정책이 이자율의 상승을 통하여 민간경제활동을 위축시키는 효과를 구축효과라 한다. 고전학파는 구축효과가 재정정책의 효과를 완전히 상쇄할 만큼 크다고 본다(케인즈는 구축효과가 무시할 만큼 작다고 본다).

87

재정의 자동안정화장치는 경기침체나 경기호황 때 정부가 의도적으로 정부지출과 세율을 변경시키지 않아도 소득 승수체계 내에서 자동적으로 재정지출과 조세수입을 변하게 하여 경기침체나 경기호황의 강도를 완화시켜주는 재정제도를 말한다. 자동안정화장치의 대표적인 예는 누진적 소득세와 실업보험, 사회보장이전지출 등을 들 수 있다.

88

고전학파는 자동안정화장치와 이자율의 자동조절기능 때문에 재정정책을 쓰지 않아도 경기가 자동조절된다고 본다. 반면에 케인즈는 이자율에 자동조절기능이 없을 뿐만 아니라 자동안정장치의 경기조절능력 또한 매우 미흡한 것이기 때문에 단기에 적극적으로 재정정책을 써야 한다고 주장하였다.

89

그레샴의 법칙

악화가 양화를 구축한다(순도가 높은 주화는 시장에서 점점 사라지고 순

도가 떨어지는 주화만이 시장에서 유통)

90

화폐 베일효과

화폐는 실물부분에 대해 중립적이다. 금융정책은 실질변수에 영향을 미치지 않는다. 경제의 모든 실질변수들의 균형치가 통화량과는 관계없이 결정되어지는 것을 실물부문과 화폐부문의 이분화라고 부른다. 이러한 체계에서 화폐는 단순히 실물부문을 감싸는 베일의 역할밖에 하지 못한다는 뜻에서 화폐는 베일이라고 부른다. 고전학파모형에서 화폐는 베일이다.

91

중앙은행의 창구를 통하여 시중에 나온 현금을 본원통화라고 한다. 본원통화를 고성능화폐라고도 하는데 이것은 본원통화가 예금은행조직에 들어가면 그 몇 배에 해당하는 예금통화를 창출하기 때문이다. 예금은행조직에 요구불예금의 형태로 최초로 예입된 본원통화를 본원적 예금이라고 한다. 은행이 본원적 예금을 기초로 하여 대출을 통한 예금통화를 창출하는 것을 신용창조라 한다. 현금누출이 없고 초과지급준비금이 없을 때 본원적 예금은 그 몇 배에 해당하는 요구불예금을 창출하는데 이 승수를 신용승수라 한다. 신용승수는 법정지급준비율의 역수($\frac{1}{r}$)이다. 본원적 예금에 의해 추가로 창출된 요구불 예금을 파생적 예금이라고 한다. 파생적 예금(DN)은 총예금창조액(DS)에서 본원적 예금(S)을 뺀 것이다. $DN = DS - S = \frac{S}{r} - S = (-1)S = \frac{1-r}{r}S$ 여기서 $\frac{1-r}{r}$은 순신용승수라고 부른다.

92

통화공급함수($M = mB = \frac{1}{z + r(1-z)}B$)

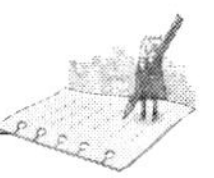

경제학에서는 본원통화와 통화의 관계를 통화공급함수라 부른다. 통화량을 본원통화로 나눈 값, 즉 통화량이 본원통화의 몇 배인가를 보여주는 배수를 통화승수라고 한다. 통화량을 M, 본원통화를 B, 승수를 m이라 하면 다음과 같은 식이 성립한다($m=\frac{M}{B}$). 한편 통화량은 현금통화(C)와 예금통화(D)의 합계이다($M=C+D$ 또는 ①$D=M-C$). 통화량에서 차지하는 현금통화의 비중을 현금통화비율이라 한다. 현금통화비율울 z라 하면 $z=\frac{C}{M}$ 또는 $C=zM$ 이 성립한다. 이 식을 ①에 대입하면 $D=M-C=M-zM=(1-z)M$ 이 된다. 여기서 $1-z$는 예금통화를 통화량으로 나눈 값으로 예금통화비율이라 부른다. 본원통화(B)는 현금통화(C)에다 지급준비금(R)을 합한 것이다. 지급준비금(R)은 요구불예금(D)에 지급준비율(r=법정지급준비율+초과지급준비율)을 곱한 rD로 표시된다. 따라서

$B=C+R=zM+rD=zM+r(1-z)M=[z+r(1-z)]M$이 된다. 따라서 현실적인 통화승수는

$$m=\frac{M}{B}=\frac{M}{[z+r(1-z)]M}=\frac{1}{z+r(1-z)}$$

로 정리된다. 따라서 현금통화비율(z)과 지급준비율(r)이 클수록 그리고 본원통화의 공급이 작을수록 통화량(M)은 작아진다.

93

현금통화비율이 1이라는 의미는 본원통화가 바로 통화량이고 요구불예금이 전혀 없고 거래도 현금으로만 이루어진다는 뜻이다. 지급준비율이 1이라는 의미는 고객으로부터 받은 예금전체를 은행이 지급준비금으로 가지고 있다는 뜻이다.

94

통화량의 크기를 결정하는 것은 일반대중이 정하는 현금통화비율, 중앙은행과 예금은행이 정하는 지급준비율(중앙은행은 법정지급준비율을 결정하

고 예금은행은 초과지급준비율을 결정), 중앙은행이 공급하는 본원통화이다. 일반적으로 현금통화비율과 초과지급준비율은 경제사회관습에 의해 결정된다. 따라서 통화량의 크기를 결정하는 가장 중요한 변수는 중앙은행이 조절 통제할 수 있는 법정지급준비율과 본원통화이다.

95...

금융정책이란 금융정책당국이 통화량과 이자율을 조절하여 국민경제의 안정적 성장을 꾀하는 경제정책을 말한다. 금융정책은 최종목표·운영목표·수단의 세 가지 요소로 구성된다. ① 최종목표 : 물가안정, 완전고용달성, 국제수지균형, 경제성장 등 ② 운영목표 : 통화량, 이자율 ③ 수단 : 일반적 수단(공개시작조작, 지급준비율정책, 재할인율정책), 선별적 수단(대출한도제, 이자율규제정책)

96...

중앙은행이 공개시장에서 국채를 매입(매각)하면 통화량은 증가(감소)하고 이자율은 하락(상승)한다. 중앙은행이 법정지급준비율을 인하(인상)하면 통화량이 증가(감소)한다. 중앙은행이 재할인율을 인하(인상)하면 통화량이 증가(감소)한다.

97...

대출한도제란 국내여신, 중앙은행 자산, 시중은행 자산 등의 최고한도를 설정해 놓고 그 이상을 초과하지 못하게 규제함으로써 통화량을 규제하는 것을 말한다. 이자율 규제정책은 통화당국이 예금은행의 예금 및 대출이자율을 직접 규제하는 것으로서 이자율에 간접적으로 영향을 미치는 일반적 금융정책수단과 대비된다.

98

화폐수요에 관한 대표적인 이론으로는 고전학파의 화폐수량설, 케인즈의 유동성선호설, 프리드만의 신화폐수량설 등이 있다. 고전학파의 화폐수량설은 소득의 일정비율만큼 화폐수요가 일어난다는 것으로서 교환방정식과 현금잔고방정식으로 화폐수요를 설명한다. 피셔의 교환방정식은 물가수준(P)×실질국민생산(Y)=통화량(M)×통화의 소득유통속도(V)로 표시된다. 이 식에서 V가 일정하다고 가정하면 $M=\frac{1}{V}PY$이므로 화폐수요가 명목국민소득(PY)에 비례한다는 묵시적인 화폐수요함수를 얻는다.

마샬의 현금잔고방정식은 $M=kPY$라고 명시적으로 규정하고 k가 일정하다고 가정함으로써 화폐수요량이 국민소득의 일정비율이라고 본다. 이 마샬의 k는 화폐의 유통속도(V)의 역수이다.

99

케인즈의 유동성선호설에 의하면 화폐수요는 거래적·예비적·투기적 화폐수요의 합계인데, 거래적 화폐수요와 예비적 화폐수요는 소득의 함수이고 투기적 화폐수요는 이자율의 함수이다. 구체적으로 실질화폐수요는 소득의 증가함수이고 이자율의 감소함수이다.

100

프리드만의 신화폐수량설은 소득 이외에도 여러 가지 이자율과 예상물가상승률이 화폐수요의 주요 결정요인이라고 본다. 그러나 소득이 압도적으로 중요한 요인이라고 접근하는 점에서 고전학파의 화폐수량설과 유사하다.

101

이자율결정에 관한 대표적인 이론으로는 고전학파의 실물적 이자론, 케인즈의 유동성 선호설, 그리고 이 두 이론의 종합이라고 할 수 있는 대부자금설이 있다.

102

고전학파의 실물적 이자론에 의하면 이자율은 생산물시장에서 실물저축과 투자수요에 의하여 결정되는 실물적인 변수이다. 케인즈의 유동성 선호설에 의하면 이자율은 화폐시장에서 화폐의 공급과 수요에 의하여 결정되는 명목적인 변수이다. 대부자금설은 원래 고전학파의 이론을 발전시켰지만 이자율을 생산물시장과 화폐시장의 상호작용에 의하여 결정된다고 보는 점에서 이 두 이론을 종합한 이론으로 평가할 수 있다. 결국 이자율은 생산물시장과 화폐시장은 물론 자산시장과 경제의 공급측면으로부터도 영향을 받으며, 국민경제 전체적으로 국민소득, 물가수족과 더불어 동시에 결정되는 거시경제변수이다.

103

금융정책의 운영목표로서 케인즈는 이자율을 중시하고 통화주의자는 통화량을 중시한다. 통화주의자에 의하면 물가변동이 심하고 인플레이션이 지속되는 상황에서는 이자율이 금융시장의 자금사정에 의하여 불완전한 정보를 제공해 줄 수 있기 때문에 통화량을 정책지표로 삼아야 한다고 주장한다. 그러나 80년대부터 금융혁신이 빠르게 진행되면서 통화수요함수가 불안정해짐으로써 통화량을 정책지표로 삼을 때 이자율이 예측할 수 없게 자주 변동하는 문제가 생긴다. 오늘날 각국의 통화당국은 통화량과 이자율을 혼합하여 운영목표를 삼고 있다.

104

통화공급목표의 설정은 피셔의 교환방정식을 이용하여 도출할 수 있다. $\frac{\triangle M}{M} = \frac{\triangle P}{P} + \frac{\triangle Y}{Y} - \frac{\triangle V}{V}$의 식을 이용하여 물가상승률($\triangle P/P$)과 경제성장률($\triangle Y/Y$)이 정책목표치로서 주어지면 통화의 유통속도($\triangle V/V$)를

예측하여 통화공급목표 증가율을 계산할 수 있다.

105

IS곡선은 생산물시장을 균형시켜 주는 이자율과 (실질)국민소득의 조합을 나타내는 곡선이다. IS곡선은 일반적으로 우하향한다. IS곡선은 절대소비가 증가하거나 독립투자가 증가하거나 확대재정정책을 실시하는 경우 오른쪽으로 이동한다. 위와 각각 반대인 경우에는 왼쪽으로 이동한다. IS곡선의 기울기는 투자곡선의 기울기에 영향을 받는다. 투자곡선의 기울기가 가파르면 IS곡선의 기울기도 가파르게 된다. 그 반대의 경우에는 IS곡선이 완만해진다.

106

LM곡선은 화폐시장을 균형시켜 주는 이자율과 국민소득의 조합을 나타내는 곡선이다. 화폐수요가 소득의 증가함수이자 이자율의 감소함수인 한 LM곡선은 우상향한다. LM곡선은 통화공급이 증가하거나 물가가 하락하면 오른쪽으로 이동하고, 각각 반대의 경우에는 왼쪽으로 이동한다. LM곡선의 기울기는 화폐수요곡선의 기울기에 영향을 받는다. 화폐수요곡선의 기울기가 가파르면 LM곡선의 기울기도 가파르다. 그 반대의 경우에는 LM곡선이 완만해진다.

107

생산물시장과 화폐시장의 동시균형은 IS곡선과 LM곡선의 교차점에서 결정된다. 교차점이 아닌 다른 점에서는 두 시장을 균형시켜 주는 조정과정이 일어나 교차점으로 접근해 간다.

108

케인즈학파에 의하면 확대재정정책은 주어진 LM곡선하에 IS곡선을 오른쪽으로 이동시켜 국민소득을 증가시키는 한편 이자율을 상승시킨다. 반대로 긴축재정정책은 IS곡선을 왼쪽으로 이동시켜 국민소득을 감소시키고 이자율을 하락시킨다.

109

케인즈학파에 의하면 확대금융정책은 주어진 IS곡선하에 LM곡선을 오른쪽으로 이동시켜 이자율을 하락시키는 한편 국민소득을 증가시킨다. 반대로 긴축금융정책을 실시하면 LM곡선이 왼쪽으로 이동하여 이자율은 상승하고 국민 소득은 감소한다.

110

IS－LM의 이론은 물가가 일정하다는 가정하에 전개된「공황의 모형」이다. 물가가 일정하지 않으면 IS－LM곡선으로부터 총수요곡선이 도출되며, IS－LM으로 결정되는 국민소득은 균형국민소득이 아니라 총수요가 된다. 총수요곡선은 각 물가수준에 대응하는 총수요를 나타내 주는 곡선이고, 우하향한다. 총수요곡선은 일반적으로 정부지출·조세·통화공급량·독립투자·기초소비 등에 의해 영향을 받는다. 확대(긴축)재정정책과 확대(긴축)금융정책, 독립투자나 기초소비의 증가(감소) 등은 총수요곡선을 오른쪽(왼쪽)으로 이동시킨다.

111

단기에 확대재정정책은 국민소득·물가·이자율을 모두 상승시킨다. 확대금융정책은 국민소득과 물가를 상승시키고 이자율을 하락시킨다. 이를 AD－AS, IS－LM곡선을 연결하여 분석할 수 있다. 물가변동을 감안하지 않은 IS－LM분석은 AD－AS분석보다 정책효과를 과대평가한다.

112

총공급곡선은 각 물가수준에 대응하여 기업전체가 공급하고자 하는 총생산을 나타내는 곡선이다. 고전학파의 총공급곡선은 완전고용국민소득수준에서 수직이다. 이것은 명목임금과 물가가 상·하 신축적으로 움직여서 노동시장의 불균형을 아주 신속하게 조정한다는 가정의 결과이다. 반면 케인즈는 노동시장에서 화폐임금의 하방경직성(노동의 초과수요가 발생할 때는 화폐임금이 쉽게 인상될 수는 있으나 초과공급이 있을 때는 인하되지 않는다)을 전제로 하고 있다. 케인즈의 고정물가–고정화폐 임금모형에서 총공급곡선은 뒤집은 L자형이다. 케인즈의 변동물가–고정임금모형이나 케인즈학파와 통화주의학파모형에서 총공급곡선은 우상향이다. 이 각각을 케인즈영역 · 중간영역 · 고전학파영역으로 종합수용하여 수평–우상향–수직으로 연결되는 총공급곡선을 그릴 수 있다.

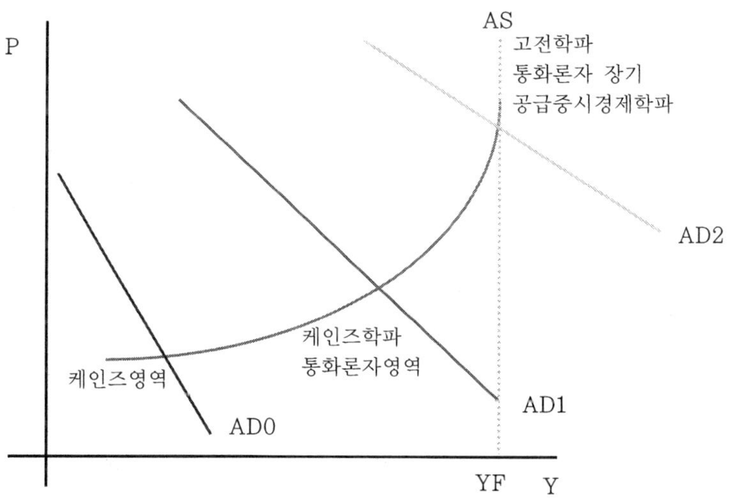

- 케인즈 경제학 → 불황기의 경제학
- 케인즈 학파, 통화론자 영역 → 중간영역
- 고전학파 → 완전고용의 경제학

113...

케인즈 학파는 투자수요의 이자율 탄력도가 아주 작은 반면, 화폐수요의 이자율 탄력도는 아주 크다고 보기 때문에 IS곡선은 가파르게, LM곡선은 완만하게 그려진다. 통화주의 학파는 투자수요의 이자율탄력도가 아주 큰 반면, 화폐수요의 이자율 탄력도는 아주 작다고 보기 때문에 IS곡선은 완만하게, 그리고 LM곡선은 가파르게 그려진다.

114...

가격을 변경시키는 데 드는 비용을 메뉴비용이라 한다. 메뉴비용이라고 하는 것은 식당에서 가격을 변경시킬 때 차림표의 가격을 다시 인쇄한다든지 가격변경을 알리는 등 직·간접 정보비용 등을 인용하여 붙인 이름이다. 실제로 가격을 변경할 때는 상품 포장에 표시된 가격을 전부 바꾸는 인쇄비용과 광고로 알리는 비용, 특히 불경기 때 가격을 낮추면 다른 기업들도 연쇄적으로 가격을 인하하는 가격경쟁의 위험 등의 비용이 메뉴비용이 된다.

115...

고전학파는 임금·물가·이자율이 매우 신축적이라는 기본가정에서 출발한다. 케인즈 학파는 임금·물가·이자율의 하방경직성 혹은 매우 느린 조정속도를 기본가정으로 하여 출발한다.

116...

합리적 기대란 경제주체들이 미래의 경제변수를 예측할 때 그 예측에 이용가능한 모든 정보를 활용하여 합리적으로 예측하는 것을 말한다. 새고전학파는 예상메커니즘을 빼고는 통화주의학파와 기본적으로 같은 입장이다. 사람들은 적응적 기대 대신 합리적 기대를 가진다고 가정함으로써 새고전학파는 통화주의학파와는 달리 (금융정책까지 포함해서) 체계적인 안정화정책이 단기에도 효과가 없다는 정책무력성정리를 전개한다. 새케인즈학파는

합리적 기대를 받아들이더라도 임금과 물가가 경직적이거나 조정속도가 느리면 체계적인 안정화정책이 단기에 유효하고 따라서 필요하다고 주장한다.

117

총수요는 (민간)소비수요·투자수요·정부지출·순수출의 네 가지 항목으로 구성된다. 이 중에서 소비수요의 과소와 투자수요의 심한 가변성이 문제가 되고, 또한 총수요에 간접적이고 포괄적인 영향을 미치는 화폐적 요인이 문제가 된다. 먼저 소비수요에 관하여 보면 투자에 비하여 저축이 과다하고 소비재생산에 비하여 소비수요가 과소한 데서 경기변동의 요인을 찾는 과소소비설이 있다. 이 과소소비설은 영국의 고전학파 경제학자 맬더스와 굴절수요곡선이론을 발표한 스위지 등이 주장하였다. 케인즈의 유효수요이론도 과소소비설의 입장에 속한다.

118

고전학파, 케인즈학파, 통화주의학파, 새고전학파, 공급중시경제학의 재정·금융정책에 대한 공통점과 상이점을 비교하라.

① 고전학파 : 재정정책은 완전한 구축효과로 생산물 구성만을 변화시킬 뿐만 소득과 고용량 등 실질변수들을 변화시키지 못한다. 금융정책은 실질변수에 영향을 미치지 않고 명목변수에만 영향을 미친다.

② 케인즈 학파 : 확대재정정책은 물가는 별로 상승시키지 않으면서 국민소득을 증가시키고, 금융정책은 총수요에 미치는 효과가 미미하다.

③ 통화주의학파 : 단기에 재정정책은 고용과 소득수준에 영향을 미치지만 구축효과의 부작용이 크다. 단기에 금융정책은 물가와 소득을 동시에 증가시키지만 장기에는 소득수준에는 영향을 못 주고 물가만 상승시킨다.

④ 새고전학파 : 확대금융·재정정책이 단기에도 국민소득에 영향을 미치지 못하고 물가만 상승시킨다.

⑤ 공급중시경제학 : 조세의 유인 효과를 강조한다. 조세감면이 총수요곡

선뿐 아니라 총공급곡선을 이동시켜 국민소득을 증가시키는 정책이다.

119...

실업은 마찰적 실업, 탐색적 실업, 경기적 실업, 구조적 실업 등으로 나누어 진다. 마찰적 실업과 탐색적 실업만 있는 경우의 실업률을 자연실업률이라 한다. 자연실업률은 기업들의 구인자수와 노동자들의 구직자수가 일치하는 실업률이자, 현재 진행되는 인플레이션을 가속시키지도 않고 감속시키지도 않게하는 실업률이다. 자연실업률은 재량적인 총수요관리정책과는 관계없이 생산물 시장의 구조적 특성, 탐색 비용, 노동의 이동가능성, 최저임금제 등에 의해 결정된다. 정부가 인위적으로 자연실업률보다 낮은 실업률을 이루고자 하는 재량정책은 소기의 성과를 거두지 못하고 인플레이션만 가속시킨다는 것이 자연실업률이론이다.

120...

실업에 대한 학파들의 견해

① 고전파 : 물가와 명목임금이 완전 신축적으로 움직여 항상 완전고용이 달성된다. 자발적 실업만 존재한다.

② 케인즈 학파 : 임금의 하방경직성을 토대로 비자발적 실업을 인정한다. 그 중에서도 경기적 실업을 중시하여 적극적인 재량정책으로 유효수요 증대하여 경기적 실업을 해소시켜야 한다.

121...

인플레이션과 실업간의 관계를 보여 주는 곡선을 필립스 곡선이라 한다. 1960년대까지 케인즈학파에 의해 우하향의 안정적인 곡선이라고 생각되었으나 1970년대에 일어난 스태그플레이션으로 이 생각이 틀리다는 것이 판명되었다. 오늘날 필립스곡선은 예상인플레이션율이 주어진 단기에는 우하향하지만 장기에는 수직이라고 본다. 단기필립스곡선은 예상치 못한 인플레

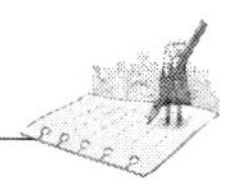

이션과 실업률간에 역의 상관관계를 보여준다.

122

정책시차

정책의 효과는 어느 정도의 시차를 두고 나타난다. 그 성격에 따라 내부시차와 외부시차로 구분된다. 내부시차는 정책당국이 경기변동을 발생시킨 원인을 알아내고 관련정보를 수집하는 데 걸리는 시간이고, 외부시차는 시행된 정책이 현실경제에서 실제로 효과를 내기 시작하는 데까지 걸리는 시간이다. 재정정책이 금융정책보다 외부시차가 더 짧다. 내부시차는 금융정책이 재정정책보다 시차가 훨씬 짧다. 재정지출이나 조세를 변경시키는 데에는 내각의 결의를 거쳐 추가경정예산이나 세제개정안 등으로 국회의 심의·의결까지 거쳐야 한다. 반면에 금융정책은 통화당국의 결정으로 즉시 실시될 수 있다.

123

경기가 침체하여 생산활동이 위축되고 실업률이 높음에도 불구하고 높은 인플레이션이 계속되는 상태를 스태그플레이션이라 한다. 시장구조 불완전성, 사회적 통합성 하락, 정치적 신뢰성 저하 등이 원인이고, 대책으로 시장기구기능회복, 사회적 통합성 향상, 정치적 신뢰회복 등을 들 수 있다.

124

가격이나 세율 등을 인플레이션에 따라 자동적으로 조정함으로써 실질가치의 변화를 막으려는 정책을 물가 연동제라 한다. 물가연동제는 다음의 문제점을 가지고 있다. ① 실질임금을 동일한 수준으로 고정시키는 데 따른 문제점－경제 전체의 신축성을 떨어뜨린다 ② 어떤 물가지수에 기초하여 물가 연동을 실시할 것인지의 문제－상이한 집단간의 불공정한 보상 ③ 물가 연동이 인플레이션을 촉발하는 원인이 될 수도 있다 ④ 인플레이션을 잡

으려는 정책당국의 의지를 약화시킨다

125

수입을 제한하기 위하여 고율의 관세를 부과하는 것을 관세장벽이라고 한다. 수입을 제한하는 데 사용되는 관세 이외의 모든 수단을 총칭해서 비관세장벽이라고 한다. 비관세 장벽의 대표적이 것에는 수입할당제·수입과징금·수입담보금·수출입링크제·구상무역제 등이 있다. 수입할당제는 비관세장벽의 대표적인 예로서 특정상품의 수입에 대해서 일정량 이상의 수입을 허가하지 않는 수량제한제도이다. 수입과징금은 수입상품에 대해서 관세 이외에 추가적으로 일정액을 부과하는 것을 말한다. 정부가 수입을 승인할 때 수입업자로 하여금 수입신청액의 일정비율에 해당하는 금액을 외국환은행에 적립토록 하는데 이 때의 적립금을 수입담보금이라 한다. 수출입링크제란 정부가 수출을 전제로 하여 그 제품의 원료수입을 허가하는 제도를 말한다. 구상무역이란 한 나라가 자국의 수출범위 내에서 상대국의 수입을 허가하는 것을 말하는데 일명 바터무역이라고도 한다.

126

리카도의 비교생산비설은 비교우위의 원인이 생산비의 차이에 있다는 것을 설명하고 있지만 생산비의 차이가 왜 발생하는간에 대하여는 설명하지 않고 있다. 이 점을 보완한 것이 헥셔-올린정리이다. 헥셔-올린정리에 의하면 생산비의 차이가 발생하는 이유는 각국의 생산요소부존량이 다르고 또 각국에서 상품생산에 투입되는 생산요소의 결합비율이 다르기 때문이다. 각국은 상대적으로 부존량이 많은 생산요소를 집약적으로 사용하는 상품을 생산하여 수출을 하면 무역당사국 모두 이익을 보고 생산요소의 이동이 없어도 교역당사국 간의 생산요소가격이 같아진다는 것이 헥셔-올린정리의 주요 내용이다.

127

경상수지에 장기자본수지를 합한 것을 기초수지라 한다. 기초수지에 단기자본수지를 합하고 이를 오자 및 누락항목으로 조정해 준 것을 종합수지라 한다.

128

국제통화제도는 1870년 이후 금본위제도(고정환율제도)→브레튼 우즈체제의 금환본위제도(미국의 달러화를 기축통화로 하는 고정환율제도)→킹스턴 체제(관리변동환율제도)로 변천하였다. 킹스턴 체제는 달러화의 기축통화로서의 역할을 대신할 만한 국제통화가 아직 정해져 있지 않기 때문에 과도기적 성격을 띠고 있다.

129

넉시에 의하면 오늘날의 후진국들은 가난하기 때문에 더욱 가난하게 살 수밖에 없는 빈곤의 악순환을 경험하고 있다. 이 악순환은 수요와 공급의 양면에서 작용하고 있다. 수요면에서는 소득이 낮으니까 시장이 작고, 시장이 작으니까 자본수요가 낮으며, 자본수요가 낮은 결과 생산이 낮고, 다시 소득이 낮은 악순환이 일어난다. 공급면에서는 소득이 낮으니까 저축이 낮고, 저축이 낮으니까 자금공급이 부족하여 자본축적이 낮고, 그 결과 저생산·저소득·저저축의 악순환이 일어난다. 후진국의 발전문제는 바로 이 악순환을 단절하는 것이다. 넉시는 후진국 개발에 있어서 가장 큰 애로는 작은 시장이며, 따라서 악순환을 타개하기 위해 시장확대가 가장 필요하다고 주장한다.

130

연관효과는 전방연관효과와 후방연관효과를 나누어진다. 전방연관효과는 A산업에 대한 투자가 A산업 제품을 사가는 B산업의 성장과 투자를 유발하는 효과를 말한다. 후방연관효과는 A산업에 대한 투자가 A산업에 투입물을 공급하는 C산업의 성장과 투자를 유발하는 효과를 말한다.

131

잠재실업이란 노동의 한계생산물이 0이거나 0에 가까운 농촌인구로서 사실상 실업상태에 있지만 농업이 가족노동에 의해 경영되고 있기 때문에 표면적으로는 실업자로 노출되지 않은 상태를 말한다.

132

외자도입은 긍정적인 효과와 부정적인 효과를 가진다. 긍정적인 효과로는 소득·고용효과, 개발효과, 국제수지효과를 들 수 있다. 부정적인 효과로는 대외의존효과, 원리금상환효과, 국민저축위축효과를 들 수 있다.

133

케인즈학파는 1930년대 세계대공황에 대하여 정책적 처방을 제시한 케인즈로부터 비롯되었다. 케인즈는 극심한 실업의 원인이 총수요의 부족이라고 보고 공공사업을 일으켜 정부지출을 증대시키는 등 강력하고 직접적인 재량정책을 주장하였다. 재량적인 재정정책으로 총수요를 관리해야 한다는 케인즈의 주장은 케인즈학파에 의하여 계승되었다. 이에 반하여 고전학파의 전통을 계승한 통화주의학파와 새고전학파는 정부의 인위적인 경제개입을 반대하고 자유시장기구의 기능을 가급적 살려 정부의 실패를 막아야 한다는 입장이다. 케인즈학파와 고전학파계통의 이론을 주류경제학이라 한다.

134

구성의 오류

부분에 맞는다고 해서 전체에도 그것이 맞는다고 생각하는 것이 구성의 오류를 범하는 것이다. 경기장의 관중석에서 경기를 관람할 때 어느 한 사람이 일어서면 그 사람은 경기를 더 잘 볼 수 있을 것이다. 그러나 모든 사람이 일어서면 각자가 종전보다 경기를 더 잘 볼 수 있다고 말할 수는 없다. 어느 한 산업에서 생산물가격이 올라가면 그 산업의 기업들은 가격상승으

로 혜택을 본다. 그러나 생산요소까지 포함하여 모든 산업에서 가격이 똑같은 비율로 오르면 어떻게 될까? 생산물가격이 오른 만큼 생산요소가격도 올라 기업이윤이 별로 늘어나지 않는다.

135

박제가의 '북학의'

> 대체로 재물이란, 비유하건대 샘과 같은 것이다. 퍼내면 차고, 버려두면 말라 버린다. 그러므로 비단 옷을 입지 않아서 나라에 비단 짜는 사람이 없게 되면 여공(女工)이 쇠퇴하고, 쭈그러진 그릇을 싫어하지 않고 기교를 숭상하지 않아서 나라의 공장이 하는 일이 없게 되면 기예가 망하게 되며, 농사가 황폐해져서 그 법을 잃게 되므로 사·농·공·상의 4민이 모두 곤궁하여 서로 구제할 수 없게 된다.

소비의 감소는 생산의 감축을 가져와 궁극적으로는 소득의 감소를 가져오기 때문에, 절약·검소 보다는 소비를 권장하여 생산을 촉진시키자는 주장이다.

136

터널효과

> 2차선 일방 통행의 ① 긴 터널 속에 자동차들이 정체 현상을 보이고 있다. 얼마후 한 쪽 차선의 차량들이 움직이기 시작하자, ② 다른 차선에서 기다리는 사람들도 자기가 있는 차선이 곧 움직이리라는 기대에 부풀게 된다. 그러나, ③ 한 차선의 차량들만 계속 움직이고 자기가 서 있는 차선의 정체가 계속되면, ④ 부풀었던 기대에서 오는 좌절감으로 불만이 쌓이게 되고, 심지어는 터널 앞에서 차량 소통을 규제하는 ⑤ 교통 순경을 불신하게 된다. 그 결과, 불만에 찬 운전자가 ⑥ 교통 법규를 무시하게 되어 터널 속은 더욱 혼잡해지고, 더더욱 정체가 심해지는 결과가 생기고 만다.

- 비유 내용 : ① 후진국의 침체 현상, ② 성장 초기에 성장의 혜택을 받지 못한 계층, ③ 불균등한 분배의 지속, ④ 성장의 혜택을 받으리라는 기대, ⑤ 정부(정부정책), ⑥ 위법, 탈법 행위
- 자료 해석 : 터널 효과는 분배의 형평성을 무시한 채 성장만을 지속적으로 추구하면 결국에 가서는 효율성을 떨어뜨려 성장을 저해시키게 된다는 것을 비유한 것이다. 즉 경제가 지속적으로 발전하고 복지가 실현되기 위해서는 효율성과 형평성이 적절하게 조화를 이루어야 한다는 것이다.

137

소비자의 권리

안전에 대한 권리, 지식 및 정보를 제공받을 권리, 자유로이 선택할 권리, 의견을 반영시킬 권리, 적절한 피해 보상을 받을 권리, 단결과 단체 활동의 권리

참 고 문 헌

곽해선, 경제기사궁금증 300문 300답, 동아일보사, 2004.
김구배, 새로 쓰는 회계원리, 형설출판사, 2004.
김영국외, 생활경제와 재테크, 대진, 2007.
류대현, 경제기사랑 친해지기, 새로운제안, 2006.
류대현, 직장인이 가장 궁금해 하는 금융상식, 새로운제안, 2008.
박은태, 경제학사전, 경연사, 2011.
한성수 외, 디지털시대의 생활경제, 도서출판 두남, 2005.
두산백과사전 – 위키백과사전 – 네이버 백과사전
주식투자하는법(http://securities.cafe24.com) 관련자료
증권정보채널(http://cafe.daum.net/highest/) 관련자료
한국은행 금융생활길라잡이 관련자료
한국은행 경제교육 관련자료
그 외 다수

찾아보기

【B】

BIS ········· 102

【C】

Call Options ········· 90
CD ········· 154
CMA ········· 151

【G】

G20 ········· 116
G7 ········· 116
G8 ········· 116
GATT ········· 115
GDP ········· 14
GNI ········· 15
GNP ········· 14, 225
GNP디플레이터 ········· 226

【I】

IBRD ········· 114
IDA ········· 114
IFC ········· 114
IMF ········· 87
IS곡선 ········· 237

【K】

KOSDAQ ········· 193
KOSPI ········· 186
KOSPI 200 ········· 187

【L】

LM곡선 ········· 237

【M】

M&A ········· 138
M1 ········· 87
M2 ········· 87
M3 ········· 87
MCT ········· 87
MIGA ········· 114
MMDA ········· 153
MMF ········· 152

【O】

OECD ········· 115

【P】

PBR ········· 189
PER ········· 188
Put Options ········· 90

【R】

ROE ········· 189

【W】

WTO ········· 115

【ㄱ】

가격수용행태 ········· 215
가격우선의 원칙 ········· 182
가격효과 ········· 210
가수요 ········· 211
가수요현상 ········· 31
가용외환보유고 ········· 58
간접 발행 ········· 173
간접금융 ········· 63
간접세 ········· 39
간접투자 ········· 191
강제성채권 ········· 176
개발신탁 ········· 72

거래대금 ········ 187
거래량 ········ 184, 187
거래세 ········ 183
거래수수료 ········ 183
거주자계정 ········ 72
건설기성액 ········ 24
건축허가면적 ········ 24
견질어음 ········ 96
결산 ········ 41
결제 ········ 182
경기 ········ 13, 18
경기변동 ········ 24, 226
경기순환 ········ 21, 226
경기연착륙정책 ········ 41
경기전환점 ········ 24
경기종합지수 ········ 23
경상수지 ········ 50
경세제민 ········ 15
경정예산 ········ 42
경제 ········ 16
경제성장 ········ 16
경제적비용 ········ 213
경제체제 ········ 205
계정 ········ 71
고가 ········ 184
고전학파 ········ 226, 241
고정 ········ 68
공개시장 ········ 67, 99, 234
공개시장조작 ········ 99
공공선택이론 ········ 223
공공용지보상채권 ········ 171
공금리 ········ 78
공급의 원리 ········ 73
공급중시경제학 ········ 241
공동시장 ········ 107
공사채형 수익증권 ········ 191
공정금리 ········ 75
공황 ········ 25
공황의모형 ········ 238
관리종목 ········ 185
관세 ········ 51
관세장벽 ········ 244
교차탄력도 ········ 206
교환사채 ········ 174
구성의오류 ········ 246
구축효과 ········ 231
국고관리기금채권 ········ 79
국고채 ········ 78
국고채권 ········ 171
국고채금리 ········ 78
국고채수익률 ········ 78, 79
국민소득이론 ········ 224
국민주택기금채권 ········ 79
국민주택채권 ········ 171
국민총생산 ········ 225
국세 ········ 39, 51
국제결제은행 ········ 102
국제수지 ········ 14, 50
국제통화기금 ········ 87
국제통화제도 ········ 245
국채 ········ 170
권리락 ········ 185
규모의경제 ········ 213
규제금리 ········ 78
균형 ········ 73
그레샴의법칙 ········ 231
금리 ········ 73
금리정책 ········ 100
금융 ········ 13, 62
금융공황 ········ 25
금융기관 ········ 14, 62
금융시장 ········ 64
금융정책 ········ 234
금융채 ········ 170
기관투자자 ········ 190
기대소득 ········ 212
기대효용 ········ 212
기세 ········ 184
기술개발금융채권 ········ 172
기업경기실사지수 ········ 24

기업구조조정 …… 135
기업어음 …… 155
기업은행 …… 64
기채 …… 171
기채시장 …… 174
기초수지 …… 245
기펜재 …… 210
기회비용 …… 205
긴축재정정책 …… 41, 238

【ㄴ】

내국세 …… 51
내부거래 …… 133
내수경기 …… 20
넉시 …… 245
농어촌발전채권 …… 79
농지채권 …… 79
농촌물가지수 …… 29
농특세 …… 183
누진세 …… 40

【ㄷ】

다우존스방식 …… 187
단기금리 …… 76
단기금융시장 …… 76
단기대출금리 …… 76
단기평균비용곡선 …… 214
단자회사 …… 65
당좌예금 …… 92
대부자금설 …… 235
대외계정 …… 72
대주 …… 66
대차관계 …… 66
대차대조표 …… 188
대체효과 …… 210
대출금리 …… 75
대출한도제 …… 234
대형주 …… 188
덤핑 …… 52
도덕적해이 …… 223
도로채권 …… 171
도소매판매액지수 …… 24
도시가계소비지출 …… 24
동시호가 …… 182
동행종합지수 …… 24
등락 …… 184
디스인플레이션 …… 34
디플레이션 …… 34
디플레이터 …… 29

【ㄹ】

리딩뱅크 …… 65
리스트럭처링 …… 135
리엔지니어링 …… 135
리카도 …… 244

【ㅁ】

만기환급형 …… 163
매도주문 …… 181
매수주문 …… 181
메뉴비용 …… 240
명목금리 …… 76, 78
무보증사채 …… 174
무역물가지수 …… 29
무역수지 …… 50
무역외수지 …… 50
무차별곡선이론 …… 207
물가 …… 13, 28
물가연동제 …… 243
물가지수 …… 29, 226
뮤추얼 펀드 …… 192
미수금 …… 182

【ㅂ】

박제가 …… 247
반대매매 …… 182
반덤핑관세 …… 53
발권기능 …… 86
발행어음 …… 155
배당락 …… 185

배당수익률 ······ 189
백로효과 ······ 210
범위의경제 ······ 213
법정지급준비율 ······ 234
베블렌효과 ······ 210
베일효과 ······ 232
벤처캐피탈 ······ 131
변동금리 ······ 77
변동환율제도 ······ 56
변액보험 ······ 162
보복관세 ······ 51
보장성보험 ······ 164
보증보험회사 ······ 79
보증사채 ······ 174
보통사채 ······ 174
보험증권 ······ 164
본원통화 ······ 232, 234
부가가치 ······ 224
부가가치세 ······ 39
부당내부거래 ······ 133
부도 ······ 97
부실채권 ······ 68
북학의 ······ 247
불황 ······ 24
블루칩 ······ 188
비경합성 ······ 222
비과세 ······ 150
비관세장벽 ······ 52, 244
비농가취업자수 ······ 24
비례세 ······ 40
비배제성 ······ 222
비용인상설 ······ 31
빅딜 ······ 135
빅뱅 ······ 102

【ㅅ】

사업구조조정 ······ 135
사업지주회사 ······ 132
사이드카 ······ 200
사자주문 ······ 181
사채 ······ 172
산업 ······ 120
산업구조 ······ 120
산업금융채권 ······ 172
산업분류 ······ 120
산업생산지수 ······ 24
산업은행 ······ 64
상계관세 ······ 51
상대소득가설 ······ 230
상수도채권 ······ 171
상업은행 ······ 64
상용근로자수 ······ 24
상장 ······ 178
상장채권 ······ 174
상품수지 ······ 50
상한가 ······ 184
상호신용금고 ······ 65
새고전학파 ······ 241
새마을금고 ······ 158
생계비지수 ······ 29
생명보험 ······ 161
생산자제품재고지수 ······ 24
생애주기가설(모딜리아니) ······ 229
서비스수지 ······ 50
서킷브레이커 ······ 200
선도 ······ 90
선물 ······ 90, 195
선물환 ······ 90
선발은행 ······ 65
선하증권 ······ 45
선행종합지수 ······ 24
설비투자추계지수 ······ 24
세계공황 ······ 25
세계무역기구 ······ 114
세계은행 ······ 114
세금우대 ······ 150
세금우대저축 ······ 155
세이의법칙 ······ 226
세입 ······ 39
세출 ······ 40

소득공제 ··· 157
소득세 ··· 39
소득탄력도 ··· 205
소득효과 ··· 210
소매물가지수 ··· 30
소비수요 ··· 20
소비연기 ··· 32
소비자의 권리 ··· 248
소비재수입액 ··· 24
소형주 ··· 188
손익계산서 ··· 188
손해보험 ··· 161
수량우선의 원칙 ··· 182
수시입출금 ··· 151
수신 ··· 70
수신금리 ··· 80
수신업무 ··· 70
수요견인설 ··· 31
수요공급의 법칙 ··· 73
수요의 원리 ··· 73
수익성 ··· 143
수익증권 ··· 159
수익증권투자 ··· 191
수입액 ··· 24
수입할당제 ··· 52
수출경기 ··· 19
수출액 ··· 24
수출입물가지수 ··· 30
수출입은행 ··· 64
수표 ··· 92
순상품교역조건 ··· 24
순수금리 ··· 74
순수보장형 ··· 163
순수지주회사 ··· 132
슈퍼뱅크 ··· 65
스왑 ··· 90
스태그플레이션 ··· 35, 243
스팟펀드 ··· 191
시가 ··· 184
시가총액방식 ··· 187
시간우선의 원칙 ··· 182
시중은행 ··· 64
신고가 ··· 185
신설합병 ··· 140
신용 ··· 66
신용경색 ··· 67
신용규제 ··· 67
신용대부 ··· 67
신용등급 ··· 84
신용승수 ··· 232
신용장 ··· 45
신용창조 ··· 232
신용평가 ··· 83
신용평가제도 ··· 83
신용평가회사 ··· 84
신용협동조합 ··· 65
신저가 ··· 185
신종적립신탁 ··· 72
신주인수권부사채 ··· 174
신탁 ··· 71
신탁계정 ··· 71
신협 ··· 65
신형우선주 ··· 186
신화폐수량설 ··· 235
신흥시장 ··· 107
실세금리 ··· 78
실손보험 ··· 162
실업 ··· 242
실업자 ··· 15
실질금리 ··· 76

【ㅇ】

안정성 ··· 143
암표 ··· 223
액면가 ··· 185
약관 ··· 164
약속어음 ··· 95
양도성예금증서 ··· 88
양도소득세 ··· 39
어음 ··· 93

어음부도율 ········ 97
엔젤캐피탈 ········ 131
엔캐리트레이드 ········ 109
엥겔곡선 ········ 209
여신 ········ 66
여신규제 ········ 67
여신업무 ········ 70
역진세 ········ 40
연관효과 ········ 245
연리 ········ 74
연쇄도산 ········ 98
연쇄부도 ········ 98
열등재 ········ 205
예금 취급 ········ 70
예금보험공사 ········ 161
예금보험공사채권 ········ 172
예금은행 ········ 101
예금자보호 ········ 160
예금자보호법 ········ 161
예대마진 ········ 72
예산 ········ 40
예탁금 ········ 187
옵션 ········ 90, 197
완전경제통합 ········ 108
완전고용GNP ········ 224
외국환평형기금 ········ 58
외부효과 ········ 222
외자도입 ········ 246
외평채 ········ 58, 171
외화예금 ········ 72
외환보유고 ········ 58
요구불예금 ········ 85, 87
요소투입경제성장 ········ 18
요주의 ········ 68
우대금리 ········ 75
우루과이라운드 ········ 115
우선주 ········ 186
우호적 M&A ········ 140
워크아웃 ········ 136
원천징수 ········ 77
월리 ········ 74
월평균종합주가지수 ········ 24
유가증권 ········ 99, 169
유동성 ········ 91
유동성 부족 ········ 92
유동성 프리미엄 ········ 91
유동성선호설, ········ 235
유동성함정 ········ 92
유통수익률 ········ 175
융통어음 ········ 96
은행 ········ 64
은행계정 ········ 71, 72
의결권 ········ 186
의존효과 ········ 211
이상급등(감리)종목 ········ 185
이윤극대화조건 ········ 216
이익참가부사채 ········ 174
이자 ········ 73
이자소득세 ········ 77
이자율 ········ 236
이전지출 ········ 224
이직자수 ········ 24
인수 ········ 139
인수단 ········ 173

【ㅈ】

자기자본이익률 ········ 189
자발어음 ········ 155
자본금 ········ 178
자본수지 ········ 50
자본재수입액 ········ 24
자본증권 ········ 169
자산 3분법 ········ 144
자연실업률이론 ········ 242
자유무역협정 ········ 107
자회사 ········ 132
작전 ········ 194
잠재GNP ········ 223
잠재성장률 ········ 17
잠재실업 ········ 246

잠재적비용 ······ 213
장기금리 ······ 76
장기금융시장 ······ 76
장기대출금리 ······ 76
장기주택마련저축 ······ 157
재고순환지표 ······ 24
재량적재정정책 ······ 230
재무구조 ······ 69
재무제표 ······ 188
재벌 ······ 131
재정융자 ······ 40
재정정책 ······ 41
재정투융자 ······ 40
재테크 ······ 142
재할인 ······ 101
재할인율 ······ 67, 234
재할인율 조절 ······ 100
저가 ······ 184
저금리정책 ······ 81
저당대부 ······ 67
저축성보험 ······ 164
저축은행 ······ 65
적대적 M&A ······ 140
적자재정 ······ 41
전환사채 ······ 174
절대소득가설 ······ 228
절약의역설 ······ 228
정기예적금 ······ 158
정부의실패 ······ 222
정상 ······ 68
정상재 ······ 205
정액보험 ······ 162
정책시차 ······ 243
제1금융권 ······ 63, 64
제2금융권 ······ 63, 65
제3금융권 ······ 65
제조업가동률지수 ······ 24
제조업입직자비율 ······ 24
조세귀착 ······ 206
종가 ······ 184
종금사 ······ 65
종목 ······ 184
종목코드 ······ 184
종속회사 ······ 132
종신보험 ······ 166
종합금융회사 ······ 65
종합주가지수 ······ 186
주가수익비율 ······ 188
주가순자산율 ······ 189
주간사 ······ 173
주류경제학 ······ 246
주식거래시간 ······ 181
주식계좌 ······ 180
주식시세표 ······ 183
주식지표 ······ 186
주식형 수익증권 ······ 191
주식형펀드 ······ 191
중소기업금융채권 ······ 172
중형주 ······ 188
증거금 ······ 182
증권 ······ 177
증권거래세 ······ 183
증권투자신탁 ······ 71
지급준비율조작 ······ 101
지방세 ······ 39
지방은행 ······ 64
지불준비금 ······ 67
지수 ······ 23
지역개발채권 ······ 171
지주회사 ······ 132
지준율 ······ 101
지하철채권 ······ 171
직접 발행 ······ 173
직접금융 ······ 63
직접세 ······ 39
진성어음 ······ 95
진입장벽 ······ 216

【ㅊ】

차용인 ······ 66

차용증서 ··· 168
채권대부 ··· 67
채권수익률 ··· 175
채권유통수익률 ··· 175
채권형 펀드 ··· 191
철도채권 ··· 79
총공급 ··· 239
총비용곡선 ··· 213
총수요 ··· 241
총유동성 ··· 24
최고가격제 ··· 207
최저가격제도 ··· 207
최적산출량 ··· 214
추가경정예산 ··· 42
추정손실 ··· 68
출자전환 ··· 69
출자총액제한제도 ··· 134

【ㅋ】

카드채 ··· 172
카르텔 ··· 132
캐피털채권 ··· 172
케네디 라운드 ··· 52
케인즈 ··· 227
케인즈학파 ··· 241
코스닥 ··· 193
코스닥펀드 ··· 191
콘체른 ··· 132
콜금리 ··· 74
콜옵션 ··· 198
쿠즈네츠 ··· 219
키코 ··· 201

【ㅌ】

탄력도 ··· 205
터널효과 ··· 247
토지개발채권 ··· 172
톱니효과 ··· 230
통합재정 ··· 41
통화 ··· 13
통화공급함수 ··· 232
통화량 ··· 85
통화안정기금 ··· 172
통화주의학파 ··· 241
투기등급 ··· 79
투신사 ··· 65
투자등급 ··· 79
투자부적격등급 ··· 79
투자수요 ··· 20
투자신탁회사 ··· 65
트러스트 ··· 132
특수사채 ··· 174
특수은행 ··· 64
특수채 ··· 171
특정금전신탁 ··· 72

【ㅍ】

파레토열위 ··· 221
파레토최적 ··· 220, 221
파생금융상품 ··· 89, 195
파생상품 ··· 194
팔자주문 ··· 181
펀드 ··· 160
펀드 매니저 ··· 160
편승효과 ··· 210
평균가변비용 ··· 216
평균비용곡선 ··· 214
표면금리 ··· 78
표면이율 ··· 175
표지어음 ··· 153
풋옵션 ··· 199
필립스곡선 ··· 242

【ㅎ】

하방경직성 ··· 239
하한가 ··· 184
한계전환율 ··· 221
한계효용이론 ··· 207
한국가스공사채권 ··· 172
한국도로공사채권 ··· 172

한국수자원공사채권 ······ 172
한국전력공사채권 ······ 172
할부금융채권 ······ 172
할인 ······ 94
할인채 ······ 175
합리적기대 ······ 240
합병 ······ 139
항상소득가설 ······ 229
헥셔-올린정리 ······ 244
현금지불기 ······ 88
현금흐름표 ······ 188
현시선호이론 ······ 207
협조융자 ······ 69
호가 ······ 181
호황 ······ 24
홈트레이딩 ······ 180
화폐수량설, ······ 235
화폐신용 ······ 66
화폐증권 ······ 169
확대금융정책 ······ 238
확대재정정책 ······ 41, 237, 238
확정금리 ······ 77
환금성 ······ 143
환매 ······ 191
환매수수료 ······ 191
환어음 ······ 95
환율 ······ 13
환차손 ······ 56
환차익 ······ 56
회계적비용 ······ 213
회사채 ······ 78, 170, 172
회사채금리 ······ 78
회사채수익률 ······ 78
회사채유통수익률 ······ 24
회수의문 ······ 68
후발은행 ······ 65
후방굴절 ······ 220
후행종합지수 ······ 24
흑자도산 ······ 98
흑자부도 ······ 98
흑자재정 ······ 41
흡수합병 ······ 140

■ 저자소개 ■

홍 영 준 ———

대구에서 출생하였으며, 영남대학교대학원에서 경제학박사학위를 받았습니다. 영남대학교사회과학연구소 선임연구원과 한동대학교 · 영남대학교 · 가야대학교 · 대구산업정보대학에 출강하였으며, (주)미래유통이사를 지냈습니다. 현재 (주)참원 대표이사와 겸임하여 울산과학대학교 유통경영과 교수로 재직중입니다.

저서로는 현대물류 길라잡이(한성사), 물류의 이해(도서출판 두남), 현대경제의 이해(도서출판 두남), 디지털시대의 생활경제(도서출판 두남), 생활경제와 재테크(도서출판 대진) 등이 있습니다. 논문으로는 「한국경제성장과정에서의 정부역할비교」와 「한국 로지스틱스산업의 효율화 방안에 관한 연구」 외 다수의 논문이 있습니다.

● 교양경제

초 판 1쇄 발행 —— 2012년 2월 25일
초 판 2쇄 발행 —— 2014년 1월 30일
추 판 3쇄 발행 —— 2018년 2월 20일
지은이 —— 홍 영 준
펴낸이 —— 전 두 표
펴낸곳 —— 도서출판 두남
서울시 강동구 성내로6길 34-16 두남빌딩
신 고 : 제25100-1988-9호
TEL : 02) 478-2065~7, 2311
FAX : 02) 478-2068
E-mail : dunam1@unitel.co.kr
http://www.dunam.co.kr

● 정가 16,000원

ISBN 978-89-6414-291-2 93320